Der Odenwald aus hoher Warte

Ein kleiner Führer zu 50 Aussichts- und Burgtürmen im und am Rande des Odenwalds

Alle Ziele mit Anfahrtshinweisen für Auto, Bahn und Bus

Über 40 GPS-Tracks zum Download

Mit Einkehrtipps bei jedem Turm

Von Markus Latka

Verlag Waldkirch

Dr. Markus Latka ist zertifizierter Wanderführer und Mitglied im Odenwaldklub. Die Schönheit des Odenwalds mit seiner abwechslungsreichen Landschaft aus Wäldern, Feldern, Wiesen und Ortschaften war ihm Inspiration für diesen Freizeitführer.

Umschlagvorderseite: Kaiserturm bei Gadernheim und Neunkirchen
Umschlagrückseite: Blick von der Ruine Eberbach ins Neckartal mit tiefhängenden Wolken

Die Übersichtskarte beruht auf den Daten von OpenStreetMap (*www.openstreetmap.org/copyright*) und wurde mit dem Open Source-lizenzierten Programm QGIS erstellt.

Die QR-Codes wurden mit dem kostenlosen QR-Code Generator der Firma Foundata GmbH (Karlsruhe) auf goqr.me erstellt.

Die Informationen und Routenbeschreibungen wurden sorgfältig recherchiert und zusammengestellt. Dennoch können Fehler nicht ausgeschlossen werden, vor allem wenn es sich um Änderungen handelt, die nach Drucklegung eingetreten sind. Alle Angaben sind deshalb ohne Gewähr. Die Spaziergänge sowie die Begehungen der Türme und Ruinen erfolgen auf eigenes Risiko und eigene Gefahr. Insbesondere auf den Wanderwegen ist mit waldüblichen Gefahren zu rechnen; in der Winterzeit können Wege und Pfade wetterbedingt nur eingeschränkt passierbar sein. Es wird keine Haftung für etwaige Unfälle oder Schäden übernommen.
Die Fertigstellung des Manuskripts erfolgte wenige Tage vor Inkrafttreten der Maßnahmen gegen die Corona-Pandemie. Die Öffnungszeiten und gastronomischen Hinweise können daher teilweise abweichen.

Gesamtherstellung: Verlag Waldkirch KG
Text: Dr. Markus Latka
Satz & Gestaltung: Verena Kessel

ISBN 978-3-86476-136-2

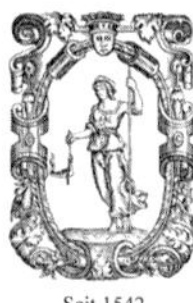

Verlag Waldkirch KG
Schützenstraße 18
68259 Mannheim
Telefon 0621-12 91 50
Fax 0621-12 91 599
E-Mail: verlag@waldkirch.de
www.verlag-waldkirch.de

Vorwort

Das vorliegende Buch gibt Ihnen eine Übersicht zu bekannten und weniger bekannten Aussichts- und Burgtürmen im und am Rande des Odenwalds. Es enthält möglichst vollständig alle Aussichtstürme, auch wenn diese (teilweise vorübergehend) nicht bestiegen werden können. Bei den Burgen bzw. Burgruinen wurden i.d.R. nur diejenigen Objekte berücksichtigt, die einen begehbaren Bergfried oder eine begehbare Schildmauer haben. Sofern Burgen wegen Baufälligkeit gesperrt sind (z.B. die Ruine Freienstein bei Oberzent-Gammelsbach und die Ruine Minneburg bei Neckargerach auf der anderen Neckarseite) oder sich in Privatbesitz ohne öffentlichen Zugang befinden (z.B. das Schloss Zwingenberg am Neckar und die Burg Dauchstein in Binau-Österling), wurde auf eine Beschreibung verzichtet.

Zu jedem Turm gibt es einen kurzen Steckbrief mit den geographischen Koordinaten nach dem World Geodetic System 1984 (WSG84) in dezimaler und Grad-Angabe, eine kurze Beschreibung der Lage und der baulichen Entwicklung mit geschichtlichen Hintergründen sowie Hinweise zum Zutritt und zum Ausblick. Außerdem finden Sie Angaben, wie das jeweilige Ziel mit dem Auto und mit dem öffentlichen Nahverkehr erreicht werden kann. Die Erwähnung von Einkehrmöglichkeiten, Wanderkarten und sonstigen Besonderheiten oder Tipps runden die Beschreibung ab.

Die meisten Burgen und viele Türme befinden sich in unmittelbarer Nähe von Ortschaften und sind daher gut erreichbar. Bei manchen Zielen muss man eine kleine Wanderung unternehmen, um die Aussicht genießen zu können. An entsprechender Stelle finden Sie ausführliche Wegbeschreibungen. Bei längeren Strecken können Sie über einen QR-Code die entsprechenden GPS-Daten im gpx-Format herunterladen.

Mein Dank für Hinweise und Informationen gilt in alphabetischer Reihenfolge Michael Bös, Ralph Eberhardt, Jürgen Gärtner, Johannes Heinemann, Thomas Herborn, Mariola Hoinka, Wilhelm Otto Keller, Claus Kirsch, Klaus Knorr, Helmut Lechner, Jens Makarowski, Anette Marquardt, Thorsten Matzner, Hendrik Maul, Klaus Mayer, Udo Merzig, Christiane Metzler, Hermann Neubert, Gudrun Rindfleisch, Andrea Rößler, Rolf Sauer, Holger Schmitt, Christian Vahle, Dr. Jutta Weber, Sandra Wolf und Dr. Holger Zinke.

Besonders danke ich Carmen Braner für den ansprechenden Werbetext auf der Buchrückseite und Peter Niklaus für die Erstellung der hilfreichen Übersichtskarte.

Der Autor und der Verlag wünschen Ihnen viel Freude bei den Turmbesteigungen und aussichtsreiche Erlebnisse!

Inhalt

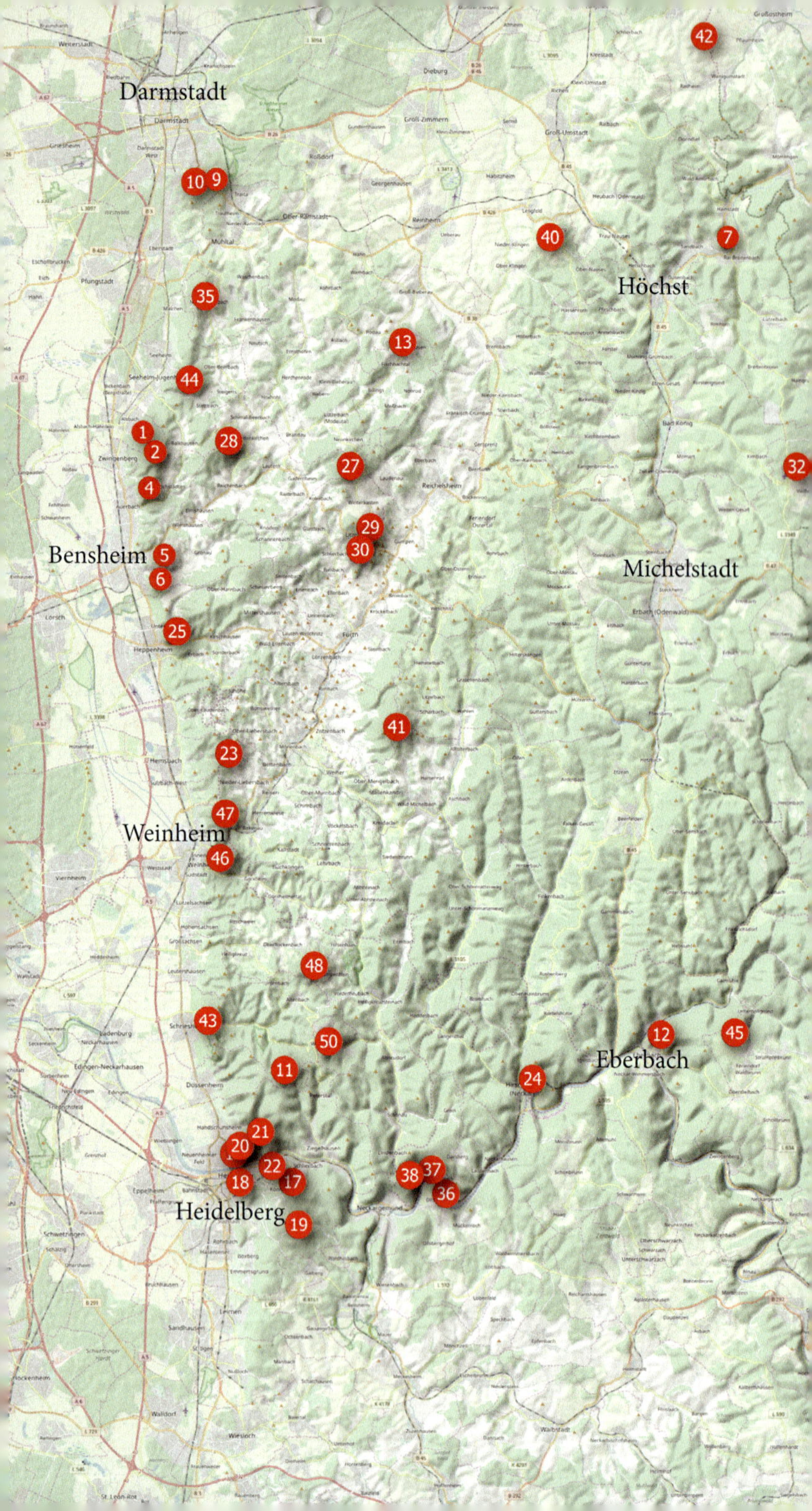

Darmstadt
Höchst
Bensheim
Michelstadt
Weinheim
Eberbach
Heidelberg
42
10
9
40
7
35
13
44
1
2
28
27
32
4
29
30
5
6
25
41
23
47
46
48
43
50
12
45
11
24
21
20
22
18
17
38
37
36
19

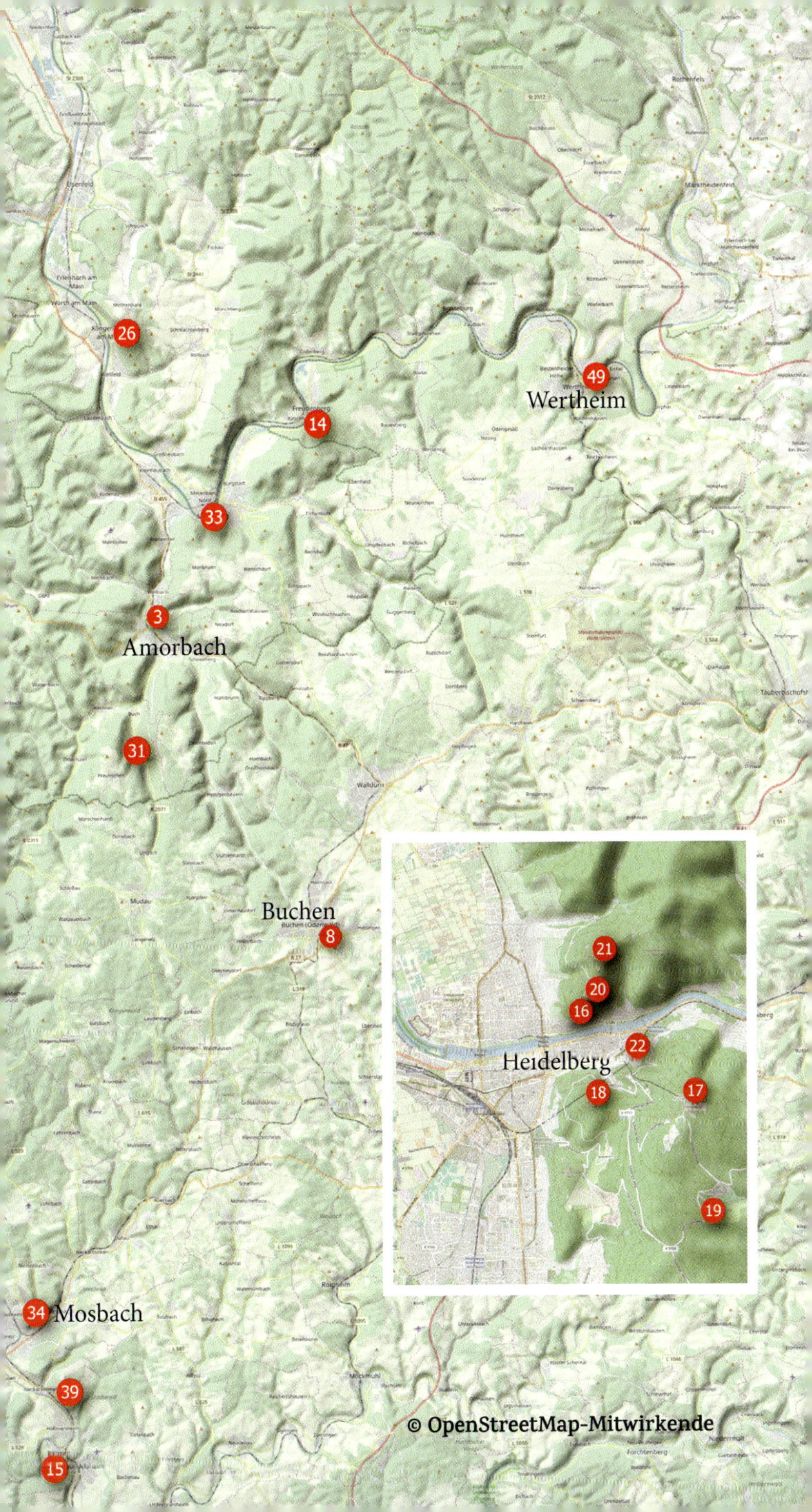
26
14
49
Wertheim
33
3
Amorbach
31
Buchen
8
21
20
16
22
Heidelberg
18
17
19
34
Mosbach
39
15
© OpenStreetMap-Mitwirkende

Verwendete Symbole:

 Baugeschichte und Turmbeschreibung

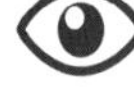 Aussicht bei guten Sichtverhältnissen

 Zutritt bzw. Öffnungszeiten

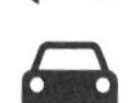 Anfahrt mit dem PKW

 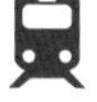 Bahnhof/Bahnhaltepunkt

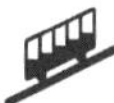 Bergbahn

 Straßenbahnhaltestelle

 Bushaltestelle

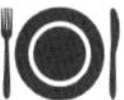 Einkehrmöglichkeit

 Wanderkarte (Maßstab 1:20.000)

TIPP Besondere Hinweise

TIPPS:

- **Denken Sie an ein Fernglas!**
- **In manchen Türmen ist der Aufstieg stellenweise etwas dunkel und es empfiehlt sich die Mitnahme einer Taschenlampe!**
- **Ein Kompass in Kombination mit einer Karte in großem Maßstab (1:50.000 oder größer) hilft Ihnen dabei, die in der Ferne liegenden Sichtziele anzupeilen und zu bestimmen!**

Wie kann ich Sichtziele mit Karte und Kompass erfassen?

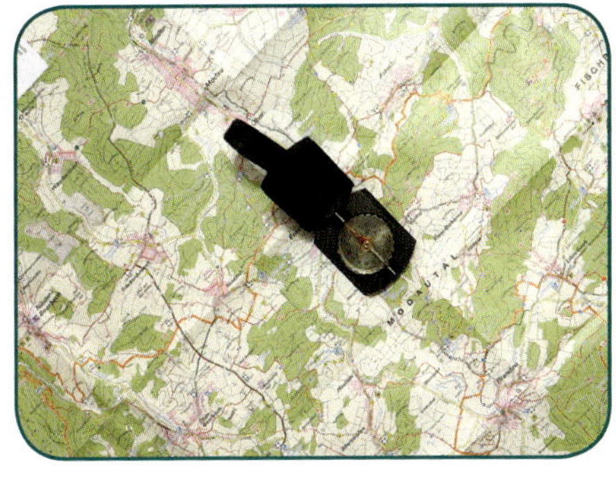

In Zeiten von GPS ist die Benutzung eines Kompasses für viele Menschen eher ein antiquierter Zeitvertreib. Beim Orientieren mittels einer Landkarte ist er jedoch ein einfaches und zuverlässiges Hilfsmittel.

Wenn Sie Ihre Landkarte auf einem Turm zur Orientierung benutzen wollen, muss die Karte zunächst „eingenordet" werden. Erst dann ist es möglich, die Ziele in der Entfernung, wie beispielsweise Berge oder Ortschaften, den Angaben auf der Karte zuordnen zu können.

Um eine Karte einzunorden gehen Sie in drei Schritten vor:

1. Stellen Sie den Kompass durch Drehen der Kompassdose auf Norden: die Einstellmarke von 0° muss mit dem Nordzeichen auf der Kompassdose übereinstimmen.
2. Für den zweiten Schritt ist es wichtig zu wissen, dass sich bei einer Karte in aller Regel am oberen Kartenrand die Nordrichtung befindet. Zudem finden Sie auf einer guten Karte feine Linien, die von oben nach unten, also von Nord nach Süd, und von links nach rechts, also von West nach Ost verlaufen. Legen Sie die seitliche Anlegekante Ihres Kompasses an eine der von oben nach unten verlaufenden Nord-Süd-Gitterlinien an.
3. Sofern Sie die Karte nicht zufällig bereits in Nordrichtung ausgelegt haben, zeigt die Magnetnadel des Kompass jetzt in irgendeine Richtung. Um die Karte einzunorden, drehen Sie die Landkarte mitsamt des daraufliegenden Kompasses nun so lange, bis die (meist rote) Nordspitze der Magnetnadel am Kompass auf Nord (N) eingependelt ist. Achten Sie beim Drehen darauf, dass der Kompass exakt an der Gitterline ausgerichtet bleibt und sich nicht versehentlich verschiebt.

Fertig! Ihre Karte liegt nun entsprechend der Landschaft, die Sie umgibt. Sie können jetzt die Sichtziele mit den Angaben auf der Karte vergleichen.

Achtung:

Elektromagnetische Wellen (z.B. von Hochspannungsleitungen) oder Eisenteile, wie sie auf Türmen häufig anzutreffen sind, lenken die Kompassnadel ab und können so das Ergebnis verfälschen.

1 Ruine Alsbacher Schloss (Alsbach-Hähnlein, OT Alsbach)

Koordinaten (WGS84): 49° 44‘ 00,3“ N, 8° 37‘ 38,5“ O (49.733403°, 8.627373°)

Die auch als Burg Bickenbach bezeichnete Ruine steht auf einem etwa 267 m hohen, bewaldeten Berggrat unterhalb des Melibokus südöstlich von Alsbach.

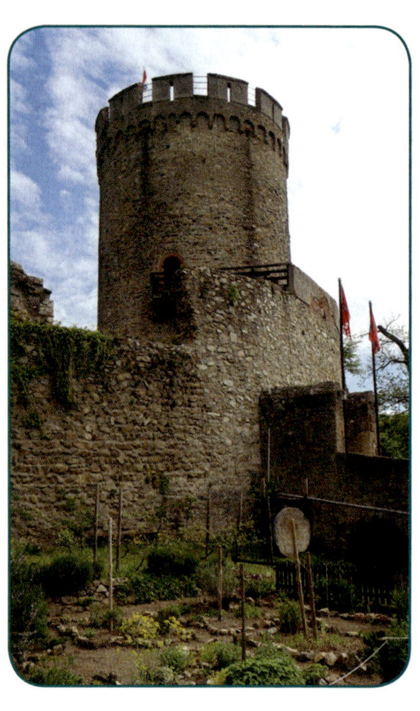

Die Kernburg mit ihrem fast dreieckigen Grundriss wurde vermutlich um 1235 von Gottfried von Bickenbach erbaut und 1241 erstmals urkundlich erwähnt. Im Laufe des 14. Jhds. wurde die Burg durch Einheirat und Erbteilung Ganerbenbesitz, sodass sich nach dem Aussterben des Bickenbacher Geschlechts im Jahre 1486 vier Eigentümer die Burg teilten. Unter ihnen waren die Schenken von Erbach, die bis 1502 den größten Teil der Ganerbenanteile an sich brachten. Im pfälzisch-bayrischen Erbfolgekrieg ging der Besitz den Erbachern allerdings verloren als der damalige Kommandant Ganz von Otzberg die Burganlage kampflos an den Landgrafen Wilhelm II. von Hessen übergab. Im Dreißigjährigen Krieg war das Schloss noch gelegentlich Zufluchtsort für die örtliche Bevölkerung, aber im Laufe des 17. Jhds. büßte die Burg als Befestigungsanlage an Bedeutung ein. Sie wurde dem Verfall preisgegeben und als Steinbruch genutzt. Als 1863 die hessischen Großherzöge mit ersten Sicherungsmaßnahmen an der Ruine begannen, waren lediglich Teile der äußeren Ringmauer, ein schmaler Zwinger und der mächtige Bergfried erhalten geblieben. In den Jahren 1969/70 wurde das Schloss als Erholungsanlage ausgebaut.

Der freistehende, runde Bergfried aus dem 13. Jhd. ist 19,3 m hoch, hat einen Durchmesser von etwa 11 m und eine Mauerstärke von ca. 4,5 m. Er wurde im 19. Jhd. aufgestockt und als Aussichtsturm hergerichtet, wobei im Zuge dieses Umbaus ein Zinnenkranz aufgesetzt wurde. Der Eingang zum Turm ist in 7,9 m Höhe und im Unterstock befindet sich das Verlies. Zu erreichen ist der Einstieg über eine Steintreppe mit 24 Stufen, die hinauf zur Wehrmauer führt, und nach vier weiteren Stufen auf der Mauer kommt man über eine kurze Holzbrücke zur Eingangstür. Im Innern führt zunächst eine Holzwendeltreppe mit 27 Stufen und im oberen Bereich eine Steintreppe mit 16 Stufen bis zur Aussichtsplattform in 16,9 m Höhe. Das kleine Podest hinter dem Treppenaustritt ist noch einmal etwa einen Meter höher und über fünf Stufen zu erreichen. Insgesamt sind es vom Fuße der Wehrmauer bis aufs Podest 76 Stufen.

Es bietet sich ein hervorragender Ausblick nach Norden hin über Frankfurt hinweg zum Großen Feldberg im Taunus, westlich über die Rheinebene bis zum Pfälzerwald und zum Donnersberg sowie in südöstlicher Richtung zum Melibokus mit seinem markanten Aussichtsturm. Auf dem Podest befindet sich eine Orientierungstafel mit Blickrichtungsangaben.

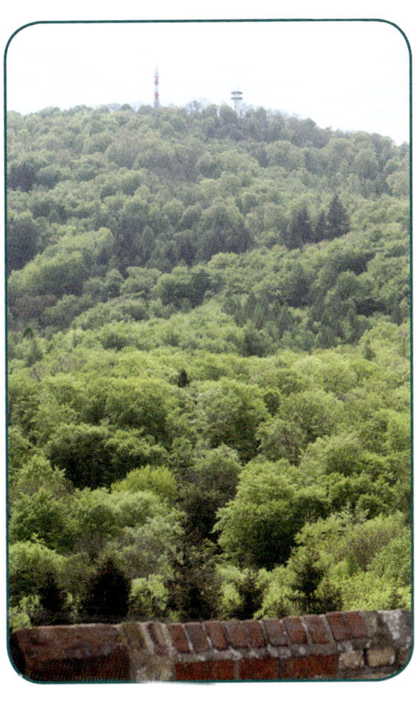

Die Burganlage ist mittwochs bis sonntags sowie feiertags im Sommer (von April bis September) von 11 Uhr bis mindestens 21 Uhr und im Winter (von Oktober bis März) von 11 Uhr bis mindestens 19.30 Uhr geöffnet. Montags und dienstags sind Ruhetage und die Burg ist geschlossen. Die Turmbesichtigung kostet 0,50 Euro für Erwachsene und 0,25 Euro für Kinder über 5 Jahre. Bei Regen und Glatteis ist die Turmbegehung verboten!

Schloss Alsbach, 64665 Alsbach-Hähnlein: Folgen Sie dem Verlauf der Kirchstraße bis in den Wald und weiter hinauf zur Burg. Direkt vor der Burg gibt es eine begrenzte Anzahl von Parkmglichkeiten. **Alternativ können Sie auch gut 700 m hinauf zur Schlossruine laufen**: Nach ungefähr 700 m auf der Kirchstraße kommen Sie an der Einmündung Hindenburgstraße zum Naturparkplatz Herzog-Ulrich-Ruhe. Parken Sie dort und gehen Sie in die Hindenburgstraße. Bereits nach gut 50 m halten Sie sich in einer Rechtskurve in einen Waldweg bergan, der mit dem roten A des Alemannenwegs und der blauen Burg des Burgensteigs markiert ist.

Bahnhaltepunkt Hähnlein-Alsbach: Vom Bahnsteig aus gehen Sie hinauf zur Straßenbrücke und halten sich an der Landstraße L3112 entlang nach rechts in Richtung Ortskern. Sobald Sie Alsbach erreichen, überqueren Sie einen Verkehrskreisel und halten sich in die Benno-Elkan-Allee. Einen zweiten Kreisverkehr überquerend geht es weiter auf der Bahnhofstraße. Nach knapp 300 m biegen Sie bei der zweiten Möglichkeit rechts in die Kirchstraße in Richtung Alsbacher Schloss ab. Halten Sie sich auf der Kirchstraße leicht bergan und biegen Sie kurz vor dem Waldrand rechts in die Schlossstraße ab. Nun etwas steiler bergauf treffen Sie etwa 250 m weiter auf eine gepflasterte Straße, in die Sie sich gut 50 m bergab halten und dann nach rechts in einen Waldweg erneut bergan wandern. Dort treffen Sie auf das rote A des Alemannenwegs und auf die blaue Burg des Burgensteigs und folgen beiden Wegzeichen im Verlauf durch einen Hohlweg zur knapp 700 m entfernten Schlossruine. Insgesamt ist der Weg gut 2,5 km lang.

Die Burgschänke an der Ostseite des Innenhofs bietet den Besuchern Kaffee und Kuchen sowie warme Gerichte und kühle Getränke. Sie ist im Sommer (von April bis Ende September) mittwochs bis freitags von 13-21 Uhr und an den Wochenenden und feiertags von 11-21 Uhr geöffnet. Im Winter (von Oktober bis Ende März) ist die Schänke donnerstags bis sonntags und an Feiertagen von 13.00-19.30 Uhr geöffnet. Die Küche schließt jeweils eine Stunde früher.

„Bergstraße-Odenwald, Nr. 5“, hrsg. vom Geonaturpark Bergstraße-Odenwald und vom Naturpark Neckartal-Odenwald, 2018, 1:20.000, ISBN 978-3-947593-04-0.

TIPP

Vom Historischen und Kulturellen Förderverein Schloss Alsbach e.V. werden an ausgewählten Wochenenden im Jahr besondere Veranstaltungen angeboten, die zum Teil eintrittspflichtig sind. Es gibt ein Kinder-Ritterfest, einen Historischen Pfingstmarkt, ein Mittelalterliches Holzbogenturnier, Mittelalterliches Herbsttreiben und ein Wintermärchen auf Schloss Alsbach. Nähere Informationen finden Sie auf der Webseite *www.schloss-alsbach.org.*

Quellen: Knappe, Rudolf, „Mittelalterliche Burgen in Hessen“, Gudensberg-Gleichen 1994, S. 520 f.; Informationstafel im Innenhof des Schlosses; Webseite www.schloss-alsbach.org.

2 Melibokusturm (Alsbach-Hähnlein, OT Alsbach)

Koordinaten (WGS84): 49° 43‘ 29,2“ N, 8° 38‘ 09,5“ O (49.724789°, 8.635981°)

Der Turm steht auf dem 517 m hohen Melibokus, auch Malchen genannt. Geologisch gesehen ist der Berg ein sog. Pluton, der aus langsam unterhalb der Erdkruste auskristallisiertem Magmagestein besteht.

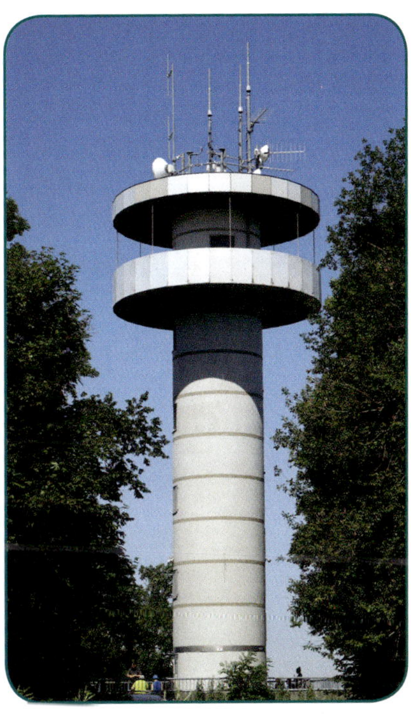

Bereits im Jahre 1772 ließ Landgraf Ludwig IX. von Hessen-Darmstadt auf dem Melibokus einen steinernen Aussichtsturm bauen – der erste Aussichtsturm im Odenwald überhaupt. Der 21 m hohe Turm wurde im Zweiten Weltkrieg als Flugsicherungsstelle der deutschen Luftwaffe genutzt und am 27.3.1945 beim Rückzug vor den alliierten Truppen gesprengt. Da das Bauwerk ein beliebtes Ausflugsziel war, wurde im November 1961 der „Verein zur Förderung des Wiederaufbaus und der Unterhaltung des Melibokus-Turms Bensheim e.V." gegründet. Durch Mitgliedsbeiträge, Spenden von anderen Vereinen, Unternehmen und Privatpersonen sowie Finanzhilfen umliegender Gebietskörperschaften konnte das Anfangskapital beschafft werden. Darüber hinaus hat das Land Hessen den Turmbau durch Zuschüsse gefördert. Die Gesamtkosten betrugen rund 300.000 DM.
Unmittelbar nach Erteilung der Baugenehmigung konnte im November 1965 mit den Bauarbeiten begonnen und diese bereits im August 1966 abgeschlossen werden. Am 7.9.1966 wurde der vom Darmstädter Architekten Bert Seidel entworfene Turm durch den hessischen Verkehrsminister eingeweiht.
Der 22 m hohe Turm besteht aus 13 Betonringen, die fertig zur Montage angeliefert wurden. Jeder Ring ist 1,55 m hoch, hat einen Durchmesser von 3,50 m und wiegt zwischen 7 und 8 Tonnen. Auf den Ringen befindet sich eine überdachte und zu allen Seiten hin offene Aussichtsplattform mit einem etwas größeren Durchmesser und einem Gewicht von ungefähr 9 Tonnen.

Die Plattform in ca. 18 m Höhe erreicht man über eine Wendeltreppe mit 90 Stufen. Von 2009 bis 2011 wurde der Turm durch den Melibokusturm-Verein für 160.000 Euro baulich saniert.

Der Blick geht in östlicher Richtung in den Odenwald, wobei die Sicht durch Bäume teilweise eingeschränkt ist; in nordöstlicher Richtung sieht man bei guter Wetterlage bis zum Spessart. Nach Süden ist der Blick durch Bäume ebenfalls eingeschränkt und nur bei sehr guten Sichtverhältnissen kann man den nördlichen Schwarzwald erahnen. Beeindruckend ist das Panorama des Oberrheingrabens von Heidelberg im Süden bis zur Frankfurter Skyline und dem Taunus im Norden. Auf der anderen Seite des Rheingrabens zeigt sich im Westen der Donnersberg und im Südwesten die Bergkette des Pfälzerwalds; bei sehr guter Sicht sieht man im Nordwesten über das rheinhessische Hügelland hinweg die Ausläufer des Soonwalds. Auf der Turmbrüstung gegen Westen befinden sich drei Panoramatafeln mit Sichtzielen, die auch auf der Webseite *www.melibokusturm.de* zu finden sind.

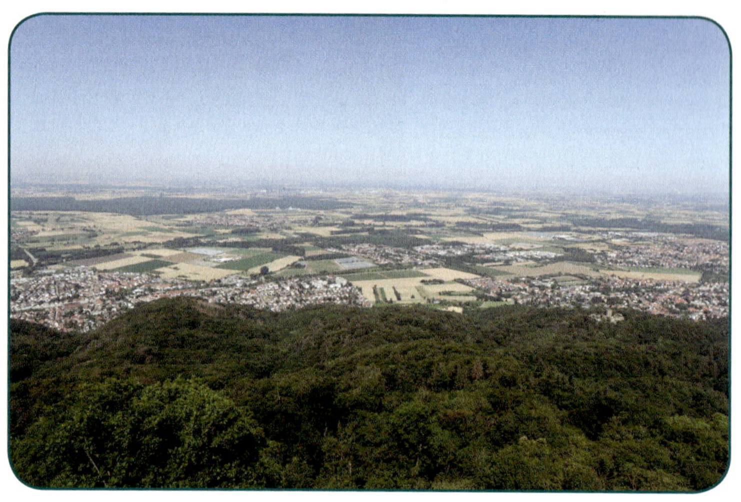

Der Aussichtsturm ist nur an den Wochenenden und feiertags begehbar, wenn der Gastraum geöffnet ist (siehe unten). Die Gebühr für die Besichtigung beträgt 0,50 Euro für Erwachsene und 0,30 Euro für Kinder bis 12 Jahre.

Eine Auffahrt mit Kraftfahrzeugen bis zum Gipfel ist nicht gestattet. Geben Sie in Ihrem Navigationsgerät die Adresse „Ernst-Ludwig-Promenade, 64625 Bensheim“ ein und folgen Sie der Beschilderung zum Auerbacher

Schloss und zum Melibokus. Nach gut 600 m kommen Sie an den Waldrand und fahren weiter bergan. Etwa 300 m hinter der Einfahrt zum Urnenfriedhof Not-Gottes-Kapelle erreichen Sie bei der abknickenden Vorfahrt geradeaus den **Wanderparkplatz „Not-Gottes-Kapelle“**. Vom Parkplatz führt ein 5,2 km langer Rundweg zum Gipfel, wobei Sie aufgrund der Steigungen eine Gehzeit von ca. 1 ¾ Stunden einplanen sollten. Der Melibokusweg ist mit einer gelben Sechs in einem Kreis gut markiert. Gehen Sie von den Naturparktafeln zur Schranke und hinter dieser auf dem rechten Weg bergan. Nach ca. 350 m folgen Sie der Nr. 6 an einer Gabelung in den bergauf führenden Weg, der im Verlauf in einen Pfad übergeht. Halten Sie sich an Abzweigungen stets in gerader Richtung und bergan. Nach gut 600 m stoßen Sie auf einen Querweg, auf dem Sie nach links wandern. Sobald Sie ca. 200 m weiter auf den Alemannenweg (rotes A), den Nibelungensteig (rotes N) und den Wanderweg mit dem grünen Strich treffen, folgen Sie diesen Wegzeichen zusammen mit der gelben Sechs nach rechts. Nach einem letzten Anstieg von gut 600 m erreichen Sie einen Pfad, auf dem die vier Wegmarkierungen nach rechts weisen; von dort aus können Sie den Hinweisschildern zum Aussichtsturm und zum Kiosk nach links auf einer Abkürzung zum nur noch ca. 100 m entfernten Turm folgen.

Für den Rückweg gehen Sie zum benachbarten Sendeturm und hinter diesem bergab treffen Sie nach etwa 50 m auf einen Wanderwegweiser. Folgen Sie den Wegzeichen (gelbe Sechs, rotes A, rotes N und grüner Strich) nach links; hierzu müssen Sie vom Wegweiser aus ein Stück zurückgehen und sich dann nach rechts in einen Pfad halten. Bereits nach wenigen Metern geht es nach rechts bergab. Sobald Sie bei einer Schutzhütte zum zweiten Mal auf die Zufahrtstraße treffen, folgen Sie dieser nach rechts und gehen nach knapp 100 m links in einen steilen Pfad bergab; wem der Pfad zu steil ist, kann an dieser Stelle vorübergehend auch dem Straßenverlauf folgen. Am Ende des Pfads wandern Sie auf dem Waldweg nach links. Nach einem Abstieg von gut 400 m folgen Sie den Wegzeichen in einer Rechtskurve und ca. 200 m darauf biegen Sie scharf nach links in den bergab führenden Weg ein. Am Waldrand treffen Sie wieder auf einen Wanderwegweiser und folgen der gelben Sechs und dem roten A nach rechts in Richtung Auerbacher Schloss. Auf dem nahezu ebenen Weg geht es stets geradeaus bis Sie nach ca. 1,4 km die Zufahrtstraße und auf dieser nach links den Parkplatz erreichen. Der Weg zum Gipfel ist ca. 2 km lang und insgesamt ist der Rundweg Nr. 6 mit Abstecher zum Turm etwa 5,4 km weit. **Für die Rückfahrt folgen Sie der Einbahnstraße hinunter nach Hochstätten und Auerbach.**

Auch mit dem öffentlichen Nahverkehr ist der Melibokusturm nur nach einer kleinen Wanderung zu erreichen. Fahren Sie vom Bahnhof Bensheim aus mit der Buslinie 677 oder am Wochenende mit dem Ruftaxi 6977 zur **Haltestelle „Hochstädten (Bergstraße), Legelweg“**. Das Ruftaxi muss spätestens 30 Minuten vor gewünschter Abfahrt unter der Telefonnummer 06251/77777 vorbestellt werden.

Wenige Meter von der Haltestelle entfernt gehen Sie in den Malchenweg; dabei können Sie der Markierung 4 des Geo-Naturparks Bergstraße-Odenwald folgen. Knapp 50 m von der Durchfahrtstraße entfernt halten Sie sich nach rechts und sehen bereits ein Hinweisschild zum Melibokus mit der Entfernungsangabe 3,5 km. Im Verlauf geht es außerhalb des Orts zunächst in einen Hohlweg und dann auf einem Feldweg an Wiesen entlang bergauf. Sobald Sie wieder auf einen Asphaltweg treffen, folgen Sie diesem gut 200 m bis zu einer scharfen Rechtskurve. Dort verlassen Sie den Wanderweg mit der Nummer 4 und bleiben weiter geradeaus auf dem mit V gekennzeichneten Verbindungsweg. Knapp 50 m darauf halten Sie sich an einer Gabelung auf dem rechten, ebenen Weg. Es geht im weiteren Verlauf durch ein Wasserschutzgebiet und anschließend erneut durch einen Hohlweg bis Sie den Waldrand erreichen. Auf dem ebenen Weg am Rande des Waldes entlang nach rechts treffen Sie nach ca. 350 m auf den Hauptwanderweg mit dem grünen Strich und den Nibelungensteig mit dem roten N. Folgen Sie den beiden Wandermarkierungen nach links und im Wald treffen Sie nach wenigen Metern auf einen Wegweiser. An dieser Stelle stößt das rote A des Alemannenwegs hinzu und alle drei Markierungen weisen auf einen breiten Weg bergan. Die nächsten gut eineinhalb Kilometer folgen Sie dem vorbildlich markierten Weg bzw. Pfad teilweise sehr steil bergauf; als Alternative bietet es sich an, beim Erreichen des asphaltierten Fahrwegs diesen als Aufstiegsweg zu nutzen. Sobald Sie an einer Schutzhütte vorbeikommen, sind es nur noch etwa 400 m bis zum Gipfel. Auf dem Melibokus angekommen verlassen Sie vorübergehend die Wandermarkierungen und laufen am Sendeturm vorbei in gerader Linie direkt zum Aussichtsturm. Den Turm erreichen Sie nach knapp 3,5 km.
Für den Rückweg gehen Sie vom Aussichtsturm gut zehn Meter zurück und folgen dem örtlichen Wanderweg SJ 2 und den Schildern der Mountainbikeroute bergab. Nach knapp 100 m treffen Sie wieder auf die Markierungen des Nibelungensteigs, des Alemannenwegs sowie des grünen Strichs. Folgen Sie den Wegzeichen jedoch nicht geradeaus, sondern halten Sie sich auf der Fahrradroute nach rechts bergab. Der manchmal etwas steile, streckenweise aber auch fast ohne großes Gefälle verlaufende Pfad bzw. Weg ist mit den drei Wanderzeichen sehr gut markiert. Nach einem Abstieg von etwa einem Kilometer führt die Mountainbikeroute nach links und Sie halten sich noch für gut 100 m geradeaus bis Sie ebenfalls scharf nach links abbiegen. Abermals gut einen Kilometer darauf geht es erneut nach links etwas steiler bergab. Nach ca. 200 m kommen Sie an einen Wanderwegweiser, wo Sie den Burgensteig überqueren und der Alemannenweg nach rechts führt. Folgen Sie ab dieser Stelle nur noch dem roten N und dem grünen Strich geradeaus in Richtung Zwingenberg. Etwa 700 m weiter erreichen Sie an der Luciberghütte die Weinberge oberhalb von Zwingenberg; Sie befinden sich dort noch auf größerer Höhe (etwa 215 m üNN) und haben daher eine schöne Aussicht in die Rheinebene. Wandern Sie auf dem Betonplattenweg talwärts; der Weg schlängelt sich durch die Weinberge und ist mit Informationstafeln eines Weinlehrpfads gesäumt. Nach ungefähr einem halben Kilometer geht es für die letzte Teilstrecke nochmals durch ein Waldstück. Der Betonplattenweg biegt ca. 50 m vor einer großen Felswand links ab und führt direkt an den

Ortsrand. Geradeaus in die Straße Auf dem Berg folgen Sie nur noch dem grünen Strich in die Altstadt. Nach gut 100 m nach rechts eine Treppe hinunter halten Sie sich am Treppenende auf der Gasse zum Löwenplatz und an einem Brunnen vorbeikommen Sie zur Darmstädter Straße (Bundesstraße B3). Überqueren Sie die Straße an der Fußgängerampel, gehen Sie ca. 50 m nach rechts und biegen Sie links in die Bahnhofstraße ab. Um auf den Bahnsteig in Richtung Mannheim/Heidelberg zu gelangen, folgen Sie nach etwa 150 m an der Gabelung mit den beiden Rastbänken dem Straßenverlauf nach halbrechts, weil man nur durch die Bahnunterführung auf die andere Seite der Gleise gelangen kann. Insgesamt ist die Streckenwanderung gut 8 km lang.

Im Sockelbau des Turms befindet sich ein Gastraum, in dem einfache Speisen und Getränke angeboten werden. Die Öffnungszeiten sind samstags, sonn- und feiertags von 11-17 Uhr (außer am 24.12.). Während dieser Zeit ist der Imbiss auch telefonisch unter 06251/75847 erreichbar.

„Bergstraße-Odenwald, Nr. 5", hrsg. vom Geonaturpark Bergstraße-Odenwald und vom Naturpark Neckartal-Odenwald, 2018, 1:20.000, ISBN 978-3-947593-04-0.

TIPP

Eine Übersicht des Geo-Naturparks Bergstraße-Odenwald mit weiteren Wanderrouten können Sie sich auf der Webseite *www.melibokusturm.de* unter „Anfahrt" oder über den nebenstehenden QR-Code als pdf-Datei herunterladen.

Quelle: Webseite www.melibokusturm.de.

3 Gotthardsruine (Amorbach und Weilbach)

Koordinaten (WGS84): 49° 39‘ 17,3“ N, 9° 12‘ 47,5“ O (49.654810°, 9.213185°)

Die ehemalige Basilika steht auf dem Gotthardsberg, einst Frankenberg genannt, einer 304 m hohen, frei emporsteigenden Bergkuppe nördlich von Amorbach. Die heutige Gemarkungsgrenze der Gemeinden Amorbach und Weilbach verläuft mitten durch die Ruine.

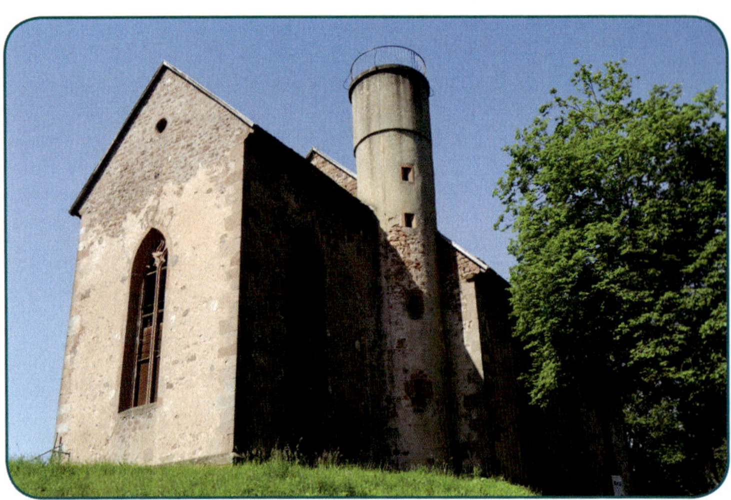

Vermutlich stand bereits zu Zeiten der Römer auf dem Berg eine Signalstation und im 8. Jhd. erbaute der fränkische Gaugraf Ruthard an dieser Stelle eine Burg, die „Castrum Frankenberg“ genannt wurde. Den Namen „Gotthard“ erhielt der Berg 1138 als die Burgkapelle dem Heiligen Godehard von Hildesheim geweiht wurde. Da im 12. Jhd. von der Burg aus Raubritter ihr Unwesen trieben, veranlasste Kaiser Friedrich I. Barbarossa im Jahre 1168 ihre Zerstörung. Anstelle der Burg wurde ein Zisterzienserinnenkloster gegründet, das allerdings 1439 aufgelöst wurde. Die Gebäude des ehemaligen Nonnenklosters wurden knapp hundert Jahre später im Bauernkrieg niedergebrannt. Ab 1628 kam es zu einer Wiederbelebung des Klosterlebens auf dem Berg durch die Amorbacher Benediktiner-Abtei und 1631 konnte die instandgesetzte Klosterkirche geweiht werden. Durch einen Blitzschlag im Jahre 1714 brannte das Kloster völlig aus, sodass heute nur noch die Reste der dreischiffigen Pfeilerbasilika zu sehen sind. Um die Ruine vor weiterem Verfall zu schützen, wurde sie 1956 mit einem Dach versehen. Der Eingang in den Treppenturm befindet sich im Innern des Kirchenschiffs. Nach einer Eingangsstufe führt eine Wendeltreppe mit 87 Sandsteinstufen hinauf zur Aussichtsplattform.

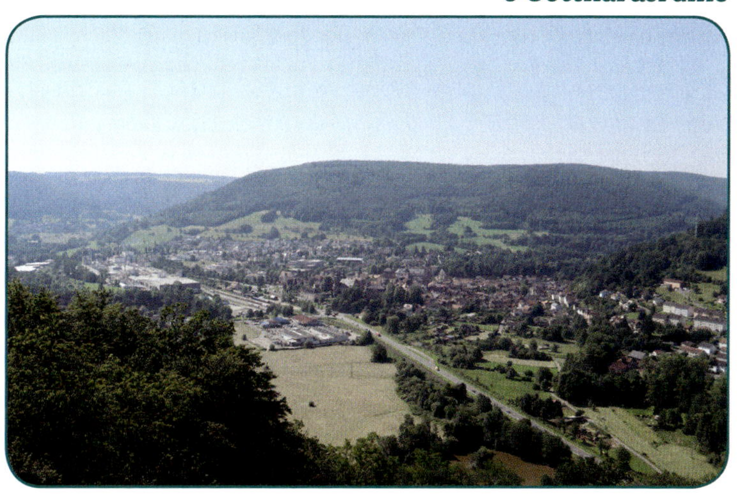

Von der Plattform des Turms bietet sich dem Besucher ein herrlicher Blick über den Amorbacher Talkessel bis in den Spessart. Die Aussicht wird auch „Siebentälerblick“ genannt, weil man beim Rundumblick sieben Odenwaldtäler sehen kann: im Norden das Mud-Tal mit Weilbach und etwas westlich davon das Ohrnbach-Tal, nordöstlich das Weilbach-Tal, südöstlich das Zusammentreffen von Morsbach-Tal und Morre-Tal, im Süden das Mud-Tal mit Amorbach sowie südwestlich das Otterbach-Tal und das Lange Tal. Vor der Ruine finden Sie ein Stadtpanorama von Amorbach mit markanten Landschaftspunkten.

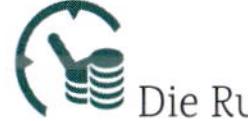

Die Ruine ist ganzjährig frei zugänglich.

Am Bahnhof, 63916 Amorbach: Parken Sie am Bahnhof und folgen Sie der Wegbeschreibung für die Anreise mit der Bahn.

Bahnhof Amorbach (Kreis Miltenberg)*: Gehen Sie vom alten Bahnhofsgebäude aus unterhalb der Bundesstraße B47 entlang nach rechts. Wenn Sie zur Bundesstraße hinaufkommen, passieren Sie die Naturbus-Haltestelle und biegen am Kreisverkehr nach rechts in Richtung Reichartshausen und Neudorf ab. Überqueren Sie die Bahnlinie und halten Sie sich geradeaus; dabei können Sie u.a. dem Wegzeichen des Nibelungensteigs, dem Hauptwanderweg mit der blauen Raute und den beiden Amorbacher Wanderwegen A2 und A9 folgen. Nach gut 250 m gehen Sie in einer Linkskurve geradeaus in den Gotthardsweg. Stetig bergan erreichen Sie nach knapp einem halben Kilome-

* In der Sommersaison fährt an den Wochenenden der NeO-Bus zweistündlich vom Bahnhof Eberbach aus über Kirchzell zum Bahnhof Amorbach.

ter den Waldrand. Folgen Sie an einem Handlauf nur noch der blauen Raute und dem A2 in den rechten Weg. Auf diesem Waldpfad bergan erreichen Sie ca. 400 m weiter einen Forstweg; während des Aufstiegs stehen Rastbänke zum Verschnaufen bereit. Auf dem Forstweg weist die blaue Raute nach links zu einer nahe gelegenen 3-Wege-Gabelung. Halten Sie sich dort in den linken der drei Wege, der neben dem A9 und der blauen Raute zusätzlich wieder mit dem roten N markiert ist. Die letzten ungefähr 250 m bergauf kommen Sie direkt zur Ruine.
Für den Rückweg folgen Sie auf der Amorbacher Talseite den Wegzeichen in einen Wiesenweg bergab. Nach wenigen Metern macht der Pfad eine Biegung nach links und im Verlauf wandern Sie an der Lehrstation „Spuren im Wald" des Weilbacher Walderlebnispfads scharf nach rechts. Knapp 200 m darauf biegen Sie dem A9 und dem roten N folgend an der Station „Laubtunnel" nach links in einen Pfad ab; die blaue Raute führt an dieser Stelle geradeaus. An der Einstiegstafel des Lehrpfads vorbei geht es auf dem Pfad im Zick-Zack den Hang hinunter. Sobald Sie am Ende des Abstiegs auf einen ebenen Pfad stoßen, folgen Sie diesem nach links. Nach gut 600 m treffen Sie an der Bebauungsgrenze wieder auf den Hinweg. Auf derselben Route geht es den Gotthardsweg hinunter, über den Bahnübergang hinweg zurück zum Bahnhof. Die Gesamtwegstrecke ist knapp 4 km lang.

Im alten Bahnhofsgebäude befindet sich die Gaststätte Gleis 1 mit einer ausgefallenen Speisekarte für Groß und Klein. Die Küchenzeiten sind mittwochs bis samstags von 17.30-21.30 Uhr sowie sonn- und feiertags von 11.30-14.30 Uhr und von 17-21 Uhr (nähere Informationen insbesondere zu den weiteren Öffnungszeiten des Biergartens finden Sie unter *www.gleis1-amorbach.de*).

„Maintal-Odenwald, Nr. 7", hrsg. vom Geo-Naturpark Bergstraße-Odenwald und vom Naturpark Neckartal-Odenwald, 2018, 1:20.000, ISBN 978-3-947593-00-2.
„Fränkischer Odenwald, Nr. 11", hrsg. vom Geo-Naturpark Bergstraße-Odenwald und vom Naturpark Neckartal-Odenwald, 2018, 1:20.000, ISBN 978-3-947593-01-9.

TIPP

Führungen an und in der Gotthardsruine können über das Informationszentrum Bayerischer Odenwald gebucht werden (Schlossplatz 1, 63916 Amorbach, Telefon 09373/200574).

Quellen: Informationstafeln des Geo-Naturparks Bergstraße-Odenwald und des Lions-Clubs Amorbach-Miltenberg vor Ort; Webseiten www.amorbach.de und www.weilbach.de.

4 Auerbacher Schloss (Bensheim-Auerbach)

Koordinaten (WGS84) des Südturms: 49° 42‘ 31,9“ N, 8° 37‘ 54,5“ O (49.708861°, 8.631802°)

Das zu den imposantesten Burgruinen Südhessens zählende Auerbacher Schloss liegt auf dem 351 m hohen Auerberg (Urberg), einem steil nach der Rheinebene abfallenden Sporn am westlichen Rand des Odenwalds.

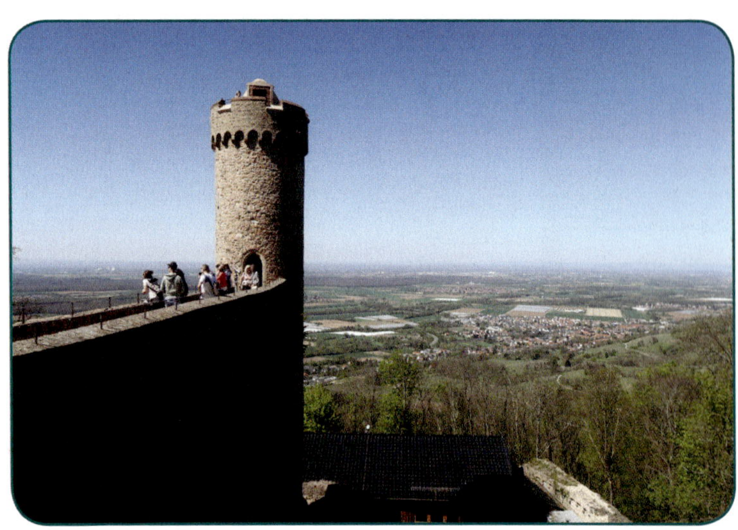

Die weithin sichtbare Wehrburg wurde um 1230 durch den einflussreichen Grafen Diether IV. von Katzenelnbogen möglicherweise auf den Fundamenten einer älteren Burganlage errichtet. Die Erbauung ist mit hoher Wahrscheinlichkeit auf die politischen Umwälzungen in Folge der 1232 erfolgten Aufhebung des Reichsklosters Lorsch zurückzuführen und die erste urkundliche Erwähnung erfolgte 1247. Es könnte sich daher auch um einen Neubau gehandelt haben, der gegen das Erzstift Mainz gerichtet war und die Obergrafschaft Katzenelnbogen gegen andere Adelsgeschlechter im nördlichen Odenwald stärken sollte. Aus dieser Zeit existieren nur noch Reste der inneren Ringmauer und die Fundamente eines runden Bergfrieds im nordöstlichen Hofbereich der Kernburg, der wahrscheinlich als Folge des Erdbebens von 1356 eingestürzt war und danach abgetragen wurde. Der Turmeinsturz muss die gesamte Burg in Mitleidenschaft gezogen haben, sodass in der Folgezeit unter Graf Diether VIII. umfangreiche Neu- und Erweiterungsbauten stattfanden, die der Burg ihre heutige Gestalt geben. Der Grundriss der Anlage ist ein fast gleichschenkliges Dreieck, das von einer 10 m hohen Mantelmauer gebildet wird. An den Eckpunkten befinden sich drei Türme: zur Angriffsseite

im Osten ein bollwerksartig verstärkter Artillerieturm mit Burgkapelle und zur Rheinebene hin zwei landschaftsprägende Rundtürme: der, vom Innenhof gemessen, etwa 22 m hohe Nordwestturm und der etwas höhere Südturm. Die beiden, ehemals mit einem Spitzdach versehenen und im 14. Jhd. erhöhten Rundtürme flankierten einen Wohnbau (Palas) im Westen. An der Südseite steht ein zweiter Bau mit einem großen Saal, der an den Ostturm stößt. Dieses Bollwerk mit seinen 5 m dicken Außenmauern diente wohl als Kanonenplattform und war über die in gleicher Höhe liegenden Wehrgänge leicht zugänglich. Als mit dem Tode von Graf Philipp von Katzenelnbogen im Jahre 1479 das Geschlecht erlosch, fiel der beachtliche Besitz an den Landgrafen Heinrich III. von Hessen-Marburg, der fortan den Beinamen „der Reiche" führte. Bereits gegen Ende des 15. Jhds. wurde damit begonnen, die Bewaffnung der Burg nach Darmstadt und Rüsselsheim zu verlegen. Während des Dreißigjährigen Kriegs wurde das militärisch bedeutungslose Schloss von französischen Einheiten geplündert und stark beschädigt. Im Zuge des Niederländisch-Französischen Kriegs wurde dann 1674 die Schlossanlage durch französische und schottische Truppen unter General de Turenne vollends zerstört und danach dem Verfall preisgegeben. Am 21.01.1820 stürzte der nördliche Turm bei einem schweren Sturm ein und wurde 30 Jahre später als Auftakt erster Renovierungsarbeiten durch Großherzog Ludwig III. von Hessen wieder aufgebaut. In den Jahren 1903/04 fanden umfangreichere Erhaltungs- und Sicherungsmaßnahmen statt, da die Burg bereits im 19. Jhd. ein beliebtes Ziel romantisch gesinnter Ausflügler war. Seit dem Frühjahr 2007 ist auch der südliche Turm nach aufwendiger Restaurierung wieder für die Öffentlichkeit zugänglich.
Nach Betreten der Anlage stößt man nach wenigen Metern auf eine Steintreppe, die über zweimal 13 Stufen hinauf zur Oberburg führt. Im dortigen Innenhof geht es nach links zum Südturm, der einst auch als Burgverlies diente. Der Eingang wurde bereits 1804 auf Anordnung des Landgrafen Ludwig X. von Hessen in den Turm gebrochen und man erreicht ihn über sechs Steinstufen. Im Innern führt eine Wendeltreppe mit 71 Holzstufen und eine schmale, ins Mauerwerk eingelassene Steintreppe mit 22 Stufen hinauf zur Aussichtsplattform. Den Ostturm erreicht man vom Innenhof aus über eine Stahltreppe mit 12 Stufen, eine Holztreppe mit 17 Stufen und anschließend 24 Steinstufen. Am Beginn der zum Nordwestturm führenden, einst überdachten Schildmauer aus dem 13. Jhd. kommt man an einer beeindruckenden Kiefer vorbei (siehe Seite 25); ebenfalls auf der Mauer befindet sich ein Münzfernrohr. Im Nordwestturm führt eine Wendeltreppe mit 48 Stufen hinauf zur Aussicht.

Sowohl der Nordwestturm als auch der Südturm bieten einen reizvollen Blick in die Rheinebene bis zum Pfälzerwald und zum Rheinhessischen Hügelland. In östlicher Richtung schaut man über die Höhen des Vorderen Odenwalds bis zum Ohly- und Kaiserturm. Nach Süden hat man eine schöne Sicht auf die Heppenheimer Starkenburg. Gegen Norden sieht man den Melibokus mit Aussichtsturm und Sendemast und nordwestlich kann man in der Ferne den Taunus erkennen.

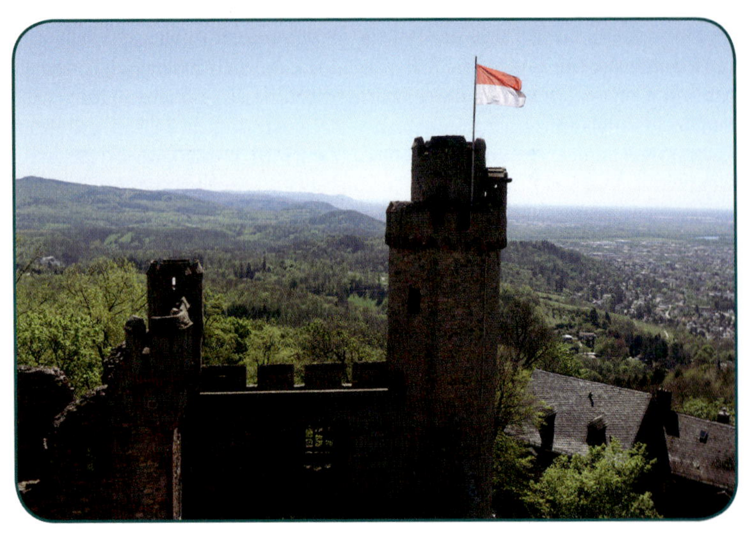

Die Burgruine und die Türme sind ganzjährig von 10-17 Uhr zugänglich.

Für die Anfahrt zum Auerbacher Schloss geben **Sie in Ihrem Navigationsgerät die Adresse „Ernst-Ludwig-Promenade, 64625 Bensheim" ein** und folgen der Beschilderung zum Auerbacher Schloss. Nach gut 600 m kommen Sie an den Waldrand und fahren weiter bergan. Hinter der Einfahrt zum Urnenfriedhof Not-Gottes-Kapelle folgen Sie der abknickenden Vorfahrt nach rechts zum nur noch knapp 700 m entfernten Naturparkplatz. Wenn Sie am Parkplatz entlang nach rechts etwa 200 m weiterfahren, finden Sie direkt unterhalb des Schlosses eine weitere Parkmöglichkeit mit nur wenigen Stellplätzen. Über eine Brücke geht es ca. 100 m hinauf zum Schlosseingang. **Für die Rückfahrt folgen Sie der Einbahnstraße hinunter nach Hochstätten und Auerbach.**

Bahnhof Bensheim-Auerbach: Bereits vom Bahnhof aus können Sie einen Blick auf das imposante Auerbacher Schloss erhaschen. Vom Bahnhofsgebäude gehen Sie zur wenige Meter entfernten Otto-Beck-Straße und folgen dieser nach rechts in die Richtung Stadtmitte; dabei können Sie sich an den Wanderwegzeichen gelbes Quadrat und dem roten N des Zubringerwegs zum Nibelungensteig orientieren. Nach gut 400 m geht es über die Darmstädter Straße (Bundesstraße B3) hinweg geradeaus in die Karlsbader Straße vorübergehend ohne Wandermarkierung bergan. Sobald Sie in einen verkehrsberuhigten Bereich kommen, halten Sie sich nach links und am Ende des Bereichs gehen Sie geradeaus in die 30 km-Zone. Nach knapp 50 m biegen Sie rechts in die Martinstraße ab und bereits an der nächsten

Einmündung treffen Sie auf fünf Wanderwegzeichen. Für den restlichen Weg hinauf zum Schloss können Sie sich am roten A des Alemannenwegs sowie an den in grün gehaltenen örtlichen Wanderwegen A1 (Auerbacher Schlossweg)

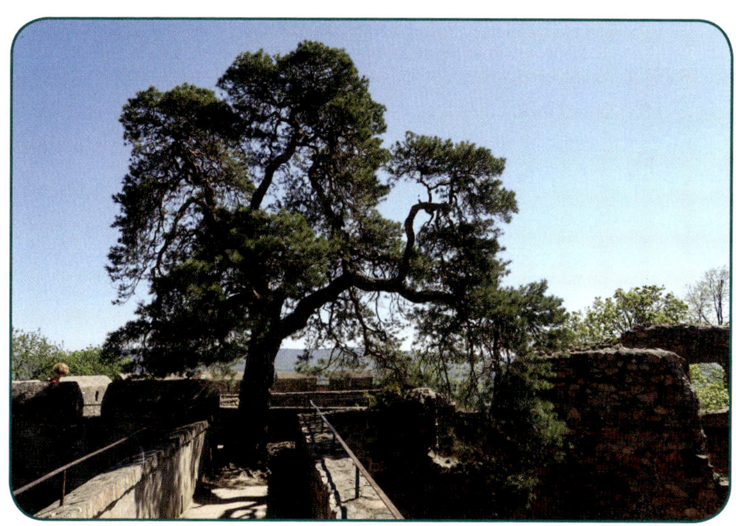

und L2 (Odenwald-Bergsträßer-Runde) orientieren. Vor einem Mahnmal geht es nach rechts in die Burgstraße und nach ca. 50 m folgen Sie den Wegzeichen schräg nach links in eine Sackgasse bergan. Am Gasthaus Waldschlösschen vorbei biegt der Wanderweg an einer Abzweigung links in einen Pfad ein. In Serpentinen stetig bergauf treffen Sie nach ungefähr 600 m auf einen Waldweg, dem Sie nach rechts für ca. 300 m bequem folgen. Dann steigt der Weg

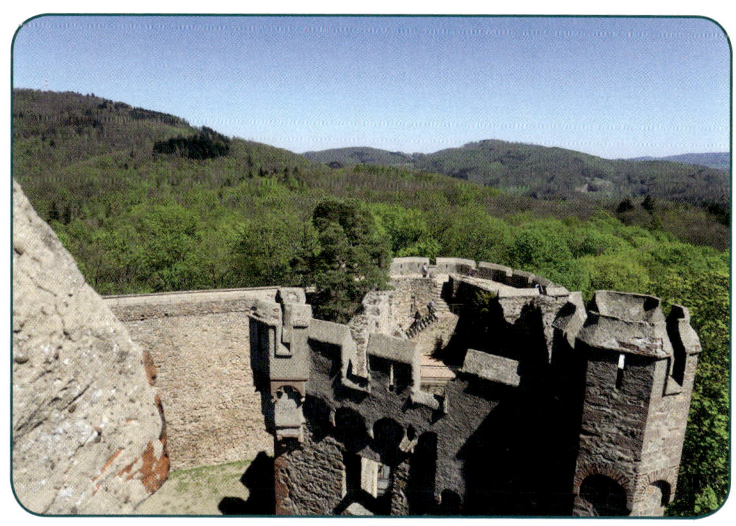

nochmals an, biegt an einem Sendemast nach links ab und verläuft etwa 150 m auf asphaltierter Strecke. Orientieren Sie sich nach rechts und folgen Sie den Wegmarkierungen auf einem Pfad weiter bergan, wobei die blaue Burg des Burgensteigs hinzukommt. Ungefähr 300 m weiter befinden Sie sich bereits direkt unterhalb des Schlosses: Verlassen Sie an einer Abzweigung die anderen Wanderzeichen und folgen Sie nur noch dem roten A scharf nach links. Bei der nächsten Möglichkeit verlassen Sie auch das rote A und gehen ohne Wegzeichen nach rechts direkt hinauf zum Schloss. Insgesamt ist der Weg vom Bahnhof zum Schloss knapp drei Kilometer lang.

Die Burgschenke im Vorhof ist geöffnet: im März freitags bis sonntags von 12-18 Uhr, von April bis September mittwochs bis sonntags 11.30-18.00 Uhr, im Oktober mittwochs bis sonntags von 12-18 Uhr und im November samstags und sonntags von 12-18 Uhr. An Feiertagen ist von 12-18 Uhr und in den Wintermonaten nur auf Anfrage geöffnet. Von der Terrasse aus hat man einen schönen Blick in die Rheinebene.

„Bergstraße-Odenwald, Nr. 5“, hrsg. vom Geonaturpark Bergstraße-Odenwald und vom Naturpark Neckartal-Odenwald, 2018, 1:20.000, ISBN 978-3-947593-04-0.

TIPP

Auf einer Schildmauer der Burganlage steht eine über 300-jährige, etwa sieben Meter hohe Waldkiefer. Der anspruchslose Baum wurzelt in luftiger Höhe auf dem Bauwerk und deckt einen Teil seines Wasserbedarfs über die Luftfeuchte, die an den Nadeln kondensiert und zu Boden tropft (*wikipedia.de*).

Quellen: Biller, Thomas, „Burgen und Schlösser im Odenwald“, Regensburg 2014, S. 81-86; Hamel, Karl Wilfried, „Auerbacher Schloß: Feste Urberg, die bedeutendste Burganlage der Obergrafschaft Katzenelnbogen“, Bensheim-Auerbach 1997; Knappe, Rudolf, „Mittelalterliche Burgen in Hessen“, Gudensberg-Gleichen 1994, S. 559-561; Steinmetz, Thomas, „Burgen im Odenwald“, Brensbach 1998, S. 76 f., 100 ff.; Informationsblatt der Verwaltung der Staatlichen Schlösser und Gärten in Hessen zum Auerbacher Schloss, 2018; Webseite www.schloss-auerbach.de.

5 Luginsland (Bensheim)

Koordinaten (WGS84): 49° 40‘ 46,2“ N, 8° 38‘ 32,3“ O (49.679459°, 8.642255°)

Der Luginsland, auch als Blaues Türmchen oder Eckturm bezeichnet, befindet sich östlich von Bensheim auf dem Baßmann bzw. Hohberg in 214,5 m Höhe. Der süddeutsche Name „Lug ins Land“ bedeutet auf Hochdeutsch „Schau ins Land“ und bezeichnet einen Berg mit guter Aussicht.

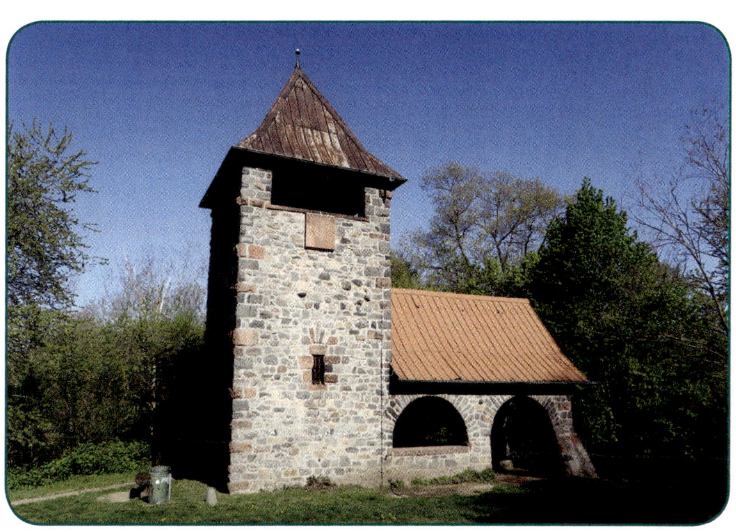

Der Turm steht im ehemaligen Baßmannpark, der sich vom Schönberger Tal bis hinauf zum Baßmann erstreckte. Vermutlich wurde die heute weitgehend überwucherte Parkanlage Mitte des 19. Jhds. durch den schottischen Adeligen Thomas Abercromby Scott-Duff im Stile eines englischen Landschaftsgartens angelegt. Im Jahre 1883 ließ sich der Wormser Fabrikant Wilhelm Valckenberg im Schönberger Tal die Villa Amalienhof errichten und gelangte auch in den Besitz des Parks. 1910 beauftragte Valckenberg den bekannten Architekten Heinrich Metzendorf mit dem Bau eines Aussichtsturms auf der Anhöhe des Baßmanns als Eingangsportal in den Landschaftspark.
Der in Granit und Sandstein errichtete Turm ist etwa 12 m hoch, hat einen quadratischen Grundriss mit einer Seitenlänge von 4,4 m und trägt ein Pyramidendach. Er wird durch schießschartenartige Öffnungen belichtet und weist im oberen Geschoss nach allen vier Seiten breite Aussichtsöffnungen auf. An den Turm schließt sich ein schmaler, kapellenartiger Gebäudeteil mit Satteldach und fünf Rundbogenöffnungen an. Zu dem Ensemble gehört eine

vorgelagerte, über einen Graben führende Bogenbrücke und am Turm steht eine Sitzbank aus Sandstein, deren Lehnen innen eine Rosettenornamentik aufweisen. Der Luginsland ähnelt dem, ebenfalls von Metzendorf errichteten Bismarckturm auf dem benachbarten Hemsberg.

Der Turm bzw. die davor liegende Freifläche bietet einen Blick ins Oberrheintal bis zum Pfälzerwald. Gut sichtbar ist insbesondere der benachbarte Hemsbergturm (siehe Seite 31).

Eine Begehung des Turms ist nicht möglich und eine Öffnung für Besucher ist gegenwärtig nicht geplant.

Konrad-Adenauer-Straße, 64625 Bensheim: Fahren Sie auf der Bundesstraße B47 stadtauswärts in Richtung Lindenfels/Reichenbach und biegen Sie kurz hinter dem Fabrikgelände der Thermo-Plastik GmbH rechts in die Konrad-Adenauer-Straße ab; an dieser Stelle befinden sich Hinweisschilder auf den Waldfriedhof und auf den Naturparkplatz Schönhof. Der Parkplatz befindet sich knapp 100 m von der Einmündung entfernt und von dort können Sie der Wegbeschreibung für die Anreise mit der Bahn folgen.

Bahnhof Bensheim: Nach Verlassen der Unterführung durch den Ausgang zur City treffen Sie auf die Leslie-Mackay-Passage, an der sich rechterhand eine kleine Hinweistafel mit Wanderwegen befindet. Sie können den Wegzeichen gelbes Dreieck, grüne Raute und dem örtlichen Rundwanderweg B2 (Hohberg-Weg) bis zum Luginslandturm folgen. Zunächst geht es durch die Passage und weiter geradeaus auf der Bahnhofstraße bis zur Promenadenstraße. Auf dieser Straße gehen Sie nach rechts und etwa 150 m weiter halten Sie sich nach links am Rinnentorturm vorbei über den Mohács-Platz hinweg. Folgen Sie den Wegzeichen geradeaus in die Sackgasse (An Rinnentor) und nach ca. 150 m ein kurzes Stück an der Lauter entlang. Gut

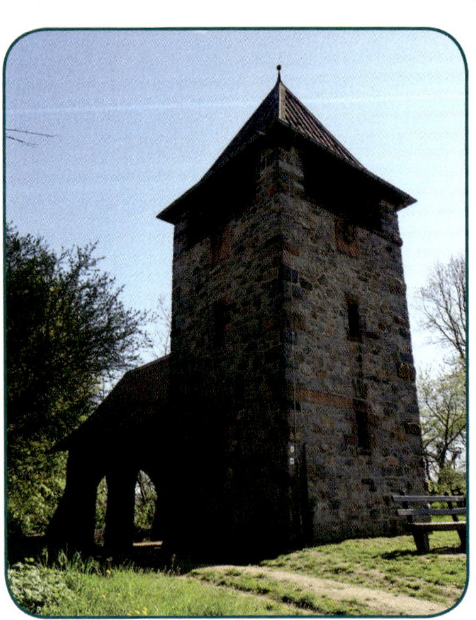

200 m darauf biegen Sie von der Platanenallee rechts in die Augartenstraße ab. Sobald Sie auf die Elisabethenstraße treffen, wandern Sie auf dieser nach rechts und kurz darauf nach links in die Bleichstraße. Außerorts werden Sie auf einem gut befestigten Weg wieder von der Lauter begleitet. An einem Spielplatz vorbei halten Sie sich an einer Gabelung nach links in den für Fahrradfahrer freigegebenen Fußweg. Am Bachlauf entlang treffen Sie nach knapp einem halben Kilometer am **Naturparkplatz Schönhof** auf eine Straße. Wandern Sie auf dieser Straße nach rechts und in der Rechtskurve halten Sie sich an der Hinweistafel auf den Hohlwege-Lehrpfad vorbei geradeaus unter einer Steinbrücke hindurch in den Wald. Nach etwa 200 m folgen Sie den Wegzeichen auf die andere Seite des Grabens und knapp 50 m weiter an einer Kreuzung nach rechts bergan. Im Verlauf rechterhand an einer langgestreckten Waldwiese entlang bleiben Sie an Abzweigungen stets in gerader Richtung und stoßen so nach ungefähr einem halben Kilometer am Ende des Anstiegs direkt auf den Luginsland. Den Turm erreichen Sie bei gut 2,5 Streckenkilometern bzw. 900 m vom Naturparkplatz Schönhof aus.
Für den Rückweg folgen Sie zunächst an der Wiese entlang dem bergab führenden Weg. Sobald Sie auf die Weinberge treffen, verlaufen das gelbe Dreieck und die grüne Raute nach links und Sie folgen nur noch dem B2 nach rechts. Nach ungefähr 200 m kommen Sie an eine Gabelung, wo Sie sich in den Betonplattenweg nach links bergab halten. Am Ende dieses gut einen halben Kilometer langen Hohlwegs erreichen Sie wieder Bensheim. Bleiben Sie auf der Straße (Röderweg) bergab bis diese bei der Friedhofskapelle in die Friedhofstraße mündet. Weiter geht es nach rechts und ca. 50 m hinter der abknickenden Vorfahrt erneut nach rechts in die Grieselstraße. Bei der nächsten Möglichkeit biegen Sie links in die Zeller Straße ab und an deren Ende gehen Sie nach rechts weiter durch die Fußgängerzone. Beim Hospitalbrunnen halten Sie sich geradeaus in die Gerbergasse bis zum Rinnentorturm und von dort auf bekanntem Wege zurück zum Bahnhof. Insgesamt ist die Tour knapp 5 km lang.

Unmittelbar am Turm befinden sich eine Picknickwiese mit Bänken und Tischen sowie ein kleiner Spielplatz. Es gibt auch eine Grillmöglichkeit, die bei der Stadtverwaltung Bensheim angemietet werden kann. Ein Grillrost und ein Grillgestell müssen selbst mitgebracht werden. Das Nutzungsentgelt beträgt 30,00 Euro für ortsansässige und 50,00 Euro für auswärtige Personen und Gruppen. Nähere Informationen finden Sie auf der Webseite *www.bensheim.de* unter der Stichwortsuche „Grillplatz Blaues Türmchen“.

„Bergstraße-Odenwald, Nr. 5“, hrsg. vom Geonaturpark Bergstraße-Odenwald und vom Naturpark Neckartal-Odenwald, 2018, 1:20.000, ISBN 978-3-947593-04-0.

TIPP

Gehen Sie vom Luginsland direkt weiter zum Hemsbergturm (siehe Seite 31), den Sie auf der gegenüberliegenden Bergkuppe sehen können. Für den Weg dorthin wandern Sie zunächst an der Wiese entlang zu den Weinbergen. Folgen Sie dem gelben Dreieck und der grünen Raute nach links, aber bereits nach knapp 100 m verlassen Sie diese beiden Wegzeichen und biegen rechts in einen Betonplattenweg ab, der mit dem grünen S1 und einer eingekreisten gelben Eins markiert ist. Der Weg führt hinunter in den Ortsteil Zell. Sobald Sie nach knapp 700 m die Durchfahrtstraße erreichen, halten Sie sich auf dieser wenige Meter nach rechts und biegen dann links in den Hemsbergweg ab; Sie können weiterhin dem S1 folgen und die eingekreiste Eins wird durch eine Zwei ersetzt. Nach ca. 100 m nehmen Sie an einer Gabelung den rechten Weg und folgen nur noch der eingekreisten gelben Zwei. Am Gestüt Hemsberg entlang geht es auf dem Asphaltweg, der im Verlauf in einen gut befestigten Feldweg und schließlich in einen Pfad übergeht, bergan. Nach einem Anstieg von ungefähr einem halben Kilometer erreichen Sie den Wald und noch ein Stück bergan stoßen Sie auf einen anderen Pfad. Halten Sie sich auf diesem Pfad nach links und neben der eingekreisten Zwei sehen Sie wieder das S1 sowie die blaue Burg des Burgensteigs. Sobald Sie auf einen breiten Weg treffen, folgen Sie auf diesem der gelben Zwei geradeaus bis diese nach ca. 250 m links in einen Pfad abbiegt. Ein letztes Mal bergauf sind es nur noch gut 200 m bis zum Turm. Der Weg vom Luginsland zum Hemsbergturm ist knapp 2 km und der Rückweg vom Hemsbergturm zum Bensheimer Bahnhof ca. 2,5 km lang. Insgesamt ist der Rundweg vom Bensheimer Bahnhof über den Luginsland und den Hemsbergturm etwa 7 km weit.

Quelle: Delarue, Dominic E. „Naturverbundenheit, Heimatliebe und Nationalstolz. Die deutsche Wanderbewegung, der Odenwald-Klub und Metzendorfs Bismarckturm auf dem Hemsberg", in: ders. und Thomas Kaffenberger (Hg.), „Heinrich Metzendorf und die Reformarchitektur an der Bergstraße", Worms 2013, S. 173-184; Webseite denkxweb.denkmalpflege-hessen.de.

6 Bismarckturm/Hemsbergturm (Bensheim-Zell)

Koordinaten (WGS84): 49° 40‘ 08,3“ N, 8° 38‘ 22,1“ O (49.668975°, 8.639481°)

Der Bismarckturm, von der einheimischen Bevölkerung als Hemsbergturm bezeichnet, steht auf dem 262 m hohen Hemsberg südöstlich von Bensheim.

Schon 1889 plante die erst sieben Jahre zuvor gegründete Sektion Bensheim des Odenwaldklubs (OWK) die Errichtung eines Aussichtsturms. Die Planung stand im Zusammenhang mit dem Schönberger Schlosspark, dem Auerbacher Fürstenlager und dem Kirchberghäuschen. Im Jahre 1893 wurde ein Turm-Komitee gebildet, das 1897 in einem Architektenwettbewerb den Wartturm-ähnlichen Entwurf von Heinrich Metzendorf aus Bensheim auswählte und sich für den Hemsberg als Standort entschied. Der erst 30-jährige Metzendorf war damals schon ein recht bekannter Architekt und wurde 1901 zum Professor ernannt. Die Kosten in Höhe von knapp 8.000 Mark wurden durch den OWK Bensheim, den Gesamt-OWK, den Verschönerungsverein Bensheim und durch eine großzügige Anleihe des zweiten Vorsitzenden des OWK Bensheim, Papierfabrikant und Kommerzienrat Wilhelm Euler, finanziert. Euler verzichtete später auf die Rückzahlung des Darlehens. Im Jahre 1900 konnte unter der Bauleitung von Metzendorf mit den Arbeiten begonnen werden. Zur Kostenreduzierung war von der Stadt Bensheim und der Forstverwaltung die unentgeltliche Anlage eines Steinbruchs in direkter Nähe des Bauplatzes genehmigt worden. Erst im Laufe der Bauphase wurde im Juli 1901 beschlossen, das Bauwerk nach dem verstorbenen Alt-Reichskanzler Fürst Otto von Bismarck zu benennen. Im Herbst 1901 konnte der Turm fertiggestellt und am 06.07.1902 feierlich eingeweiht werden. Von 1970-1973 erfolgten

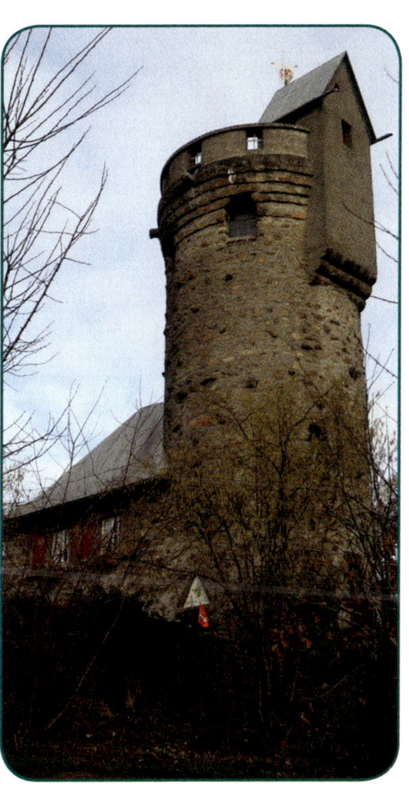

durch den OWK Bensheim umfangreiche Sanierungsmaßnahmen und in den Jahren 2000/01 wurden weitere Renovierungsarbeiten in Eigenleistung vorgenommen. Zum Erhalt des Turms und zur Pflege des angrenzenden, rund 3.500 m² großen Areals gründeten Bürger und Ortsbeiratsmitglieder der Stadtteile Zell und Bensheim-Mitte im Jahre 2017 den Hemsbergturm-Verein. Der aus heimischem Granit bestehende Rundturm in neoromanischem Burgenstil hat eine Gesamthöhe von 22 m, wovon vier Meter auf das rechteckige Fundament entfallen. Über dem Austritt auf die Aussichtsplattform in 15 m Höhe befindet sich auf der Südostseite ein Erker mit Satteldach und im unteren Bereich gibt es einen zweigeschossigen Anbau mit Walmdach. Ursprünglich war dieser Anbau eine offene Aussichtsterrasse, die allerdings 1956 zugemauert und als Vereinsunterkunft umgebaut wurde. Im Innern des Turms führt eine Holzwendeltreppe mit 16 Stufen bis zum Eingang ins Wanderheim und über weitere 44 Stufen und mehrere Absätze gelangt man zum Aussichtsbereich unterhalb der Plattform. Von hier führen weitere 16 Holzstufen und eine Steinstufe zur oberen Plattform. Insgesamt sind es also 77 Stufen.

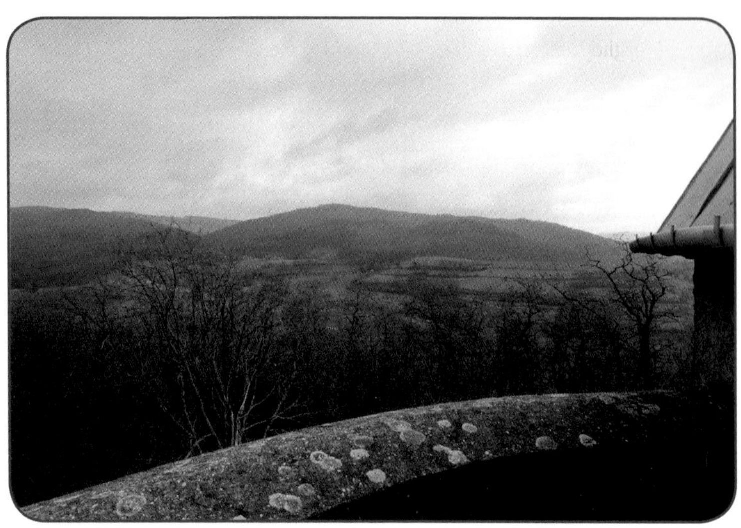

Von der Plattform hat man eine gute Aussicht über die Oberrheinische Tiefebene zum Pfälzerwald und nach Osten in den vorderen Odenwald. An der Bergstraße sieht man nach Norden hin das Auerbacher Schloss und den Melibokus und in südlicher Richtung hat man Blick auf die Heppenheimer Starkenburg.

Der Turm ist in der warmen Jahreszeit sonn- und feiertags in der Regel ab 10 Uhr geöffnet, immer wenn die Fahne mit den Bensheimer Stadtfarben

Rot-Weiß auf der Turmspitze weht. **Bitte beachten Sie, dass bei besonderen Veranstaltungen eine Turmbesteigung nicht möglich ist.** Nähere Informationen finden Sie auf der Webseite *www.hemsbergturm-verein.de* unter dem Menüpunkt Aktuelles. Zur Erhaltung des Turms bittet der Verein um eine Spende.

Parken Sie zum Beispiel am Friedhof (**Friedhofstraße/Ecke Röderweg, 64625 Bensheim**) oder auf der Hemsbergstraße bzw. im Hahnbergweg und folgen Sie von dort der Wegbeschreibung für die Anreise mit der Bahn.

Bahnhof Bensheim: Nach Verlassen der Unterführung durch den Ausgang zur City treffen Sie auf die Leslie-Mackay-Passage, an der sich rechterhand eine kleine Hinweistafel mit Wanderwegen befindet. Sie können zunächst den örtlichen Wanderwegen B2 (Hohberg-Weg) und B4 (Gronau-Weg) folgen. Es geht durch die Passage und weiter geradeaus auf der Bahnhofstraße bis zur Promenadenstraße. Auf dieser Straße wandern Sie nach rechts und etwa 150 m weiter halten Sie sich nach links am Rinnentorturm vorbei. Die nächste Möglichkeit biegen Sie rechts in die Gerbergasse ab und im Verlauf den Hospitalbrunnen mit einem Spielplatz passierend gehen Sie bis fast zum Ende der Fußgängerzone. Ungefähr 50 m bevor die Zone endet biegen Sie links in die Zeller Straße ab. Nach ca. 100 m folgen Sie dem B2 und dem B4 auf der Grieselstraße nach rechts bis zur Friedhofstraße. Gehen Sie auf der **Friedhofstraße** nach links. Gut 50 m hinter der abknickenden Vorfahrt biegt der B2 nach links in den **Röderweg** ab und Sie folgen dem B4 weiter geradeaus am Friedhof entlang. Nach knapp 400 m biegen Sie am Ende der Friedhofstraße nach rechts in die Hemsbergstraße ab; ab dort können Sie zusätzlich dem gelben B des Blütenwegs folgen. Ungefähr 300 m weiter weist bei der zweiten Abbiegemöglichkeit bereits ein Schild nach links zum Hemsbergturm. Nach gut 50 m folgen Sie einem zweiten Hinweisschild zum Turm geradeaus in den Hahnbergweg. Im Verlauf an Abzweigungen stets in gerader Richtung erreichen Sie nach knapp einem halben Kilometer eine Weggabelung mit Rastbank. An dieser Stelle befindet sich ein letztes großes Hinweisschild zum Hemsbergturm/Bismarckturm, dem Sie nach links in einen Kopfsteinpflasterweg bergan folgen und dabei die Wanderwegzeichen verlassen. Etwa 300 m darauf wandern Sie nach links um eine Schutzhütte herum in den Wald. Weitere ca. 300 m darauf treffen Sie bei einer Kreuzung auf den Burgensteig mit der blauen Burg. Sie können der blauen Burg in den Pfad geradeaus folgen oder nach rechts den ebeneren Weg wählen. Dieser etwas längere, aber bequemere Weg mündet nach gut einem halben Kilometer, gegen Ende wieder mit dem Burgensteig vereint direkt am Turm.

Für den Rückweg folgen Sie der blauen Burg auf der anderen Seite des Turms kurz vor einem kleinen Spielplatz in einen Pfad bergab. Bereits nach ca. 200 m treffen Sie auf den bekannten Aufstiegsweg und bleiben dort aber weiter auf dem Burgensteig nach rechts bergab. Auf dem gut markierten Pfad stets in gerader Richtung erreichen Sie nach gut 200 m die Weinberge. Auf einem breiteren Weg wandern Sie ca. 300 m geradeaus zu einem Wasserhochbehälter, an dem der Burgensteig wieder in einen Pfad bergab verläuft. Bereits etwa 100 m weiter gabelt sich der Wanderweg und Sie folgen der leichten Wegführung geradeaus. Sobald Sie den Stadtrand erreichen, treffen Sie auf den Hahnbergweg und folgen dem Straßenverlauf (Wilhelm-Euler-Straße) nach rechts. Auf die Hemsbergstraße treffend befinden Sie sich schon wieder auf dem bekannten Hinweg. Für die letzten, knapp eineinhalb Kilometer zum Bahnhof halten Sie sich nach rechts zur Friedhofstraße. Auf dieser gehen Sie nach links bis Sie an der Friedhofskapelle vorbei hinter der abknickenden Vorfahrt nach rechts in die Grieselstraße abbiegen. Durch die Bensheimer Altstadt geht es zurück zum Bahnhof. Insgesamt ist die Wegstrecke ca. 5,7 km lang.

Im Turm bietet das Hemsberg-Team nicht nur in der warmen Jahreszeit sonn- und feiertags herzhafte Speisen, hausgemachte Kuchen und kühle Getränke für die Wanderer an. Immer wenn die Fahne mit den Bensheimer Stadtfarben Rot-Weiß auf der Turmspitze weht, ist die Einkehr geöffnet. Bei größeren Gruppen empfiehlt sich eine Reservierung beim Herbergswirt unter der E-Mail-Adresse *wirt@hemsbergturm-verein.de*..

„Bergstraße-Odenwald, Nr. 5“, hrsg. vom Geonaturpark Bergstraße-Odenwald und vom Naturpark Neckartal-Odenwald, 2018, 1:20.000, ISBN 978-3-947593-04-0.

TIPP

Kombinieren Sie die Besichtigung des Hemsbergturms mit einem Besuch des Luginslands (siehe Seite 27): Gehen Sie zunächst zum nicht begehbaren Luginsland und erwandern Sie danach den Bismarckturm. Insgesamt ist dieser Rundweg vom Bensheimer Bahnhof aus über die beiden Türme ca. 7 km lang.

Quellen: Delarue, Dominic E. „Naturverbundenheit, Heimatliebe und Nationalstolz. Die deutsche Wanderbewegung, der Odenwald-Klub und Metzendorfs Bismarckturm auf dem Hemsberg“, in: ders. und Thomas Kaffenberger (Hg.), „Heinrich Metzendorf und die Reformarchitektur an der Bergstraße“, Worms 2013, S. 173-184; Koch, Jörg, „Bismarckdenkmäler und Bismarckgedenken am Oberrhein“, Ubstadt-Weiher, 2015, S. 143-145; Löwe, Isolde, „Der Bismarckturm auf dem Hemsberg bei Bensheim“, in: Die Dorflinde, Heft 2/2002, S. 19; Webseiten www.owk-bensheim.de, www.hemsbergturm-verein.de und www.bismarcktuerme.de.

7 Burg Breuberg (Breuberg-Neustadt)

Koordinaten (WGS84): 49° 49‘ 12,9“ N, 9° 02‘ 24,8“ O (49.820262°, 9.040220°)

Die eindrucksvolle Höhenburg steht auf dem 306 m hohen Breuberg, einem steilen Bergkegel aus Buntsandstein, der sich über das Mümlingtal erhebt. Hinsichtlich Architektur und Erhaltungszustand handelt es sich nach dem Heidelberger Schloss um die bedeutendste Burg im Odenwald und um eine der größten und am besten erhaltenen Burganlagen im süddeutschen Raum.

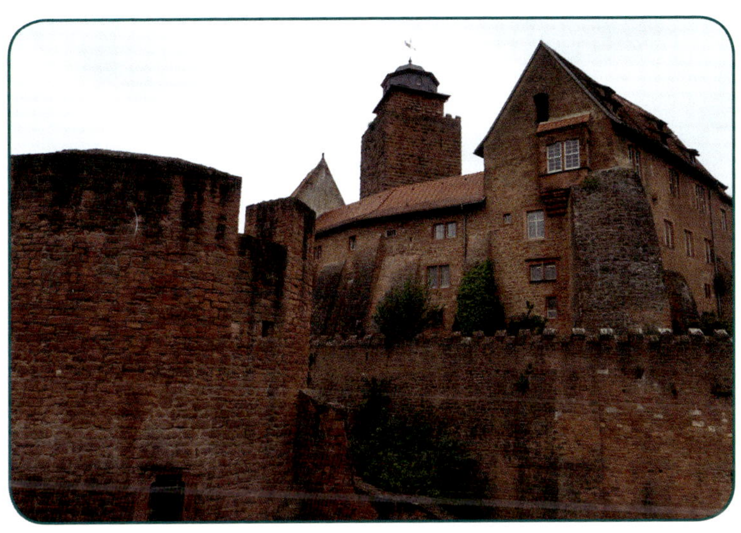

Der Breuberg war vermutlich bereits in frühgeschichtlicher Zeit besiedelt und kam im 8. Jhd. an das Kloster Fulda. Die Äbte ließen zur Sicherung ihrer Besitzungen etwa ab Mitte des 12. Jhds. die Burg „Bruberc“ erbauen. Der erste namentlich genannte fuldische Lehnsmann war um 1200/1220 ein Konrad Reiz von Lützelbach, dessen Familie sich später nach der Burg „von Breuberg“ nannte. Von der romanischen Burganlage sind neben dem mächtigen, frei stehenden Bergfried auch der obere Torbau und die Ringmauer um die Kernburg erhalten geblieben. Der quadratische Turm aus Buckelquader-Mauerwerk hat eine Seitenlänge von 8,9 m, eine Wandstärke von 2,6 m und eine Höhe von ca. 25 m. Der Eingang des Bergfrieds an der Ostwand lag früher in 12 m Höhe über dem Erdboden und war nur über eine hölzerne Stiege oder Strickleiter erreichbar. Heute betritt man den Burgturm fast ebenerdig über zwei Steinstufen. Der Aufstieg im Turm erfolgt zunächst über eine Holztreppe

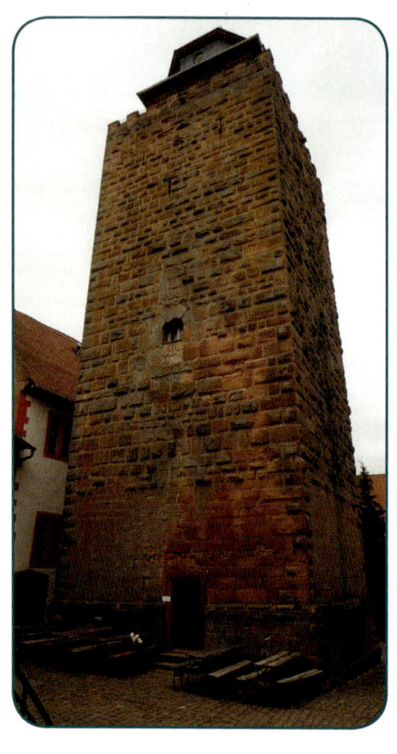

mit 43 Stufen bis zur nicht mehr funktionsfähigen Turmuhr, die um 1750 gebaut wurde. Weitere 63 Holz- und sieben Steinstufen führen bis ganz nach oben zum Turmwärterpavillon. Nach dem Aussterben der Herren von Breuberg im Jahre 1329 war die Burg im Teilbesitz unterschiedlicher Adelsgeschlechter. Als schließlich 1497 Graf Michael II. von Wertheim durch Kauf zum Alleinbesitzer wurde, begann der Ausbau zur befestigten Residenz. Bis 1531 entstanden u.a. drei runde Geschütztürme (Vorderer Turm, Roter Turm und Graf-Michels-Turm), eine Kanonenplattform (die sogenannte „Schütt") sowie ein die gesamte Anlage umfassender, ca. 10 m tiefer Ringgraben. Als 1556 auch die Wertheimer Grafen in der männlichen Linie ausstarben, wurden diese von den Grafen von Erbach und den Grafen von Stolberg-Königstein beerbt; letztere verkauften ihren Anteil am Anfang des 17. Jhds. an die Grafen von Löwenstein. Im 16. und 17. Jhd. fanden an den Gebäuden in der Vorburg umfangreiche Umbaumaßnahmen statt und auch an den Festungswerken wurden noch bis in die ersten Jahrzehnte des 17. Jhds. Ausbesserungen und bauliche Veränderungen vorgenommen. Die Plattform des Bergfrieds erhielt im Jahre 1612 einen quadratischen Pavillon mit Schieferdach, der als Türmerstube genutzt wurde und wo früher die alte Turmuhr aufgestellt war. In den Kriegen des 17. und 18. Jhds. war der Breuberg noch mehrfach wichtiger Stützpunkt, bevor nach dem Ende des Österreichischen Erbfolgekriegs der laufende Unterhalt der Burg vernachlässigt wurde. Um 1780 begann man mit der Niederlegung baufälliger Gebäude, aber glücklicherweise blieb das Ausmaß des Abbruchs beschränkt. Im Jahre 1806 fiel die Burg mit dem Ende der fuldischen Lehnshoheit an das Großherzogtum Hessen-Darmstadt, wobei sie weiterhin von den Erbacher Grafen verwaltet und ab 1858 renoviert wurde. Der Zinnenkranz auf Turm, das Vorwerk und die Zwingermauern stammen hauptsächlich aus dieser Zeit. Im Jahre 1919 stellte Alexander Ludwig Fürst und Graf zu Erbach-Schönberg einige Gebäude der Hauptburg zur Errichtung einer Jugendherberge zur Verfügung. 1942 musste die Burg an den Reichsverband der Deutschen Jugendherbergen verkauft werden und kam so 1949 zum Land Hessen. Nach einer aufwändigen Sanierung gibt es seit 1988 wieder eine Jugendherberge in den Burggemäuern.

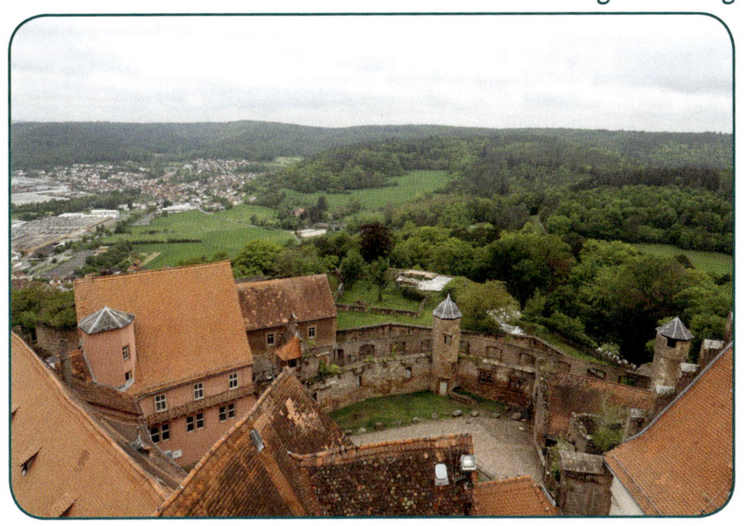

Aus den Fenstern und noch besser vom Außengang um die Türmerstube haben Sie einen perfekten Rundumblick und können sich auch ein eindrucksvolles Bild von der Größe der Burganlage verschaffen. Der Blick geht über die benachbarten Ortschaften in den weiten Odenwald, z.B. zur Neunkircher Höhe, sowie bei guter Sicht nach Norden zum Taunus und nach Osten zum Spessart.

Der Bergfried ist jeden Tag zugänglich. Wenden Sie sich an die Rezeption der Jugendherberge, wo sich ein Schlüssel für die Tür befindet. Die Besteigung kostet 0,50 Euro pro Person.

Burgstraße, 64747 Breuberg: Im Ortsteil Neustadt folgen Sie den Hinweisschildern zur Burg und zur Jugendherberge auf der Burgstraße gut zwei Kilometer hinauf zur Burganlage. Kurz vor der Burg befindet sich ein kostenloser Parkplatz.

Bushaltestelle „Neustadt, Burg Breuberg": An den Wochenenden und feiertags fährt ein Rufbus vom Bahnhof Höchst/Odenwald zur Burg. Der Bus verkehrt auch zur Veste Otzberg (siehe Seite 166). Der Fahrtwunsch muss spätestens eine Stunde und bei Gruppen ab acht Personen spätestens 24 Stunden vorher unter der Telefonnummer 06061/9799-77 angemeldet werden. Den Fahrplan finden Sie auf der Webseite *www.dadina.de* unter der Stichwortsuche „Burgenbus Fahrplan".

Unter der Woche folgen Sie von der Bushaltestelle **„Breuberg, Neustadt Markt“** an der Marktlinde vorbei dem gut markierten Wanderweg mit dem roten Kreuz ungefähr einen Kilometer hinauf zur Burg; etwa 300 m vor dem Erreichen der Burg kommen Sie an einer Aussichtskanzel vorbei.

In der Burgschänke, die seit 2017 vom Museumsverein betrieben wird, erwartet sie ein kleines, aber feines Angebot an regionalen und teilweise hausgemachten Speisen und Getränken. Die Öffnungszeiten sind von Januar bis Mitte März an den Wochenenden von 11.30-17.30 Uhr, von Mitte März bis Oktober mittwochs bis sonntags von 11-18 Uhr (im Juli auch dienstags) sowie im November an den Wochenenden von 11-18 Uhr. Bei gutem Wetter ist im Sommer der Biergarten länger geöffnet.

„Breuberger Land, Nr. 3“, hrsg. vom Geonaturpark Bergstraße-Odenwald und vom Naturpark Neckartal-Odenwald, 2017, 1:20.000, ISBN 978-3-931273-91-0.

TIPP

In dem 1613 in der Südecke der Vorburg errichteten und nach Graf Johann Casimir von Erbach benannten „Casimirbau“ ist ein Museum eingerichtet. Das Museum und bestimmte Bereich der Burg können nur in Verbindung mit einer Führung besichtigt werden. Öffentliche Burgführungen finden von etwa Mitte März bis Mitte/Ende Oktober samstags und sonntags um 13.30 Uhr und 14.45 Uhr sowie sonn- und feiertags zusätzlich um 16.00 Uhr statt. Für Gruppen sind Führungen auch außerhalb dieser Zeiten möglich (kontaktieren Sie die Stadtverwaltung Breuberg unter der Telefonnummer 06163/709-16 oder per E-Mail *burgfuehrung@breuberg.de*). Auf keinen Fall sollten Sie den gut 600 m langen Rundweg um die imposante Burganlage auslassen.

Quellen: Antonow, Alexander, „Burgen im Main-Viereck“, Frankfurt am Main 1987, S. 29-43; Biller, Thomas, „Burgen und Schlösser im Odenwald“, Regensburg 2014, S. 206-214; Knappe, Rudolf, „Mittelalterliche Burgen in Hessen“, Gudensberg-Gleichen 1994, S. 546 f.; Röder, Alexander, „Burg Breuberg: ein baugeschichtlicher Rundgang“, Neustadt/Odenwald 1951; Steinmetz, Thomas, „Burgen im Odenwald“, Brensbach 1998, S. 43, 159 f.; Webseite www.burg-breuberg.de und Hinweistafeln auf der Burg.

8 Wartturm (Buchen)

Koordinaten (WGS84): 49° 30’ 50,6” N, 9° 20’ 07,0” O (49.514041°, 9.335275°)

Der Wartturm steht südöstlich von Buchen/Odenwald auf der 394 m hohen Kuppe des Wartbergs.

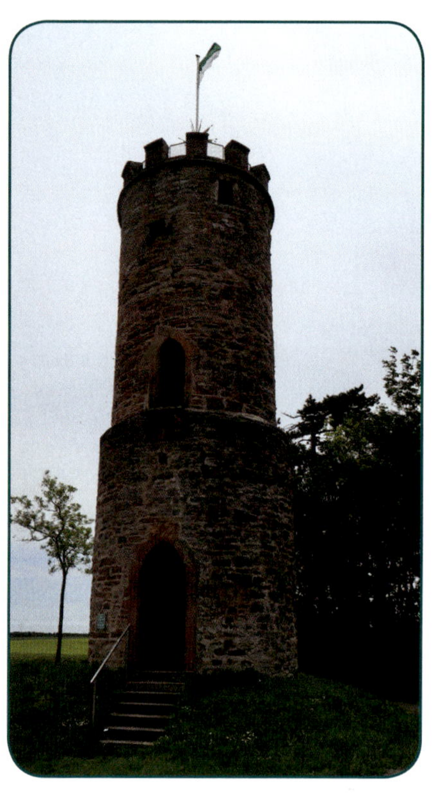

Im Mittelalter diente dieser Rundturm als Beobachtungsposten, um die Bewohner der damals stark befestigten Stadt Buchen frühzeitig vor feindlichen Truppen zu warnen. Eine Bauinschrift datiert den aus Bruchsteinen gemauerten Turm auf das Jahr 1490, wobei der untere Teil vermutlich älter ist. Der Unterbau ist 5 m hoch und hat einen Durchmesser von 5 m. Der darauf errichtete Oberbau ist 9 m hoch und misst im Durchmesser 4,4 m. Ursprünglich lag der Einstieg am Absatz auf 5 m Höhe und war nur über eine Leiter zugänglich, die bei Angriffen nach oben gezogen wurde. 1894 wurde der Turm auf Anregung des damaligen Verschönerungsvereins instandgesetzt und ein ebenerdiger Eingang herausgebrochen. Um zum Eingang zu gelangen, steigt man zunächst über eine siebenstufige Außentreppe den kleinen Hügel hinauf, auf dem der Turm errichtet wurde. Im Innern geht es über eine steinerne Wendeltreppe mit zwei Absätzen und zusammen 37 Stufen bis kurz unter die Plattform. Am Ende warten noch zwei enge Stahltreppen mit neun und 13 Stufen. Insgesamt sind es also 66 Stufen bis zur Aussicht in 14 m Höhe. Die Zinnenkrone an der Aussichtsplattform wurde erst im Zuge der Instandsetzungsarbeiten angebracht. Im Jahr 1958 und zuletzt im Jahr 2000 fanden umfassende Sanierungen statt. Die Plattform kann mit einer Metallluke verschlossen werden.

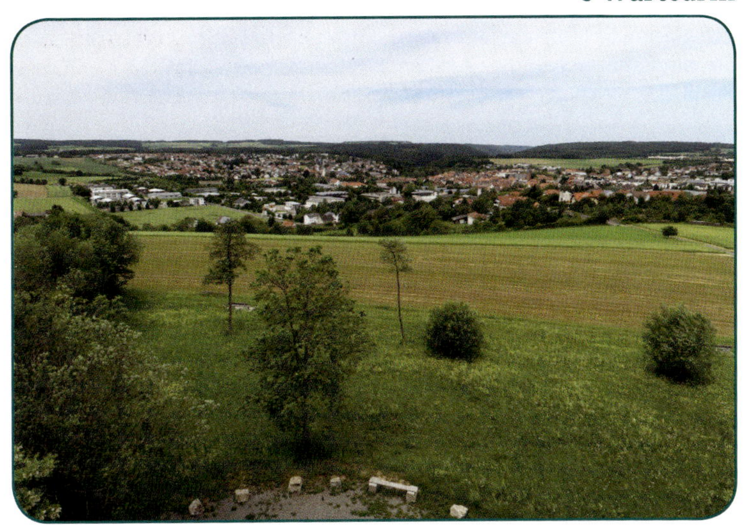

Vom Turm bietet sich ein schöner Rundblick. Am Fahnenmast sind die vier Himmelsrichtungen und Entfernungsangaben zu 14 benachbarten Ortschaften angebracht. Besonders interessant ist, das man von der hohen Warte aus zwei Landschaftstypen miteinander vergleichen kann, deren Grenze etwa in Nord-Süd-Richtung verläuft: im Osten das Bau(-ern)land und im Westen der Odenwald. Die Ursache für die unterschiedliche Landschaftsausprägung liegt in der Geologie begründet, denn während im Osten der Muschelkalk mit seinen landwirtschaftlich genutzten Verwitterungsböden vorherrscht, trifft man im Westen auf den Buntsandstein mit hohen Waldanteil.

Der Turm ist von April bis Oktober an den Wochenenden von 8-18 Uhr geöffnet. Außerhalb der Öffnungszeiten kann man nach vorheriger Absprache und gegen Kaution beim Verkehrsamt Buchen (Hochstadtstraße 2, 74722 Buchen, Telefon 06281/2780) einen Schlüssel erhalten.

Am Wartberg, 74722 Buchen: Folgen Sie dem Straßenverlauf bis zur Brücke über die Bundesstraße B27. Ab dort ist die Weiterfahrt für nicht-landwirtschaftlichen Verkehr verboten. Parken Sie deshalb im Wohngebiet und gehen Sie die restliche Strecke zu Fuß zum Turm, den Sie von der Brücke aus bereits sehen können.

Bahnhaltepunkt Buchen-Ost (Bedarfshalt, zum Ausstieg Haltewunschtaste betätigen!): Gehen Sie zum Bahnübergang und biegen Sie rechts in die Straße Am Wartberg ab. Folgen Sie einfach dem Straßenverlauf, wobei Sie sich am Wanderwegzeichen blaues Andreaskreuz orientieren können. Nach ungefähr einem halben Kilometer überqueren Sie auf einer Brücke die Bundesstraße B27 und verlassen die Stadt. Vor sich sehen Sie bereits den Turm, den Sie nach einer Gesamtstrecke von etwa 800 m erreichen.

In Buchen gibt es eine Reihe von Einkehrmöglichkeiten: vom traditionellen Konditorei-Café in der Altstadt bis zum exzellenten Asia-Bistro im alten Bahnhofsgebäude. Eine Liste finden Sie auf der Webseite der Stadt Buchen *www.buchen.de* unter „Wirtschaft – Branchenbuch – Restaurants und Gaststätten". Der Weg in die Stadt führt zunächst zurück zum Bahnhaltepunkt. Auf der anderen Seite der Bahnlinie biegen Sie rechts in die Einbahnstraße ab. Nach wenigen Metern halten Sie sich auf den Fußweg am Bahndamm entlang und eine kurze Treppe hinunter zu einem kleinen Sportplatz. Gehen Sie nach rechts zum Bachlauf und folgen Sie diesem nach links. An der Morre entlang kommen Sie direkt in Richtung Altstadt. Für die Rückfahrt gehen Sie zum **Bahnhof Buchen**, der sich hinter der Stadtkirche St. Oswald in der Nähe des Musterplatzes befindet.

„Östlicher Odenwald, Madonnenländchen, Nr. 19", hrsg. vom Geonaturpark Bergstraße-Odenwald und vom Naturpark Neckartal-Odenwald, 2017, 1:20.000, ISBN 978-3-931273-87-3.
„Fränkischer Odenwald, Madonnenländchen, Nr. 20", hrsg. vom Geonaturpark Bergstraße-Odenwald und vom Naturpark Neckartal-Odenwald, 2018, 1:20.000, ISBN 978-3-931273-95-8.

TIPP

Knapp vier Kilometer Luftlinie südlich befindet sich in Buchen-Eberstadt eine sehenswerte Tropfsteinhöhle. Von März bis Oktober ist die Höhle täglich von 10-16 Uhr (in den Monaten März, April, September und Oktober ist montags Ruhetag) und von November bis Februar an den Wochenenden und feiertags von 13-16 Uhr geöffnet. Die Besichtigungsdauer beträgt etwa eine Stunde. Nähere Informationen finden Sie unter *www.tropfsteinhoehle.eu*.

Quellen: Webseiten www.buchen.de und www.warttuerme.de.

9 Bismarckturm (Darmstadt)

Koordinaten (WGS84): 49° 50‘ 39,7“ N, 8° 40‘ 46,0“ O (49.844361°, 8.679444°)

Als Standort wurde der knapp 264 m hohe Dommerberg (auch Donnersberg genannt) etwa zwei Kilometer südöstlich des Darmstädter Stadtzentrums gewählt. Der Turm wurde von der Darmstädter Bevölkerung früher als „Dindefass“ bezeichnet, da seine Form den Tintenfässern der damaligen Zeit ähnelt.

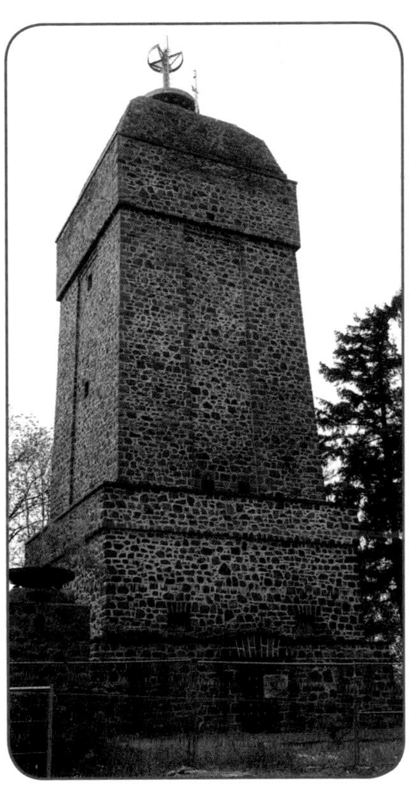

Nach dem Tode von Fürst Otto von Bismarck im Jahre 1898 entstanden im deutschen Kaiserreich zahlreiche Denkmale zu Ehren des ehemaligen Reichskanzlers. Am 08. Mai 1899 beschloss auch der neugegründete Bismarckausschuss der Studentenschaft Darmstadt in der Umgebung einen Bismarckturm zu errichten. Durch die Ausrichtung zahlreicher Benefizveranstaltungen war der Baufonds bis zum Sommersemester 1904 soweit angewachsen, dass im Juni 1904 die Grundsteinlegung für das Terrassenfundament stattfinden konnte. Der Bauplatz auf dem Dommerberg wurde der Studentenschaft vom Großherzog von Hessen-Darmstadt unentgeltlich zur Verfügung gestellt. Aufgrund der guten finanziellen Ausstattung des Fonds wurde ein Architekturwettbewerb für einen individuellen Turm ausgeschrieben, an dem aktive und ehemalige Angehörige der Technischen Hochschule Darmstadt teilnehmen konnten. Den Wettbewerb gewann Anfang 1905 der damals 23-jährige Architekt Gustav Schmoll, genannt Eisenwerth. Beim Siegerentwurf handelt es sich um einen 26 m hohen, sich nach oben verjüngenden Turm mit Befeuerungsmöglichkeit auf der Aussichtsplattform. Das Bauwerk ist eine Konstruktion aus Eisenbeton, die mit rötlichgrauem Basaltbruchstein (Melaphyr) verkleidet und auf einer Terrasse als Fundament errichtet wurde. Über der

Eingangshalle mit einem auf vier Säulen ruhenden Kuppelgewölbe gibt es drei schlichte Stockwerke, die durch mehrere schmale Maueröffnungen erhellt werden. Die Einweihung erfolgte am 06.11.1908 mit einem Fackelzug aus der Stadt auf den Dommerberg. Die Gesamtbaukosten für den Turm samt Terrassenanlage betrugen beachtliche 40.000 Mark und damit zählt er zu den teuersten Bismarckbauten in Deutschland.
Durch einen breiten Treppenaufgang mit fünf Stufen kommt man zunächst zu einem Fackelbecken am Fuße des Turms und zwei Treppenaufgänge mit drei und vier Stufen führen zum Turmeingang. Im Innern gelangt man über eine Steintreppe bis zur oberen Etage und über eine Eisentreppe mit 25 Stufen weiter hinauf zur kleinen Aussichtsplattform. Das Feuerbecken mit einem Durchmesser von fast drei Metern wurde mit Paraffin-Öl aus den Messeler Gruben befeuert, das mittels einer Pumpe über Rohrleitungen vom Erdgeschoss hinaufgeleitet wurde. Die ovale Terrassenanlage vor dem Turm war als Weiherondell mit vier Feuerschalen auf Podesten gestaltet, von denen heute noch zwei Schalen vorhanden sind.
Damals zur Bauzeit war die Anhöhe nur spärlich bewaldet, aber der Turm war nicht als Aussichtsturm konzipiert und nur selten begehbar. Trotzdem war der Bau bis in die 1940er Jahre ein beliebtes Ausflugsziel für Wanderer von der Ludwigshöhe aus. Nach dem Zweiten Weltkrieg installierte das US-Militär kurzzeitig eine Funkanlage auf dem Turmkopf und der Deutsche Wetterdienst nutzte das Bauwerk als Wetterstation. Anfang der 1970er Jahren übernahm die Bundespost das Gelände samt Turm nach Erbbaurecht vom Eigentümer Land Hessen und fand die Studentenschaft als Erbauer des Turmes mit einer Summe von 20.000 DM ab. Nach umfangreicher Sanierung im Jahr 1973 installierte die Bundespost eine Funkantenne und einen Peilsender auf der Turmspitze. In den Jahren 2001 bis 2004 führte die Bundesnetzagentur für Elektrizität, Gas, Telekommunikation, Post und Eisenbahnen, als Pächterin weitere Sanierungen durch. Da der Turm von der Bundesnetzagentur mittlerweile nicht mehr benötigt wird, strebt die Bundesanstalt für Immobilienaufgaben als zuständige Immobiliendienstleisterin des Bundes eine vorzeitige Beendigung des Pachtverhältnisses an. Derzeit führt der Landesbetrieb Bau und Immobilien Hessen in Darmstadt im Auftrag der Bundesanstalt für Immobilienaufgaben Verkehrssicherungsmaßnahmen durch.

Der Turm bietet einen schönen Panoramablick über die bewaldeten Hänge des Odenwalds, nach Rheinhessen und zur Bergstraße sowie weiter in die Ferne bis zum Taunus und Pfälzerwald.

Seit 2012 ist der Turm für Besucher aus Verkehrssicherungsgründen gesperrt. Der Zeitraum der Sanierungsarbeiten und die anschließende Nutzung sind noch nicht absehbar.

Nieder-Ramstädter Straße (Bundesstraße B449), 64285 Darmstadt: Fahren Sie von Darmstadt aus auf der Bundesstraße in Richtung Traisa und parken Sie gut 800 m hinter der großen Kreuzung am Stadtausgang linkerhand auf einem nicht ausgeschilderten Waldparkplatz oder etwa 100 m weiter rechterhand auf dem Naturparkplatz Ludwigshöhe. Vom Waldparkplatz aus können Sie hinter der Schranke dem roten S des Darmstädter Sieben-Hügel-Steigs knapp einen halben Kilometer zum mit Bauzäunen abgesperrten Turm folgen. Vom Naturparkplatz Ludwigshöhe müssen Sie zunächst die Bundesstraße überqueren und über einen schmalen Pfad gelangen Sie zu besagter Schranke, an der Sie sich nach rechts halten und dem roten S folgen. Bis hinauf zum Turm ist es ungefähr ein halber Kilometer.

Haltestelle „Darmstadt, Böllenfalltor“: Am Böllenfalltor angekommen gehen Sie über den Busbahnhof zur großen Verkehrskreuzung, wo sich rechterhand das Restaurant Bölle befindet. Hinter dem Restaurantparkplatz folgen Sie dem roten Strich des Weitwanderwegs Odenwald-Vogesen in Richtung Spielplatz Herrgottsberg. Nach ca. 200 m biegt der rote Strich nach rechts zum Spielplatz ab und Sie folgen weiter geradeaus dem roten S des Darmstädter Sieben-Hügel-Steigs. Stets in der Nähe der Bundesstraße B449 bleibend erreichen Sie nach insgesamt knapp 900 m eine Wegkreuzung, an der Sie sich nach links zu einer Schranke halten. Überqueren Sie die Bundesstraße und halten Sie sich in den Weg gleich nach rechts zu einem nicht beschilderten Parkplatz. Am Ende des Platzes geht es hinter einer Schranke weiter auf dem Weg mit dem roten S geradeaus. Knapp einen halben Kilometer weiter erreichen Sie den mit Bauzäunen abgesperrten Turm. Insgesamt ist die Wegstrecke etwa 1,5 km lang.

Unmittelbar am Böllenfalltor (Nieder-Ramstädter-Straße 251, 64285 Darmstadt) lädt das Restaurant „Bölle“, was Pappel bedeutet, täglich von 11.30-23.00 Uhr mit regionalen Gerichten der Saison zur Einkehr ein. Weitere Informationen finden Sie unter *www.restaurant-boelle.de*.

„Darmstadt, Messeler Hügelland, Nr. 14“, hrsg. vom Geo-Naturpark Bergstraße-Odenwald und vom Naturpark Neckartal-Odenwald, 2017, 1:20.000, ISBN 978-3-931273-86-6.

TIPP

Machen Sie eine Rundwanderung vom Böllenfalltor zum Bismarckturm und zum Ludwigsturm: Nachdem Sie beim Bismarckturm angekommen sind, gehen Sie für den weiteren Weg zunächst zurück zur Schranke am Parkplatz und biegen vor dieser nach links in einen schmalen Pfad zur Bundesstraße hin ab. Nach erneutem Überqueren der

Straße gehen Sie über den Naturparkplatz hinweg in Richtung Ludwigshöhe. Wandern Sie auf dem gut befestigten Weg hinter der Schranke einen guten halben Kilometer geradeaus zu einer Kreuzung, wo Sie dem Fahrradwegweiser nach rechts folgen. Nach knapp 300 m biegen Sie an einer weiteren Kreuzung nach links in den Planetenweg/Heinemannweg ab. Im Verlauf an einem Gebäude der Bundesnetzagentur vorbei sind es nur noch gut 100 m zur Volkssternwarte, wo sich rechterhand die Ludwigsklause und der Ludwigsturm befinden. Bis dorthin sind es insgesamt etwa 3,6 km. Für den Rückweg zum Böllenfalltor gehen Sie links neben dem Kinderspielplatz in einen Pfad der u.a. mit den bereits bekannten Wegzeichen roter Strich und rotes S sowie mit dem weißen DA1 markiert ist, dem Sie bis zum Ende der Tour folgen können. Nach ca. 350 m wandern Sie weiter geradeaus an der Skulptur „Big Wheel" vorbei. Auf den nächsten Weg stoßend halten Sie sich nach links. Kurz hinter dem Kunstwerk „Viewing Temple 3" biegt das rote S nach rechts ab und Sie bleiben geradeaus. Als nächstes verlässt Sie der rote Strich nach ca. 250 m nach rechts und Sie halten sich weiterhin geradeaus. An der folgenden Kreuzung, wo sich die Skulptur „Sunny Side Up, Hochspannung upside-down" befindet, kommt es zu einer Gabelung des Wanderwegs DA1, der an dieser Stelle geradeaus und nach rechts verläuft. Sie wählen die gerade Richtung, erreichen nach etwa 250 m eine Schranke und halten sich hinter dieser auf dem Weg nach rechts zum Restaurantparkplatz. Die Rundwanderung ist gut 5 km lang.

Quellen: Deuster, Thomas, „Der Bismarckturm und Waldpark Marienhöhe", Darmstadt, 2006; Koch, Jörg, „Bismarckdenkmäler und Bismarckgedenken am Oberrhein", Ubstadt-Weiher, 2015, S. 160-165; Informationstafel des Odenwaldklubs am Eingang zum Turmgelände; Webseite www.bismarcktuerme.de.

10 Ludwigsturm (Darmstadt-Bessungen)

Koordinaten (WGS84): 49° 50‘ 35,0“ N, 8° 39‘ 39,0“ O (49.843159°, 8.661036°)

Der Turm steht auf der 242 m hohen Ludwigshöhe südöstlich von Darmstadt und im Nordwesten des Odenwalds.

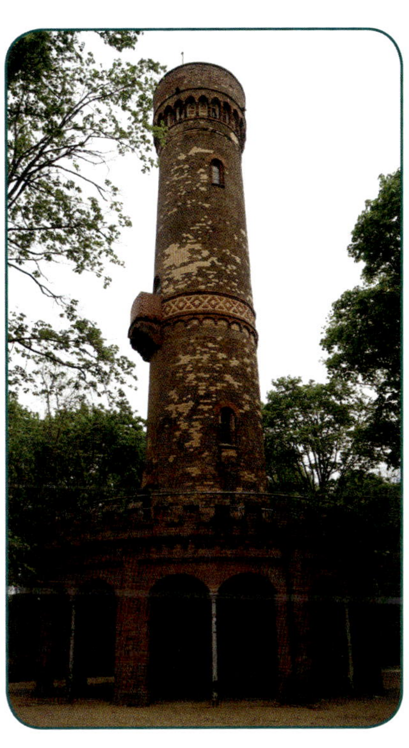

Nach zwei unterschiedlichen Legenden wurde die einst Kirchberg oder Milchberg genannte Anhöhe Anfang des 19. Jhds. wahlweise von einem einsamen Reiter oder vom ortsansässigen Förster als Aussichtspunkt entdeckt. Als Großherzog Ludewig I. von Hessen-Darmstadt von der Existenz dieser Naturschönheit erfuhr, ließ er die Zuwegung ausbauen. Er wurde selbst zu einem begeisterten Besucher, was zur Namensgebung „Ludwigshöhe“ führte. An schönen Tagen wurden Getränke und Speisen verkauft, zunächst in einem hölzernen Ausschank und ab 1838 in einem richtigen Gasthaus. Der Berg erfreute sich bei der Bevölkerung großer Beliebtheit und so kam es, dass der Verschönerungsverein zu Darmstadt Anfang 1882 von einem anonymen Darmstädter Bürger eine großzügige Spende von bis zu 17.000 Mark für den Bau eines Aussichtsturms erhielt.* Der Stifter wünschte sich einen Turm in stabiler Bauweise, der mindestens 28 m hoch werden solle, damit eine ungehinderte Aussicht nach allen Richtungen möglich sei. Des Weiteren bestimmte er, dass der Turm „Ludwigs-Thurm“ heißen solle. Sogleich beantragte der sehr erfreute Verein beim Großherzog Ludwig IV. eine Baugenehmigung, die dieser gerne erteilte. Im Mai desselben Jahres war bereits das Fundament gelegt und am 24.09.1882 konnte der Turm bei einem Fest mit einer bengalischen

* Obwohl der Mäzen ungenannt bleiben wollte, kam einige Jahre später heraus, dass es sich um den Unternehmer und Stadtverordneten Wilhelm Schwab gehandelt hat, der in Darmstadt auch auf anderen Gebieten wohltätig wirkte.

Beleuchtung eingeweiht werden. Durch den Aussichtsturm steigerte sich die Attraktivität als Ausflugs- und Erholungsort weiter. So wurde 1884 ein sogenanntes Kurhaus zur Aufnahme von Gästen errichtet und 1887 entstand ein Fremdenheim, das nach einem Brand 1901 wiederaufgebaut und bis 1907 zum Hotel-Restaurant erweitert wurde. Außerdem fanden regelmäßig Kur- und Militärkonzerte in einem eigens dafür errichteten Musiktempel statt. Während des Zweiten Weltkriegs wurde der Turm von der Luftwaffe genutzt und durch Tieffliegerangriffe sehr stark beschädigt. Der Hotelkomplex wurde 1945 beim Rückzug durch deutsche Truppen gesprengt. Jedoch schon 1949 eröffnete in einer ehemaligen Luftwaffenbaracke ein kleines Café und auch der notdürftig reparierte Turm konnte wieder bestiegen werden. Als Anfang der 1960er Jahre der Café-Betrieb eingestellt wurde, gab es erste ernsthafte Pläne zum Wiederaufbau der Ludwigshöhe als Ausflugsort, nach denen ein neues Gasthaus errichtet und der Turm instandgesetzt werden sollte. In den 1970er Jahren kamen allerdings Bestrebungen auf, das Gelände auf der Ludwigshöhe durch den Bau eines Luxushotels neu zu gestalten und den Turm abzureißen. Dieses Vorhaben sorgte selbstverständlich für Unmut in der Bevölkerung. Es stellte sich heraus, dass der Turm tatsächlich 1961 vom Land Hessen an die Hotelgesellschaft verkauft worden war, und nur mit Mühe gelang es der Stadt Darmstadt im Jahre 1975, den Turm aus der Konkursmasse der Gesellschaft zurückzukaufen. Der stellvertretende Stadtverordnetenvorsteher Ernst Bickel initiierte die Bürgeraktion Ludwigshöhe e.V., die sich fortan für den Erhalt des Turms einsetzte. Durch Eigeninitiative und Spenden von Bürgern und Firmen, aus den Erlösen der beliebten Ludwigshöh-Feste sowie durch die Unterstützung der Stadt und des Landes Hessen konnte der Turm saniert und wieder zugänglich gemacht werden. Während der Turm in den Jahren nach 1975 renoviert wurde, sorgt bereits seit 1976 ein Verkaufspavillon wieder für das leibliche Wohl der Turmbesucher.
Der aus Backsteinen gemauerte Rundturm ist 27,5 m hoch und hat unten einen Durchmesser von 6 m, der sich nach oben hin auf 5 m verjüngt. Nach dem Betreten durch eine Gittertür führen sieben Stufen zu einem ersten Absatz. Dort teilt sich die Treppe und nach links und rechts geht es über jeweils 19 Stufen hinauf zu einer unteren Aussichtsplattform, die in knapp 5 m Höhe rund um den Turmkörper verläuft. Im Turminnern führt eine Wendeltreppe aus Sandstein mit exakt 99 Stufen bis kurz unter die Aussichtsplattform. Um die Plattform zu erreichen, ist als letztes noch eine recht steile Metalltreppe mit 13 Stufen zu erklimmen. Die Austrittsöffnung auf die Plattform kann mit einer Stahlluke verschlossen werden.

Über der Tür des Turmeingangs befinden sich die folgenden vom Stifter gedichteten Verse:

Hoch rag der Thurm ob Berg und Wald
Und werd' viel hundert Jahre alt!
Dem Fürsten und der Stadt zur Ehr',
Zur Freud' des Volkes rings umher!
Solang die Stürme ihn umweh'n
Mög er auf Glück und Frieden sehen!

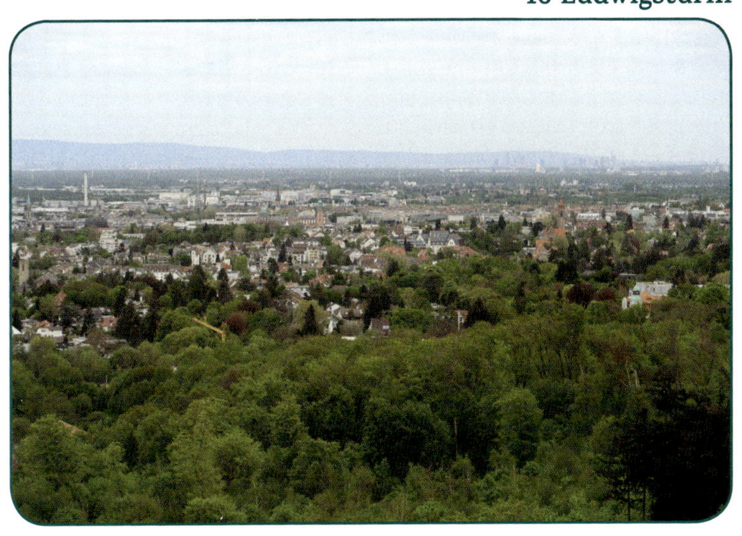

Der perfekte Rundumblick in alle Himmelsrichtungen lohnt den Turmeintritt: Nach Norden sieht man über Darmstadt hinweg die Skyline von Frankfurt und den Großen Feldberg im Taunus, nach Westen den Pfälzerwald und den Donnersberg sowie das rheinhessische Hügelland und die Ausläufer des Soonwalds. In südlicher Richtung erkennt man den Melibokus und westlich davon am Horizont Mannheim und Ludwigshafen. Nach Osten hin ragt der benachbarte Bismarckturm über die Bäume hervor und in südöstlicher Richtung kann man bei guter Sicht etwas links vom Gabbro-Steinbruch der Gemeinde Mühltal-Waschenbach die Neunkircher Höhe erkennen. Ein Münzfernrohr ermöglicht es, die Aussicht zu verbessern.

Der Turm ist nur während der Öffnungszeiten der Ludwigsklause begehbar (siehe unten). Der Zugang kostet für Erwachsene 1,00 Euro und für Kinder 0,50 Euro. Zum Verlassen des Turms muss eine Klingel betätigt werden, die sich am oberen Ende der Eingangstreppe direkt am Turmkörper befindet.

Ludwigsklause, Auf der Ludwigshöhe 200, 64285 Darmstadt: Die Auffahrt zur Ludwigshöhe ist mit motorisierten Fahrzeugen nicht gestattet. Wo die Straße Auf der Marienhöhe in die Straße Auf der Ludwigshöhe mündet, können Sie auf einem kleinen Waldparkplatz parken. Folgen Sie dem Straßenverlauf oder der Wegbeschreibung für die Anreise mit der Straßenbahn (ab der Goethe-Eiche) hinauf zur Ludwigshöhe.

Straßenbahnhaltestelle „Darmstadt, Marienhöhe“: Von der Haltestelle aus gehen Sie an der Einmündung Cooperstraße nach rechts in den gut befestigten Waldweg, der als Verbindungsweg mit einem eingekreisten gelben V markiert ist. Nach gut 100 m halten Sie sich an einer Gabelung nach links. Sobald Sie auf eine Straße treffen, wenden Sie sich gut 10 m nach rechts und nehmen den Fußweg wieder auf. Erneut geht es stets geradeaus ein kurzes Stück durch den Wald bis Sie an einigen Gebäuden vorbeikommen. An der Kreuzung mit der **Goethe-Eiche** folgen Sie den Schildern in Richtung Sternwarte und Ludwigshöhe. Bereits nach etwa 30 m können Sie linkerhand auf einen breiten Pfad wechseln, der als Abkürzung zum nur noch gut einen halben Kilometer entfernten Ludwigsturm hinaufführt. Nach knapp 300 m besteht an einer etwas versetzten Wegkreuzung die Möglichkeit geradeaus oder nach rechts zu wandern: beide Wege führen hinter dem in einiger Entfernung zu sehenden Gebäude zum Turm. Insgesamt ist der Weg von der Haltestelle zum Turm ca. 1,3 km lang.

Die beliebte Ludwigsklause bietet hausgemachte Speisen und wechselnde Gerichte an. Sie ist im Sommer (April bis September) mittwochs bis samstags von 12-20 Uhr und im Winter (Oktober bis April) mittwochs bis samstags von 12-18 Uhr geöffnet. An Sonn- und Feiertagen ist bereits ab 11 Uhr geöffnet. Montags und dienstags sind Ruhetage. Nähere Informationen finden Sie unter *www.ludwigsklause-darmstadt.de*. Es gibt eine große Anzahl von Bänken und Tischen rund um den Turm.

„Darmstadt, Messeler Hügelland, Nr. 14“, hrsg. vom Geo-Naturpark Bergstraße-Odenwald und vom Naturpark Neckartal-Odenwald, 2017, 1:20.000, ISBN 978-3-931273-86-6.

TIPP

In unmittelbarer Nähe (Auf der Ludwigshöhe 196) befindet sich die Volkssternwarte Darmstadt e.V., die außer an Feiertagen immer freitags ab 19.30 Uhr geöffnet ist. Nähere Informationen zu den Veranstaltungen finden Sie auf der Webseite unter *www.vsda.de*. An der Sternwarte beginnt auch der informative Planetenweg, der auf einer Länge von 2,8 km durch den Wald führt und Ihnen die Himmelskörper unseres Sonnensystems näher bringt.

Quellen: Boye, Erich, Schaefer, Georg und Grimm, Walter, „Jubiläumsschrift 100 Jahre Ludwigsturm“, Darmstadt: Bürgeraktion Ludwigshöhe e.V., 1982; Deuster, Thomas, „Die Ludwigshöhe: der Bessunger Hausberg“, Darmstadt: Toeche-Mittler Verlag, 2016; Webseiten www.odenwald-wandern.de und www.ludwigshoehe-darmstadt.de.

11 Weißer-Stein-Turm (Dossenheim)

Koordinaten (WGS84): 49° 27‘ 11,4“ N, 8° 43‘ 23,1“ O (49.453164°, 8.723070°)

Der Turm steht nördlich von Heidelberg im Südwesten des Vorderen Odenwalds auf dem 548 m hohen Weißen Stein. Der Berggipfel gehört zur Gemarkung Dossenheim, aber der Turm ist nur etwa 500 m von der Heidelberger Stadtgrenze entfernt.

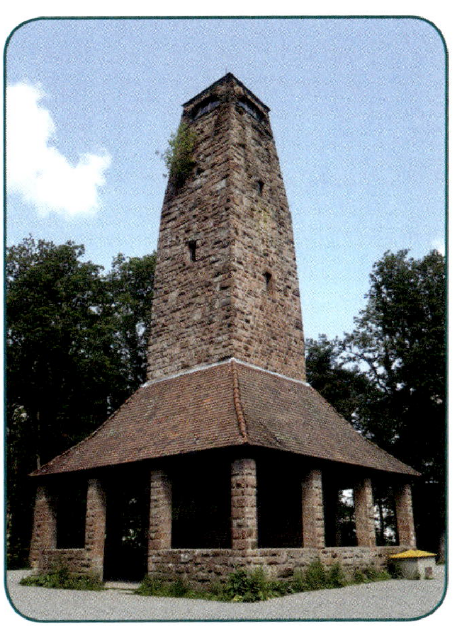

Bereits zwei Jahre nach ihrer Gründung errichtete die Ortsgruppe Heidelberg des Odenwaldklubs im Jahre 1887 einen Holzturm auf dem Weißen Stein. Der 8 m hohe Turm war aufgrund der Witterungseinflüsse bereits um die Jahrhundertwende so baufällig, dass er 1903 abgerissen werden musste. Durch Mitgliedsbeiträge, Spenden und die finanzielle Hilfe der umliegenden Gemeinden war es möglich, einen stabileren Ersatz zu errichten. Den ausgeschriebenen Wettbewerb gewann der Entwurf des Architekten K. Blaum aus Frankfurt. Sein Turm hat eine Höhe von 20 m mit der Möglichkeit einer Aufstockung auf 25 m. Er steht auf einer quadratischen Grundfläche von 5 m Seitenlänge und der Turmschaft verjüngt sich zur Spitze hin. Am Fuße des Turms befindet sich ein auf zwölf Pfeilern ruhender, überdachter Vorbau als Unterstand für Wanderer und Radfahrer. Im Innern gelangt man über eine Treppe mit etwa 90 Stufen zunächst zu einer kleinen Plattform. Über eine steilere Wendeltreppe geht es die letzten ca. 16 Stufen hinauf zur verglasten Aussichtsplattform, die mit einem Kupferdach abgedeckt ist. Der Sandsteinturm konnte nach viermonatiger Bauzeit am 30.09.1906 eingeweiht werden. Die gesamten Baukosten betrugen 15.000 Mark. 1998 wurde das in die Jahre gekommene Bauwerk für den symbolischen Betrag von einem Euro an die Gemeinde Dossenheim verkauft und der Besitzerwechsel im November 2002 ins Grundbuch eingetragen. Die Gemeinde hat den Turm mittlerweile aus Sicherheitsgründen geschlossen und plant eine Generalsanierung. Die Sanierung wird wohl noch einige Zeit auf sich warten lassen, da die Sicht aufgrund der hochgewachsenen Bäume ohnehin eingeschränkt wäre.

Vom Turmstandort hat man eigentlich eine gute Sicht auf weite Teile des Odenwalds bis hin zum Katzenbuckel, zur Tromm und auf die Neunkircher Höhe sowie über die Rheinebene hinweg bis zum Pfälzerwald. Die Aussicht ist jedoch durch Bäume weitgehend versperrt.

Der Turm ist derzeit nicht begehbar und soll generalsaniert werden.

Höhengaststätte „Zum Weißen Stein“, Am Weißen Stein 1, 69221 Dossenheim: Die Zufahrt erfolgt über einen Fahrweg von Dossenheim aus. In Dossenheim biegen Sie beim OEG-Bahnhof in die Bahnhofstraße ein und halten sich immer geradeaus weiter über die Hauptstraße, am Hotel-Restaurant Goldener Hirsch vorbei und über die Talstraße bis zum Waldrand. Am Waldrand biegen Sie rechts in den Wald ab und folgen dem Straßenverlauf ca. 5 km bis zum Parkplatz an der Gaststätte.

Der Weißer-Stein-Turm ist mit dem öffentlichen Nahverkehr nicht direkt erreichbar. Am kürzesten ist der Weg von der Bushaltestelle „Ziegelhausen, Langer Kirschbaum“. Da es am Weißen Stein keine Aussichtsmöglichkeit gibt, bietet sich eine Rundwanderung von Wilhelmsfeld über den Teltschikturm an (siehe Seite 205): Folgen Sie vom Teltschikturm zunächst weiter dem grünen Andreaskreuz. Nach gut einem halben Kilometer verläuft der Fernwanderweg an einer Kreuzung geradeaus; halten Sie sich an dieser Stelle schräg nach rechts weiter auf dem breiten Forstweg (örtlicher Wanderweg W7 aus Wilhelmsfeld). Sobald Sie einen Querweg erreichen, folgen Sie zusätzlich dem gelben Andreaskreuz nach rechts in Richtung Weißer Stein. Nach gut 250 m überqueren Sie beim Langen Kirschbaum die Landstraße L596 und halten sich geradeaus; **dort befindet sich die Bushaltestelle „Langer Kirschbaum“** und wenn Sie mit dem Bus kommen, halten Sie sich an dem kleinen Häuschen rechterhand vorbei in den Weg. Etwa nach 100 m folgen Sie am Hinweisschild auf die Höhengaststätte Weißer Stein den örtlichen Wanderzeichen W9, W10 und W11 linkerhand in den Asphaltweg. Im Verlauf kommen Sie am Heidelberger Abenteuerwald und an einigen Bauminformationstafeln vorbei. Nach gut einem Kilometer treffen Sie kurz hinter einer Rastmöglichkeit auf eine Wegspinne und von dort ab folgen Sie nur noch dem W10 weiter auf dem asphaltierten Weg. Nach gut einem halben Kilometer erreichen Sie eine Gabelung, an der Sie sich nach rechts in den unmarkierten Weg zum nur noch knapp 600 m entfernten Restaurant halten. Kurz bevor Sie die Gaststätte bei gut vier Streckenkilometern erreichen kommen Sie am Fernmeldeturm vorbei und sehen u.a. auch wieder das gelbe Andreaskreuz.

Für den Rückweg gehen Sie zurück zum Fernmeldeturm und folgen hinter der Schranke u.a. dem roten Strich des Weitwanderwegs Odenwald-Vogesen und dem gelben Sack des Camino incluso, des Pilgerwegs Odenwald FÜR ALLE; beiden Wegmarkierungen können Sie sich bis nach Wilhelmsfeld anvertrauen. Im Verlauf an einer Abzweigung geradeaus treffen Sie nach etwa einem Kilometer erneut auf die Wegspinne bei der Rasthütte und bleiben weiter in gerader Richtung. Immer auf dem breiten Forstweg bleibend überqueren Sie nach gut 1,7 km die Landstraße. Halten Sie sich ca. 20 m nach links in einen Pfad, der an der Straße entlang verläuft. Bereits nach ca. 100 m erreichen Sie einen Forstweg, auf dem Sie den beiden Wandermarkierungen zum nur noch etwa 600 m entfernten Ortsrand folgen. Die Heidelberger Straße entlang erreichen Sie nach insgesamt ungefähr 8 km die Bushaltestelle; am Ortsrand nach rechts geht es zum Waldparkplatz Hinterbergweg.

Die Höhengaststätte „Zum Weißen Stein“ mit einem schönen Biergarten im Sommer befindet sich nur wenige Meter vom Turm entfernt. Das Café-Restaurant lädt von mittwochs bis sonntags ab 10 Uhr zur Rast ein; nähere Informationen finden Sie unter *www.zum-weissen-stein.eu.*

„Heidelberg – Neckartal-Odenwald, Nr. 12“, hrsg. vom Geo-Naturpark Bergstraße-Odenwald und vom Naturpark Neckartal-Odenwald, 2019, 1:20.000, ISBN 978-3-947593-10-1.

TIPP

Sie können vom Weißen Stein etwa neun Kilometer nach Heidelberg wandern und auf dem Weg die Michaelsbasilika (Seite 86), den Heiligenbergturm (Seite 83) und die Bismarcksäule (Seite 69) besichtigen. Wenden Sie sich nach Verlassen der Gaststätte nach links in den bergab führenden, asphaltierten Fahrweg; Sie können dem roten Strich des Weitwanderwegs Odenwald-Vogesen bis nach Heidelberg folgen. Nach etwa einem halben Kilometer führt das Wegzeichen geradeaus über den Wanderparkplatz Rauhe Buche hinweg und gut 50 m hinter der Schranke kommen Sie an eine Wegspinne. Dort biegen Sie halbrechts in einen geschotterten Forstweg ein, der im Wesentlichen geradeaus und recht bequem gut zwei Kilometer bergab verläuft. An der Wegspinne Stickelsplatz halten Sie sich erst rechts und in der Kurve geradeaus; als weiterem Wegzeichen werden Sie vorübergehend von einem grünen, auf dem Kopf stehenden T begleitet. Nur gut 400 m darauf erreichen Sie die 1994 erbaute Schutzhütte Schlossblick. Nomen est omen hat man von diesem Rastplatz einen perfekten Blick auf das Heidelberger Schloss. Auf dem Weg hinter der Hütte geht es weiter in Richtung Heiligenberg, neben dem Königstuhl der zweite Hausberg von Heidelberg. Das grüne Wegzeichen verlässt Sie bereits wieder nach rechts, wird aber durch die blaue Burg des Burgensteigs ersetzt, der Sie neben dem roten Strich weiter folgen. Sobald der Weg nach gut 400 m eine Rechtskurve macht, folgen Sie geradeaus dem steinigen Pfad hinauf zum Heiligenberg. Kurz vor dem Gipfel erreichen Sie die Thingstätte, einen Versammlungsplatz aus der Zeit des Nationalsozialismus. Bevor Sie die Treppen zum Bühnenbereich hinuntersteigen, können Sie nach rechts einen Abstecher zur Michaelsbasilika auf dem Berggipfel machen. Vom Berg zurück geht es hinunter zur Bühne und dort verlassen Sie die Anlage nach rechts zu einem geteerten Weg. Auf diesem Weg wandern Sie nach links bergab und beim Parkplatz der Waldschenke sehen Sie wieder die Markierungen roter Strich und blaue Burg. Linkerhand an der Gaststätte vorbei geht es weiter geradeaus und hinter dem Waldparkplatz Heiligenberg treffen Sie auf das ehemalige Stephanskloster mit dem Heiligenbergturm. Folgen Sie der Fahrstraße in einer Rechtskurve und biegen Sie ca. 200 m hinter der Kurve scharf nach links in einen Waldweg ab. Nach wenigen Metern halten Sie sich rechts auf den abwärts führenden Weg und kommen so nach knapp einem halben Kilometer am Fuchsrondell zu einer Aussichtsplattform. Dort verlässt Sie die blaue Burg vorübergehend nach links und Sie wandern nach rechts auf dem geteerten Weg mit der Markierung des roten Strichs weiter bergab. An der Möncherg-Schutzhütte macht der Weg eine Spitzkehre nach links in Richtung Philosophenweg. An der folgenden Wegkreuzung treffen Sie erneut auf die blaue Burg und folgen dieser zusammen mit dem roten Strich nach rechts. Von der Kreuzung aus sehen Sie bereits die Bismarcksäule. Beide Wegzeichen führen rechts hinter dem Turm auf einem mit Treppen ausgestatteten Weg hinunter zur Eichendorff-Anlage. Im weiteren Verlauf mündet dieser Fußweg schließlich wieder auf jenen geteerten Weg, den Sie vor der Bismarcksäule verlassen hatten. Der Asphaltweg mündet nach nur gut 50 m in den Philosophenweg, wo sich ein kleiner Imbiss mit Erfrischungen und Souvenirverkauf befindet. Nach links wandern Sie auf dem Philosophenweg bei bester Aussicht einen guten halben Kilometer weit, bis Sie rechterhand den Schlangenweg erreichen, über den Sie zur Altstadt hinabsteigen. Unten angekommen überqueren Sie an der Ampel die viel befahrene Landstraße L534 und gehen über die Alte Brücke in die Heidelberger Altstadt. Hinter der Heiliggeistkirche treffen Sie auf die Fußgängerzone: In Verlängerung der Fußgängerzone nach links erreichen Sie den Bahnhof Heidelberg-Altstadt und die Fußgängerzone entlang nach rechts kommen Sie zum Universitätsplatz, wo Busse zum Heidelberger Hauptbahnhof fahren. Insgesamt ist die Strecke von Wilhelmsfeld über den Weißen Stein nach Heidelberg knapp 13 km lang.

Quellen: Holl, Eugen, „Aussichtstürme in Heidelberger Wäldern", in: Jahrbuch des Stadtteilvereins Handschuhsheim, Jg. 2008, 43-49; Knorr, Klaus, „Der Aussichtsturm auf dem Weißen Stein", in: Die Dorflinde, Heft 2/2004, S. 8 f.; Moll, Christoph: „Auf einer Höhe von 548 Metern ist Schluss", in: RNZonline, 28.09.2017, www.rnz.de.

12 Ohrsbergturm (Eberbach)

Koordinaten (WGS84): 49° 28‘ 11,1“ N, 8° 59‘ 21,7“ O (49.469761°, 8.989364°)

Der Turm steht auf dem 236 m hohen Ohrsberg. Dieser Umlaufberg entstand nicht durch Auffaltung, sondern durch den Neckar, der das Gestein rund um den Berg abgetragen hat. Einst floss der Strom nämlich nördlich um den Ohrsberg herum, bis er vor ungefähr 1,5 Mio. Jahren seinen Lauf änderte, sodass der Berg entstand.

Im 13. Jhd. befand sich auf dem Ohrsberg vermutlich eine befestigte Wehranlage mit Ringgraben und hölzernem Turm. Der heutige Turm ist der Initiative und finanziellen Unterstützung der Odenwaldklub-Ortsgruppe Eberbach zu verdanken. Das 17,50 m hohe Bauwerk wurde am 30.10.1970 eingeweiht und ist in einem historischen Stil, aber mit modernen Baustoffen errichtet. Als Material dienten u.a. Abbruchsteine des ehemaligen Eberbacher Schlachthauses. Die Aussichtsplattform besitzt eine überdachte Holzkonstruktion, die für den Funkantennenaufbau zusätzlich verstärkt wurde. Über eine Eingangsstufe gelangt man in den Turm. Im Innern führt eine Betonwendeltreppe mit sechsmal 15, also insgesamt 90 Stufen, hinauf zur Plattform in 16 m Höhe über den Baumwipfeln. Von den Zwischengeschossen aus gibt es durch jeweils zwei doppelte Rundbogenfenster Ausblicke in die unterschiedlichen Himmelsrichtungen.

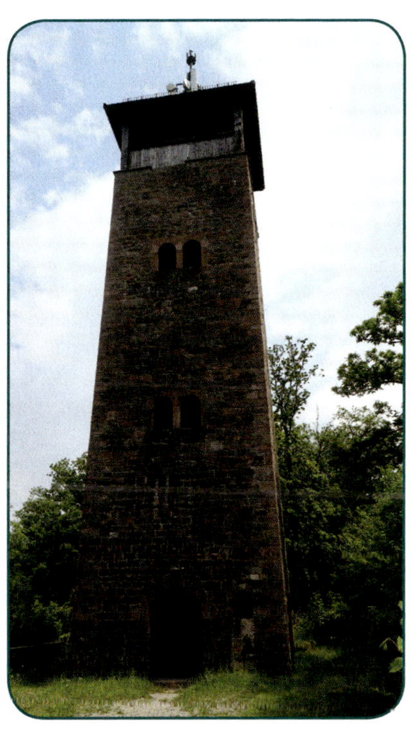

Der Blick geht über die Stadt Eberbach und ins Neckartal stromabwärts sowie in nördlicher Richtung ins Ittertal und nach Osten hin auf die umliegenden Berghänge.

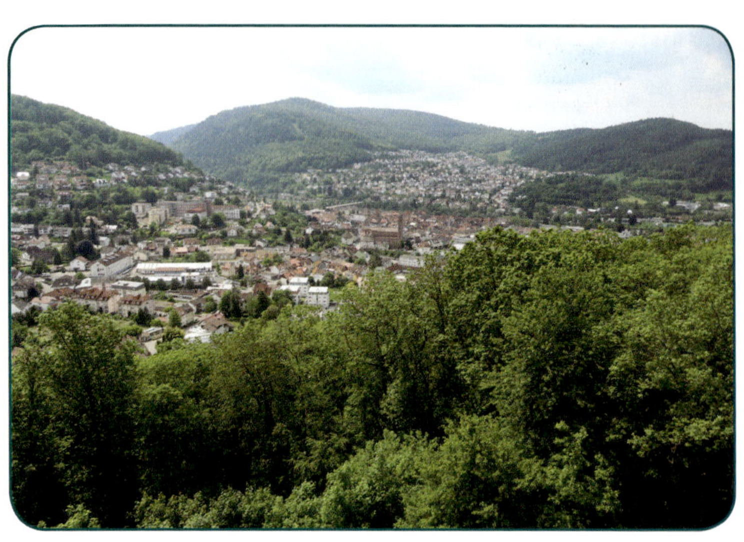

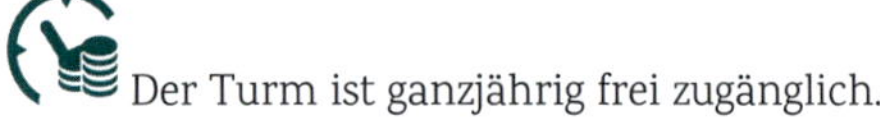

Der Turm ist ganzjährig frei zugänglich.

Friedhof, Friedrichsdorfer Landstraße 10a, 69412 Eberbach: Parken Sie auf dem Friedhofsparkplatz und gehen Sie den Weg am Friedhof entlang bergauf. Sobald Sie auf einen Querweg treffen, folgen Sie dem Hinweisschild zum Ohrsbergturm nach rechts. Sie können sich ab dort an der Wegbeschreibung für die Anreise mit der Bahn orientieren.

Bahnhof Eberbach: Nehmen Sie die Fußgängerbrücke über die Bahnstrecke und gehen Sie über den Kundenparkplatz des Discounters zur Straße; auf dem Weg begegnet Ihnen das gelbe Andreaskreuz. Überqueren Sie die Straße an der Ampel und halten Sie sich etwa 20 m nach rechts weiter in den Panoramaweg; dort wechseln Sie auf das rote R des rechten Neckarrandwegs, dem Sie bis zum Ende der Rundwanderung folgen können. Sobald der Panoramaweg eine Rechtskurve macht, halten Sie sich geradeaus in einen für Kraftfahrzeuge gesperrten Weg. Folgen Sie diesem Weg im weiteren Verlauf an Gärten und oberhalb des Friedhofs entlang eine ganze Weile bergauf. Nach gut 300 m stößt von rechts ein **Weg hinzu, der vom Friedhofsparkplatz heraufführt**. Knapp 150 m nachdem der Maschendrahtzaun rechterhand endet, gelangen Sie zu einer Abzweigung. Nach links sind es nur noch gut 200 m bis zum Gipfel des Ohrsbergs, und insgesamt ist die Strecke vom Bahnhof aus ca. 1,3 km weit.

Für den weiteren Weg gehen Sie zunächst die gut 200 m zurück zur Weggabelung, wo Sie nach links wandern, sodass Sie den Berg bei Ihrer Tour einmal umrunden werden. Bereits nach knapp 50 m halten Sie sich links auf dem

Pfad, der noch ein gutes Stück in Hanglage und erst später bergab verläuft. Nach ca. 600 m hinter einigen Häusern entlang kommen Sie gut 200 m weiter zu einer Straße, an der Sie sich nach links wenden und in einiger Entfernung bereits die Bahnsteige mit dem Bahnhofsgebäude im Hintergrund sehen können. Die Gesamtlänge des Rundwegs beträgt gut 2,5 km.

In der Eberbacher Altstadt, die Sie vom Bahnhof aus über die Bahnhofstraße erreichen, gibt es eine Reihe von Einkehrmöglichkeiten, wobei für jeden Gaumen etwas dabei sein sollte. Eine Liste finden Sie auf der Webseite der Stadt Eberbach *www.eberbach.de* unter „Erleben – Gastronomie".

„Neckartal-Odenwald, Nr. 13", hrsg. vom Geo-Naturpark Bergstraße-Odenwald und vom Naturpark Neckartal-Odenwald, 2017, 1:20.000, ISBN 978-3-931273-89-7.

TIPP

Besuchen Sie das informative Naturpark-Zentrum in der Kellereistraße 36. Auf einer Ausstellungsfläche von 280 m² lädt das Zentrum im schönsten und ältesten Steingebäude der Stadt, dem Thalheim'schen Haus, zu einer Entdeckungsreise durch den Naturpark Neckartal-Odenwald ein. Das Spektrum reicht von Geologie und Waldwirtschaft bis hin zu Wissenswertem über die heimische Fauna und Flora. Die Ausstellung ist dienstags bis donnerstags 14.00-16.30 Uhr sowie sonn- und feiertags 14-17 Uhr geöffnet. Der Eintritt ist frei. Weitere Informationen finden Sie auf der Webseite des Naturparks unter *www.naturpark-neckartal-odenwald.de*.

Quellen: Reinmuth, Gerhard, „Der Turm auf dem Eberbacher Ohrsberg", in: Die Dorflinde, Heft 4/2005, S. 18; Webseite www.eberbach.de.

13 Bollwerk Lichtenberg (Fischbachtal-Lichtenberg)

Koordinaten (WGS84): 49° 46‘ 24,1“ N, 8° 48‘ 25,4“ O (49.773361°, 8.807056°)

Das Bauwerk steht am Ortsrand von Lichtenberg auf einem Bergkegel aus Granit und ist nur knapp 200 m Luftlinie vom eindrucksvollen Schloss Lichtenberg entfernt.

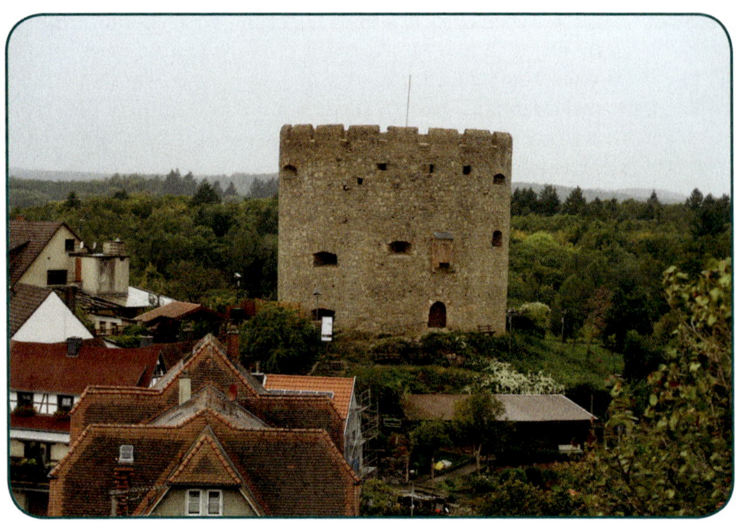

Vermutlich um 1200 erbaute der aus dem Mittelrheingebiet stammende Graf Diether III. von Katzenelnbogen eine Burg zum Schutz seiner Odenwälder Besitzungen. Urkundlich erstmals belegt ist die Burg „uff dem lichten Berge“ 1228 unter seinem Sohn Diether IV. Nach dem Aussterben der Grafen von Katzenelnbogen fiel Lichtenberg 1479 an den Landgrafen Heinrich III. von Hessen-Marburg. Heinrich, der den Beinamen „der Reiche“ trug, begann sogleich mit der Verstärkung der Burg. Da im 15. Jhd. zunehmend Kanonen in der Kriegführung eingesetzt wurden, baute sein Neffe Landgraf Wilhelm III. im Jahre 1503 den auf einer Anhöhe freistehenden Batterieturm. Wegen seiner massiven Gestalt wurde der Turm als „Bollwerk“ bezeichnet oder auch „Krautbütt“ genannt. Er zählt zu den mächtigsten Geschütztürmen seiner Zeit. Der kreisförmige Turm konnte sämtliche Zugangswege zur Burgfestung, die 1570-1581 von Landgraf Georg I. von Hessen-Darmstadt zum Renaissanceschloss ausgebaut wurde, unter Beschuss nehmen. Wie gut die Befestigung funktionierte zeigt die Tatsache, dass das Schloss niemals eingenommen oder verwüstet wurde. Der zweigeschossige Turm besteht aus fast 6 m dickem

Bruchsteinmauerwerk und hat einen Durchmesser von 18,7 m. Die runden Öffnungen in den Kuppeldecken dienten einst zum Abzug des Pulverdampfs der Geschütze.

Das Schloss wurde bis ins 18. Jhd. von der landgräflichen Familie als Sommerresidenz, Jagdschloss und Witwensitz genutzt. Eine letzte Ausbesserung der Befestigung erfolgte noch 1735, aber die Bedeutung als Festung nahm danach schnell ab, sodass 1739 nur noch ein Geschütz vorhanden war. Im Jahre 1829 erfolgten erste Reparaturen an dem nicht mehr benötigten Geschützturm. Seit den 1950er Jahren wurde der Turm wegen des schönen Ausblicks touristisch erschlossen. Eindringende Feuchtigkeit führte mit den Jahren zu einer Schädigung der Bausubstanz, sodass der Turm 2018/19 für insgesamt 600.000 Euro saniert wurde: Neben einer Ausbesserung des Mauerwerks wurde die Besucherplattform abgedichtet und mit einem neuen Belag und einem neuen Stahlsteg versehen. Nach Betreten des Turms verläuft der Treppenaufgang zunächst in der Mauerstärke und am Ende über eine gerade Treppe. Insgesamt sind es vom Eingang etwa 55 Stufen hinauf bis zur ca. 15 m hohen Plattform, die mit einem Zinnenkranz abschließt.

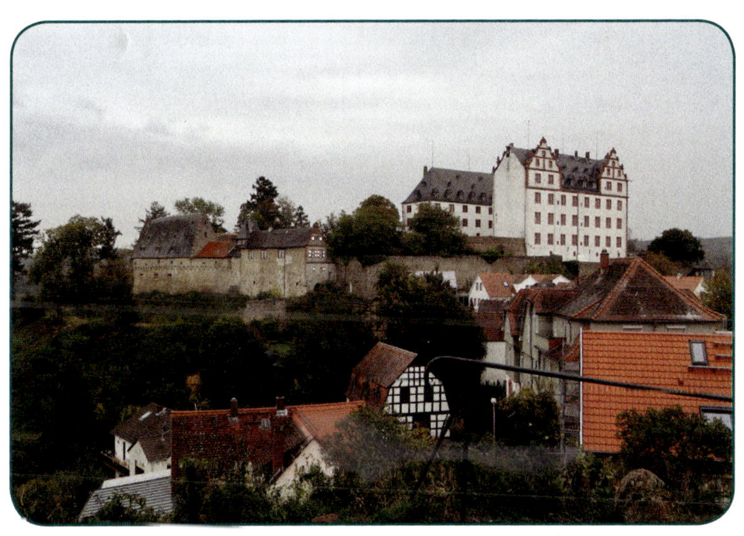

Der Blick geht im Norden nach Frankfurt, zum Vogelsberg und zum Spessart; im Osten zum Otzberg und weiter bis zur Nonroder Höhe; im Süden zur Kainbachhöhe; im Südwesten zum Felsberg und im Westen zum Malchen und zur Burg Frankenstein.

Das Bollwerk kann voraussichtlich ab Frühjahr 2020 wieder im Rahmen von kostenpflichtigen Schlossführungen besichtigt werden. Für Anmeldungen wenden Sie sich mit Ihrer Anfrage direkt an Herrn Hendrik Maul unter der E-Mail-Adresse *geopark@fischbachtal.de.*

Landgraf-Georg-Straße, 64405 Fischbachtal-Lichtenberg: Parken Sie unterhalb des Schlosses z.B. in der Landgraf-Georg-Straße; von dort sind es keine 100 m hinauf zum Bollwerk. Eine größere Anzahl von Parkplätzen gibt es auch am Ortseingang direkt hinter der Bushaltestelle.

Bushaltestelle „Fischbachtal, Lichtenberg Waldstraße": Von der Haltestelle folgen Sie einfach der Waldstraße durch den Ort in Richtung Schloss Lichtenberg. Bereits nach ca. 50 m sehen Sie vor sich das Bollwerk. Sie erreichen es gut 150 m weiter, am Ende der Waldstraße nach links am Verkehrs- und Verschönerungsverein vorbei, über einen Treppenweg.

Auf dem Weg zum Schloss kommen Sie an der Gaststätte Alt Lichtenberg vorbei. Die Öffnungszeiten sind mittwochs bis samstags von 17-23 Uhr sowie sonn- und feiertags von 11.30-21.00 Uhr. Nähere Informationen finden Sie unter *www.alt-lichtenberg.de.*

„Rodensteiner Land, Nr. 4", hrsg. vom Geo-Naturpark Bergstraße-Odenwald und vom Naturpark Neckartal-Odenwald, 2018, 1:20.000, ISBN 978-3-931273-92-7

TIPP

Mit den Geopark-vor-Ort-Begleitern des Geo-Naturparks Bergstraße-Odenwald können Sie nicht nur das Schloss, sondern auch Natur und Landschaft in der näheren Umgebung erkunden. Aktuelle Informationen finden Sie im Veranstaltungsprogramm auf der Webseite *www.geo-naturpark.de.* Wenden Sie sich mit Ihrer Anfrage an die E-Mail-Adresse *geopark@fischbachtal.de.*

Quellen: Biller, Thomas, „Burgen und Schlösser im Odenwald", Regensburg 2014, S. 238-243; Knappe, Rudolf, „Mittelalterliche Burgen in Hessen", Gudensberg-Gleichen 1994, S. 538 f.; Steinmetz, Thomas, „Burgen im Odenwald", Brensbach 1998, S. 44, 161; Weber, Hans H., „Lichtenberg im Odenwald und seine Umgebung", Lichtenberg 1964; Informationstafeln des Geo-Naturparks Bergstraße-Odenwald vor Ort; Webseite www.fischbachtal-odenwald.de und www.echo-online.de.

14 Schlossruine Freudenberg (Freudenberg)

Koordinaten (WGS84): 49° 44‘ 20,0“ N, 9° 19‘ 26,4“ O (49.738884°, 9.324001°)

Die Schlossruine Freudenberg, auch Freudenburg genannt, liegt in 252 m Höhe auf einem Bergsporn zwischen zwei Tälern unterhalb eines bewaldeten Berghangs.

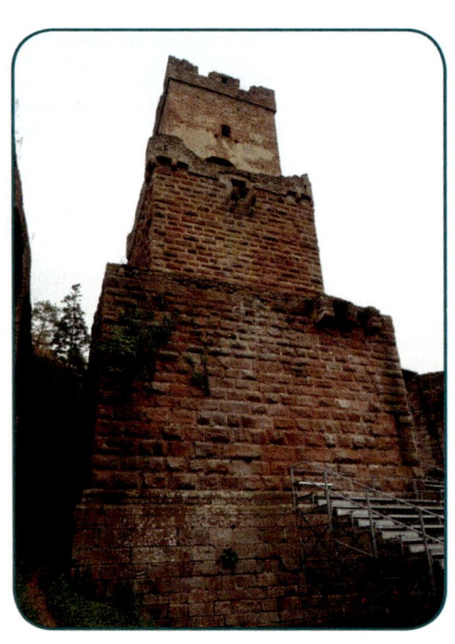

Die Entstehungszeit von Burg Freudenberg kann exakt aus urkundlichen Quellen abgeleitet werden, was für hochmittelalterliche Burgen eher ungewöhnlich ist. Im Jahr 1200 tauschte Bischof Konrad I. von Würzburg vom Kloster Bronnbach das Gelände ein, auf dem sein 1197 verstorbener Vorgänger, Bischof Heinrich III., bereits mit dem Bau des „castrum Freudenberg“ begonnen hatte. Heinrich benötigte einen Machtstützpunkt gegen seinen Kontrahenten Ruprecht I. von Dürn, der um 1170 die gut befestigte Burg Wildenberg angelegt hatte. Geplant war insbesondere ein überdimensionaler quadratischer Bergfried aus Buckelquadern mit einer unteren Kantenlänge von 14,65 m. Einmalig an diesem Burgturm ist seine dreistufige Konstruktion im Stil der sogenannten Butterfasstürme: Nach dem Tode Ruprechts zeigte dessen Sohn Ulrich I. keine Expansionsbestrebungen mehr, sodass der Bau des bis dahin etwa 12 m hohen Turms vorerst abgeschlossen wurde. Als sich die machtpolitischen Verhältnisse im Jahre 1226 durch den Bau der Burg Miltenberg unter dem Mainzer Erzbischof Siegfried II. von Eppstein sowie durch den weiteren Ausbau der Burg Wildenberg unter Konrad I. von Dürn erneut änderten, nahm man den Turmbau in reduziertem Umfang wieder auf. Diese zweite Bauphase wurde mit den noch am Bauplatz vorhandenen Materialien fortgeführt. Zwischen 1269 und 1287 kam Burg Freudenberg samt der Stadt als würzburgisches Lehen an die Grafen von Wertheim, die der Burg zunächst keine große Aufmerksamkeit widmeten. Die dritte Bauphase startete erst 1361 unter Graf Eberhard von Wertheim mit dem Neubau des gotischen Palas. Da der Neubau den Blick vom Bergfried ins Maintal versperrte, wurde der Turm auf die heutigen knapp

32 m erhöht und zudem ein aufwändiger Wehrgang sowie eine Wehrplatte angelegt. Als Baumaterial wurde Bruchstein verwendet, der sich deutlich von den Buckelquadern abhebt, und die schlankere Form ist der damals am Mittelrhein aufkommenden Mode im Burgenbau geschuldet. In dieser Zeit wurde auch die Schildmauer auf das Doppelte erhöht und mit einem Wehrgang über Rundbögen versehen. Im Jahre 1497 fiel die Burg durch Erbteilung an den Grafen Erasmus von Wertheim, der sie bis 1507 in ein wehrhaftes Renaissanceschloss verwandelte. Unter anderem entstand durch aufwändige Erdaufschüttungen eine geräumige Vorburg mit einem vierstöckigen Kanonenturm und vor der bereits bestehenden Zwingermauer wurde eine zweite Mauer mit drei kleinen Rundtürmen gebaut. Nach dem Aussterben der Grafen von Wertheim im Jahre 1556 wurde das Schloss verlassen und verfiel im Laufe der Jahrhunderte zur Ruine. Durch umfangreiche Sanierungsmaßnahmen und Rekonstruktionen befindet sich die Kernburg heute in einem guten Zustand. Seit 02.07.1995 ist das Schloss offiziell im Eigentum der Stadt Freudenberg.

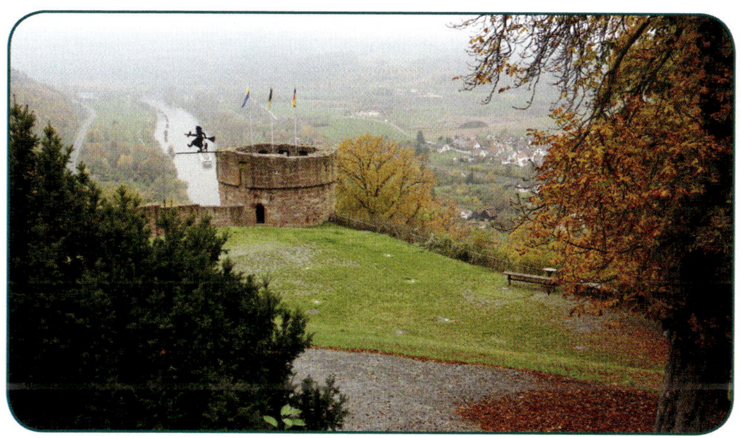

Von der Burgmauer hat man in nördlicher Richtung einen schönen Ausblick ins Maintal.

Der Bergfried kann nicht begangen werden. Er ist jedoch aufgrund seiner dreigeteilten Gestalt besonders sehenswert. Beachten Sie, dass während der alle zwei Jahre stattfindenden Burgfestspiele im Juni und Juli ein Zutritt zum Burghof nicht möglich ist (nähere Informationen finden Sie auf der Webseite *www.burgschauspielverein-freudenberg.de*).

Mainstraße, 97896 Freudenberg: Parken Sie an der Mainstraße direkt am Fluss. Gehen Sie hinauf zur Mainbrücke und folgen Sie ab dort der Wegbeschreibung für die Anreise mit der Bahn.

Bahnhof Freudenberg-Kirschfurt (Bedarfshalt, zum Ausstieg beim Lokführer melden!): Vom Bahnsteig aus führt ein Fußweg über den Mitarbeiterparkplatz der Firma haacon. Es handelt sich um einen mit rotem Dreieck markierten Wanderweg, der in eine Straße (Josef-Haamann-Straße) mündet und dem Sie bis zur Schlossruine folgen können. Gehen Sie auf dieser Straße nach links und nach ca. 150 m erreichen Sie bei der Fa. haacon eine abknickende Vorfahrtstraße. Folgen Sie dem Straßenverlauf immer geradeaus über die **Mainbrücke** hinweg auf die andere Uferseite. Halten Sie sich dort wenige Meter nach rechts in Richtung Miltenberg und gehen Sie an der ehemaligen Gaststätte Amtshaus vorbei; dort treffen Sie zusätzlich auf den Hauptweg des Nibelungensteigs mit dem roten N. Vor dem Rathaus von 1499 geht es nach links im Verlauf bergan in einen Treppenweg. Am Ende des gut 400 m langen Anstiegs erreichen Sie die Burg. Insgesamt ist es vom Bahnhof aus knapp ein Kilometer.

Direkt an der Mainbrücke lädt das Gasthaus-Hotel Goldenes Fass zur Einkehr ein. Als Besonderheit wird ein heißer Stein serviert, auf dem man sich Fleisch und Gemüse individuell zubereiten kann. Geöffnet ist montags, dienstags, freitags und samstags von 15-21 Uhr sowie sonntags von 12-21 Uhr.

„Maintal-Odenwald, Nr. 7", hrsg. vom Geo-Naturpark Bergstraße-Odenwald und vom Naturpark Neckartal-Odenwald, 2018, 1:20.000, ISBN 978-3-947593-00-2.

TIPP

Zwischen Freudenberg und Wertheim befindet sich in Stadtprozelten auf dem 335 m hohen Kühlberg die Ruine Henneburg. Die vermutlich aus dem 12. Jhd. stammende Burg war u.a. von 1320 bis 1483/84 im Besitz des Deutschen Ordens und ihr Name geht möglicherweise auf Georg II. Graf von Henneberg zurück, der von 1469-1480 Komtur auf der Ordensburg war. Die Anlage gehört zu den größten Burgruinen Bayerns und wird derzeit umfangreich saniert. Nach Abschluss der Arbeiten lohnt ein Abstecher, da die Burg vom Bahnhof Stadtprozelten nur gut 800 m entfernt ist.

Quellen: Biller, Thomas, „Burgen und Schlösser im Odenwald", Regensburg 2014, S. 186-190; Faltblatt „Freudenburg (Freudenberg am Main)" vom Verein Archäologisches Spessartprojekt; Informationstafeln des Geo-Naturparks Bergstraße-Odenwald an der Burg; Webseiten www.freudenberg-main.de und www.burgenarchiv.de.

15 Burg Guttenberg (Haßmersheim-Neckarmühlbach)

Koordinaten (WGS84): 49° 16‘ 49,1“ N, 9° 08‘ 03,6“ O (49.280294°, 9.134331°)

Geologisch gesehen liegt die Burg Guttenberg nicht mehr im Odenwald, sondern an dessen südlichem Rand im Kraichgau. Verwaltungsmäßig gehört die Gemeinde Haßmersheim zum Neckar-Odenwald-Kreis und deshalb wurde die sehenswerte Burg in diesen Führer aufgenommen.

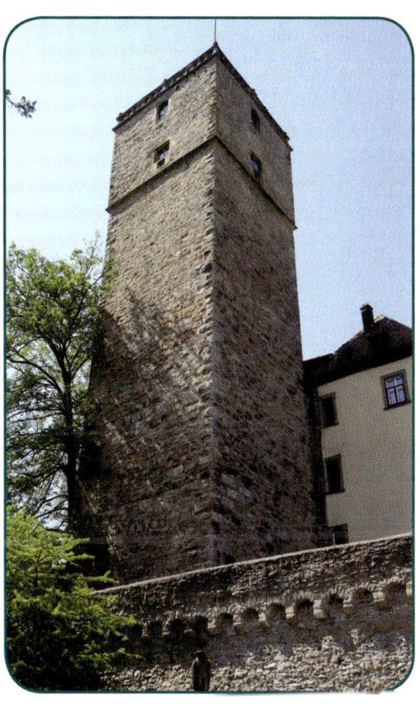

Die Burg Guttenberg entstand in der ersten Hälfte des 13. Jhds. und ist eine der letzten unzerstörten Burgen aus der Stauferzeit in Deutschland. Sie wurde von den Wormser Bischöfen errichtet, um die Wegeverbindungen und damit verbundene Zolleinnahmen am Neckar zu sichern. Zunächst entstanden die imposante, gebogene Schildmauer nach Südwesten hin, eine weniger starke Ringmauer an den übrigen Seiten sowie erste Wohnbauten und der mächtige, quadratische Bergfried. Der Wehrturm aus Buckelquadern war ursprünglich niedriger als heute und hatte einen spitzen, etwa acht bis zehn Meter hohen Aufsatz, sodass über die damals unbewaldete Flur eine Sichtverbindung mit der Kaiserpfalz in Wimpfen bestand. Sein Mauerwerk ist zur Angriffsseite verstärkt, um Wurfgeschossen standhalten zu können, und er diente als Beobachtungsposten und letzte Zufluchtsstätte für die Verteidiger der Burg. Der erste urkundliche Nachweis für Burg Guttenberg stammt aus dem Jahre 1296 im Zusammenhang mit der Nikolaus-Kapelle unterhalb der Burganlage. Als Besitzer werden die Herren von Weinsberg, Lehnsleute des Bischofs von Worms, genannt. Im 14. oder frühen 15. Jhd. entstand der innere Zwinger, in dem heute die Greifenwarte untergebracht ist. 1449 mussten die Erben von Conrad von Weinsberg die Burg aus Finanznot verkaufen, weil Conrad als königlicher Erbkämmerer hohe Geldsummen an den König verliehen hatte, die nicht zurückgezahlt wurden. Der Käufer war Hans von Gemmingen, der aufgrund seiner Heirat mit der wohlhabenden Katharina Landschad von Steinach die Kernburg ausbauen konnte. Es entstand zunächst an der westlichen Ringmauer ein großer Wohnbau mit drei Rundtürmchen, von denen heute nur noch Reste erhalten sind. In der 2. Hälfte des 15. Jhds. wurden der äußere Zwinger mit fünf Schalentürmen und die Vorburg mit Steinbauten errichtet; auch der Bergfried erhielt nun seine beiden oberen Stockwerke bis zu seiner heutigen Höhe von etwa 40 m. Im 16. Jhd. kamen ein östlicher Wohnbau, das Brunnenhaus vor dem Haupttor, in dem sich heute die Burggaststätte befindet, und Erweiterungen der Vorburg hinzu. Den Dreißigjährigen Krieg und auch den Pfälzischen Erbfolgekrieg überstand die Burg unbeschadet. Im späten 17. Jhd. konnte sich aus der verzweigten Familie der Gemminger die Linie der Freiherren von Gemmingen-Guttenberg als alleinige Besitzer der Burg etablieren. Im 18. Jhd. erfolgte die Erweiterung des östlichen Baus zu einem barocken Wohnhaus mit einem modernen Barock-Treppenhaus und auch der Bergfried erhielt eine barocke Balustrade als oberen Abschluss. Mit der Ausrufung des Großherzogtums Baden 1806 verloren die Herren von Gemmingen ihre Herrschaftsfunktion, blieben aber weiterhin Eigentümer der Burg, die heute der Mittelpunkt des Familienbesitzes ist.

Den großen Hauptturm erreicht man durch das kurz nach 1449 erbaute, viergeschossige „Alte Haus“, in dem sich heute das Burgmuseum befindet. An der Eingangspforte vorbei, die man über wenige Stufen erreicht, geht eine steinerne Wendeltreppe mit insgesamt 69 Stufen hinauf zur Wehrmauer. Während des Aufstiegs kann man in den einzelnen Etagen Abstecher in die ehemaligen Wohnräume machen. Neben der preisgekrönten Ausstellung „Leben auf der Ritterburg“ zählen zu den weiteren Sehenswürdigkeiten die ca. 3.000 Folianten umfassende Bibliothek und eine seltene „Xylothek“, bei der es sich um in Buchform gestaltete Holzkästchen handelt, die 93 Baum- und Strauchart beschreiben. Im Dachgeschoss geht es hinaus auf die Mauerkrone der Schildmauer und über den Wehrgang erreicht man den Eingang in den Hauptturm. Der Eingang liegt etwa auf halber Turmhöhe und zum Hohlraum darunter besteht kein Zugang. In dem kleinen Eingangsportal spiegeln sich drei Epochen wider: Die seitlichen Quader stammen aus der Entstehungszeit des 13. Jhds., der Bogen wurde im 15. Jhd. erneuert und die Türöffnung im 16. Jhd. nach unten verlängert. Nach oben führen eine Steintreppe mit 19 Stufen und eine gewinkelte Holztreppe mit insgesamt 48 Stufen zum unteren Wehrgeschoss aus dem 15. Jhd. mit Aussichtsmöglichkeit durch kleine Fensternischen. Eine Holztreppe mit 23 Stufen bietet Zugang zu einem weiteren Stockwerk und von dort erreicht man über eine enge 17-stufige Treppe die Aussichtsplattform.

Der Blick geht in südöstlicher und östlicher Richtung ins Neckartal und nach Norden hin sieht man über Haßmersheim hinweg die Burg Hornberg. In die anderen Himmelsrichtungen ist der Ausblick durch die benachbarten Berghänge eingeschränkt. Ein Münzfernrohr steht zum verbesserten Ausblick zur Verfügung.

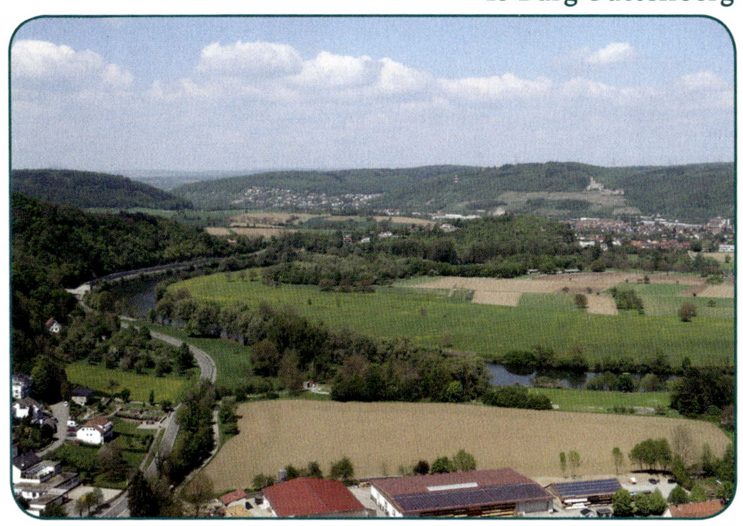

Die Turmbesteigung ist nur zusammen mit einer Besichtigung des Burgmuseums möglich. Das Museum ist von April bis Oktober täglich von 10-18 Uhr und in der übrigen Jahreszeit auf Anfrage für Gruppen bzw. Führungen oder an besonderen Tagen geöffnet. Der Eintritt beträgt für Erwachsene 4,00 Euro, für Kinder (5-16 Jahre) 3,00 Euro und für Familien 14,00 Euro.

Burgstraße 1, 74855 Haßmersheim: Die Auffahrt zur Burg befindet sich an der Landstraße L588 zwischen Neckarmühlbach und Gundelsheim. Nach etwa 1,5 km kommen Sie direkt an der Burg vorbei und ein kurzes Stück dahinter befindet sich eine große Anzahl von Parkplätzen. Folgen Sie den Hinweisschildern zur Burg und zur Deutschen Greifenwarte.

Bushaltestelle „Neckarmühlbach, Ort". Gehen Sie von der Haltestelle zurück zur Vorfahrtstraße und dort nach links über die Brücke. Den Zebrastreifen überquerend halten Sie sich nach wenigen Metern in die Ortsstraße; Sie können dem gelben R des linken Neckarrandwegs folgen. Nach gut 200 m weist das Wegzeichen nach rechts in die Straße Am Kirchenrain und der Fußweg zur Burg führt nach ca. 30 m einen Treppenweg hinauf. Im Verlauf an der Burgkapelle vorbei treffen Sie ca. 150 m hinter der Kapelle auf einen Querweg, in den Sie sich nach links halten. Insgesamt sind es gut 600 m von der Haltestelle bis zum Burggelände.

Da der Bus an den Wochenenden nur zweistündlich verkehrt, können Sie auf dem Rückweg auch bergab zum Bahnhof Gundelsheim wandern. Vom Burgeingang gehen Sie auf der Zufahrtstraße in Richtung Herberge und folgen dabei dem Hauptwanderweg mit der roten Raute. Nach gut einem halben

Kilometer führt die Wandermarkierung in einer Linkskurve in den Wald. Knapp 100 m weiter halten Sie sich an einer Abzweigung geradeaus auf dem ebenen Weg. Nach etwa 600 m geht es bei der nächsten Möglichkeit nach links aus dem Wald heraus in die Felder; ab dieser Stelle werden Sie zusätzlich vom blauen N des Neckarsteigs begleitet. Sobald Sie auf die Landstraße L528 treffen, halten Sie sich nach links zur Einmündung und folgen dem Wegweiser in alle Richtungen auf der Landstraße L588 nach rechts. Die Route führt im Verlauf über die Schleuse Gundelsheim und über einen Verkehrskreisel hinweg. Gehen Sie hinter dem Kreisverkehr nicht über die Brücke, sondern halten Sie sich nach rechts in Richtung Friedhof. An der Bahnlinie entlang nach links sehen Sie bereits den Bahnhof, den Sie nach insgesamt gut drei Kilometern erreichen.

Die Burgschenke mit regionaler Küche und schöner Aussichtsterrasse hat im März samstags und sonntags sowie von April bis Oktober mittwochs bis sonntags und an Feiertagen jeweils ab 12 Uhr geöffnet. Weitere Informationen erhalten Sie unter *www.burg-guttenberg.de.*

„Neckartal-Stauferland, Nr. 21", hrsg. vom Geo-Naturpark Bergstraße-Odenwald und vom Naturpark Neckartal-Odenwald, 2018, 1:20.000, ISBN 978-3-931273-99-6.

TIPP

Durch das Engagement des Ornithologen Claus Fentzloff wurde 1970 die Deutsche Greifenwarte gegründet, die ein Vorbild für Vogelwarten und Flugvorführungen auch auf anderen Burgen ist. In der Zwingeranlage leben derzeit rund 80 Greifvögel und Eulen und eine Ausstellung gibt einen interessanten Einblick in die Lebensweise und typischen Lebensräume dieser Vögel. Die beeindruckenden Flugvorführungen finden von April bis Oktober täglich um 11 und 15 Uhr statt. Mit dem vergünstigten Kombiticket können Sie das Burgmuseum und die Greifenwarte zusammen besichtigen. Es kostet für Erwachsene 14,00 Euro, für Kinder (5-16 Jahre) 10,00 Euro und für Familien 44,00 Euro. Nähere Informationen finden Sie unter *www.burg-guttenberg.de.*

Quellen: Großmann, Georg Ulrich und Häffner, Hans-Heinrich, „Burg Guttenberg am Neckar", Regensburg 2007; Informationstafeln im Burgmuseum; Webseite www.burg-guttenberg.de.

16 Bismarcksäule (Heidelberg)

Koordinaten (WGS84): 49° 24‘ 58,1“ N, 8° 41‘ 59,9“ O (49.416139°, 8.699970°)

Die Säule steht auf 223 m Höhe am Südwesthang des Heiligenbergs, auch Kutzelhecke genannt, oberhalb der am Philosophenweg gelegenen Eichendorff-Anlage.

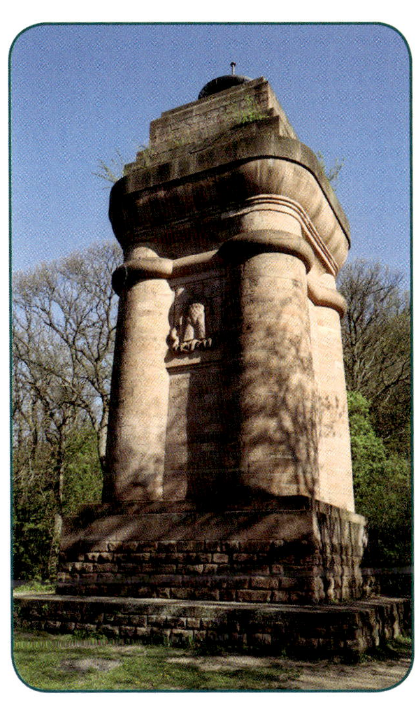

Im Dezember 1898 erließ die Deutsche Studentenschaft einen Aufruf zum Bau von Bismarcksäulen, um dem ehemaligen Reichskanzler Fürst Otto von Bismarck zu gedenken. Dadurch angeregt bildeten die Heidelberger Studierenden bereits Anfang 1899 einen Bauausschuss und auch ein Ausschuss der Bürgerschaft verfolgte das Ziel, eine Bismarcksäule zu bauen. Die Stadt Heidelberg erwarb ein Waldgrundstück und stellte dieses als Bauplatz zur Verfügung. Sowohl die Studenten als auch die Bürger machten sich an die Arbeit, um durch Spendensammeln und aus dem Erlös von Festveranstaltungen die Baukosten aufzubringen. Beide Ausschüsse entschieden sich für den Bauentwurf „Götterdämmerung“* des damals erst 26-jährigen Architekten und späteren Professors für Raumkunst Wilhelm

* Nach dem preisgekrönten Entwurf „Götterdämmerung“ wurden zwischen 1900 und 1911 im Deutschen Reich 47 Bismarcksäulen errichtet und bis 1926 entwarf Kreis noch mindestens 11 weitere Bismarcktürme. Von den etwa 240 errichteten Türmen orientierten sich auch andere Architekten an dem prämierten Entwurf. Über 80% der Bauwerke wurden mit der Funktion als Aussichtsturm errichtet, obwohl dies von der Deutschen Studentenschaft bei den Kriterien des Bismarcksäulen-Wettbewerbs nicht explizit aufgeführt worden war. Ausführliche Informationen zur Historie der Bismarcktürme finden Sie in den beiden Büchern „Bismarcktürme: Architektur, Geschichte, Landschaftserlebnis“ von Jörg Bielefeld und Alfred Büllesbach (erschienen im Verlag morisel, München 2014, 180 Seiten, ISBN 978-3-943915-08-2) und „Bismarck-Türme und Bismarck-Säulen: eine Bestandsaufnahme“ von Günter Kloss und Sieglinde Seele (erschienen im Michael Imhof Verlag, Petersberg 1997, 191 Seiten, ISBN 3-932526-10-4).

Kreis aus Eltville am Rhein, der im April 1899 den deutschlandweiten Bismarcksäulen-Wettbewerb der Deutschen Studentenschaft gewonnen hatte. Im Frühjahr 1901 war der Fonds für die Heidelberger Säule soweit angewachsen, dass mit den ersten Bauvorbereitungen begonnen werden konnte. Aus Kostengründen sollte das Bauwerk vor allem in Schichtmauerwerk und nur einzelne Teile in behauenem Stein ausgeführt werden. Die Bauarbeiten dauerten von Juli bis Ende Dezember 1902, sodass die feierliche Einweihung am 19.01.1903 erfolgen konnte.

Die Bismarcksäule ist ein 15 m hoher und auf einem quadratischen Sockel stehender Aussichtsturm mit Dreiviertelsäulen an den vier Kanten des Turmschafts. Der für den Bau verwendete rote Sandstein wurde teilweise in der Nähe der Baustelle gebrochen oder aus Neckartaler Steinbrüchen beschafft. Dem Podest ist auf der Nordseite des Turms eine Steintreppe mit vier Stufen vorgelagert, über die man den etwas vorgesetzten Eingangsbereich erreicht. Im Innern gelangt man über eine steinerne Wendeltreppe mit 74 Stufen zur Aussichtsplattform. Auf dem Turmkopf befindet sich eine runde, gusseiserne Feuerschale mit einem Gewicht von 800 kg und einem Durchmesser von 2,5 m. Für die Befeuerung wurde ein spezielles Gemisch aus 100 kg Talg, 150 kg Garn und Werg (Flachs- und Hanfabfall), 12 kg Pechkränze sowie Pechfackeln verwendet, die mit 80 Liter Erdöl übergossen und entzündet wurden. Dadurch wurde eine tiefrote Flamme mit einer Höhe von 4 bis 5 m und einer Brenndauer von ein bis eineinhalb Stunden erreicht. An der zur Stadt zugewandten Seite befindet sich das Relief eines Reichsadlers, der die Schlange der Zwietracht in seinen Fängen hält. Die Baukosten von insgesamt knapp 19.600 Mark wurden größtenteils von der Studentenschaft aufgebracht. Von April bis Oktober 1985 wurde die sich im Besitz der Stadt Heidelberg befindende Bismarcksäule für rund 100.000 DM saniert.

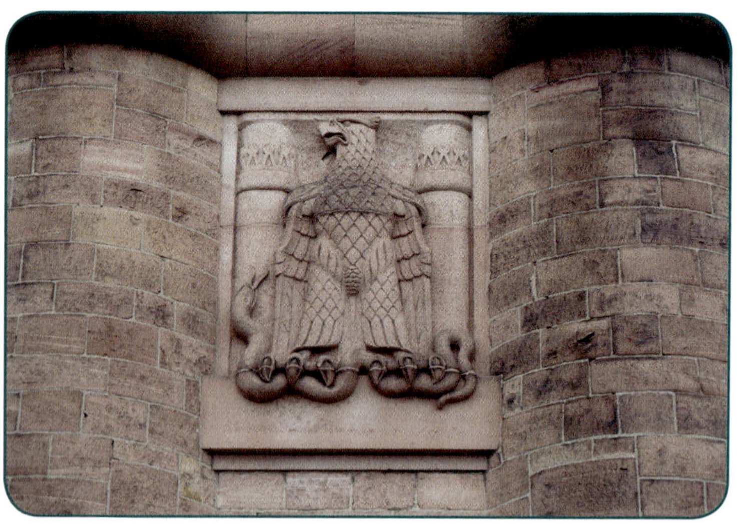

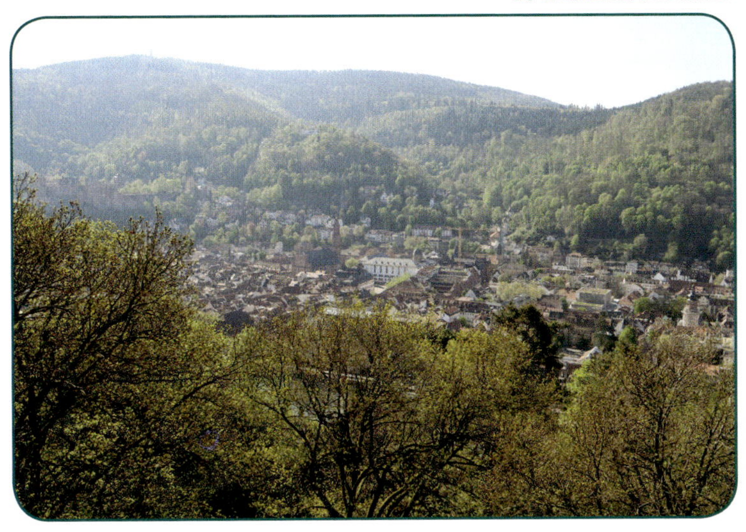

Die Säule bietet eine gute und durch Bäume nur leicht eingeschränkte Sicht auf die malerische Altstadt und das Heidelberger Schloss sowie in die Rheinebene bis zum Pfälzerwald und bei sehr gutem Wetter bis ins Elsass.

Die Säule ist vom 16.03. bis zum 31.10. frei zugänglich. Vom 01.11. bis zum 15.03. ist das Bauwerk aus Gründen der Verkehrssicherheit und des Gebäudeerhalts gesperrt.

Philosophenweg, 69120 Heidelberg: Parken Sie in der Nähe des Philosophenwegs oder in einem Parkhaus in der Altstadt und folgen Sie der Wegbeschreibung für die Anfahrt mit dem öffentlichen Nahverkehr.

Bus- und Straßenbahnhaltestelle „Heidelberg, Brückenstraße". Gehen Sie von der Haltestelle aus auf der Brückenstraße in Richtung Neckar und biegen Sie an der übernächsten Kreuzung links in die Ladenburger Straße ab; dort befindet sich ein Hinweisschild auf den Philosophenweg. Nach knapp 100 m überqueren Sie die Bergstraße und gehen wenige Meter nach rechts versetzt in den Philosophenweg bergan. Sie können der Wandermarkierung rotes R des rechten Neckarrandwegs folgen, bis Sie nach gut 600 m gegen Ende des Anstiegs den Kiosk oberhalb des Philosophengärtchens erreichen. An dieser Gabelung verlassen Sie das rote R und halten sich nach links weiter bergauf in Richtung Bismarckturm und Klosterruine. Bereits nach etwa 70 m kommen Sie kurz vor der Kurve an einen Abzweig, wo sich rechter-

hand die angeblich größte Korkeiche Deutschlands befindet. Biegen Sie an dieser Stelle links in den Treppenweg ab, wobei Sie der blauen Burg des Burgensteigs und dem roten Strich des Weitwanderwegs Odenwald-Vogesen folgen können. Über die Eichendorff-Anlage gelangen Sie ca. 250 m weiter zur Bismarcksäule. Insgesamt ist der Weg von der Haltestelle bis zur Säule gut einen Kilometer weit.

In der Heidelberger Altstadt gibt es zahlreiche Einkehrmöglichkeiten für jeden Geschmack. Gehen Sie zurück zum Kiosk und folgen Sie dem Philosophenweg weiter nach links. Nach gut einem halben Kilometer treffen Sie rechterhand auf den Schlangenweg, der Sie hinunter zur Alten Brücke führt und über die Brücke kommen Sie direkt in die Altstadt.
Wenn Sie von der Bismarcksäule weiter zum Heiligenbergturm wandern, können Sie auch dort in der Waldschenke einkehren (siehe Seite 88).

„Heidelberg – Neckartal-Odenwald, Nr. 12“, hrsg. vom Geo-Naturpark Bergstraße-Odenwald und vom Naturpark Neckartal-Odenwald, 2019, 1:20.000, ISBN 978-3-947593-10-1.

TIPP

Heidelberg ist durch milde Winter begünstigt und eine der wärmsten Gegenden Deutschlands. Entlang des Philosophenwegs und im Philosophengärtchen, das unterhalb des Wegs in den Hang eingebettet ist, finden Sie eine Vielzahl exotischer Pflanzen. So ist beispielsweise die in der Wegbeschreibung erwähnte Korkeiche in Südeuropa und Nordafrika beheimatet. Auch in der Eichendorff-Anlage, die nach dem bedeutenden Dichter der Romantik Joseph Freiherr von Eichendorff (1788-1857) benannt ist, findet man einige exotische Pflanzenarten. Die Anlage erinnert an einen Studienaufenthalt des Dichters in den Jahren 1807/08 in Heidelberg. Jedes Jahr werden an den Tagen der Artenvielfalt botanische Führungen am Philosophenweg angeboten (nähere Informationen gibt es auf *www.artenvielfalt-hd.de*).

Quellen: Koch, Jörg, „Bismarckdenkmäler und Bismarckgedenken am Oberrhein“, Ubstadt-Weiher, 2015. S. 145-148; Webseite www.bismarcktuerme.de.

17 Fernsehturm auf dem Königstuhl (Heidelberg)

Koordinaten (WGS84): 49° 24‘ 13,5“ N, 8° 43‘ 42,4“ O (49.403739°, 8.728440°)

Der weithin sichtbare Fernsehturm des Südwestrundfunks (SWR) steht auf dem 568 m hohen Königstuhl, dem Hausberg von Heidelberg.

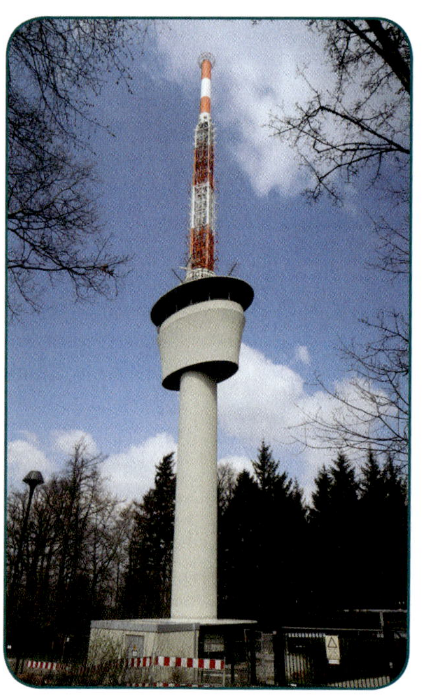

In unmittelbarer Nähe des Fernsehturms gab es bereits von 1835 bis 1961 einen Steinturm. Dieser knapp 27 m hohe Turm war ein Entwurf des Weginspektors Lorenz und wurde aus Spendengeldern der Heidelberger Bevölkerung und umliegender Gemeinden finanziert. Im Jahre 1958 begann nach den Plänen der Architekten Walter Pickert und Claudia Schöning der Bau des heutigen Stahlbetonturms, der als eine Kombination von Aussichts-, Wasser- und Fernsehturm konzipiert war. Der 1960 fertiggestellte Turm hat eine Gesamthöhe von 82 m. Im zweigeteilten Turmschaft befindet sich neben der Treppenanlage auch ein Aufzug, der die Besucher noch bis 2002 auf eine in 33 m Höhe gelegene, unverglaste Aussichtsplattform brachte. Unter der Plattform befindet sich in etwa 30 m Höhe ein 100 m³ fassender Wasserbehälter, der ebenfalls bis 2002 die umliegenden Gipfelhäuser, wie Berghotel Königstuhl, Bergbahnstation, Institute, Kohlhofklinik und Sternwarte, mit Frischwasser versorgte. Von den Sendeanlagen auf dem Turm werden analoge und digitale Hörfunkprogramme (UKW und DAB+) sowie digitale Fernsehprogramme (DVB-T2 HD) in den nordbadischen Raum, in die Vorderpfalz und nach Südhessen ausgestrahlt.

Auch ohne Aussichtsturm hat man vom Königstuhl einen schönen Blick in die Rheinebene bis zum Pfälzerwald. Es gibt auf dem Areal vier fest installierte Münzferngläser: zwei stehen am Aussichtspunkt unterhalb des Hotelneubaus und zwei auf der Terrasse am Imbiss Fuchsbau.

Der Turm ist seit 2002 nicht mehr zugänglich. Eine Wiedereröffnung der Aussichtsplattform ist derzeit nicht geplant.

Königstuhl, 69117 Heidelberg: Auf dem Königstuhl gibt es eine große Anzahl von Parkplätzen.

Bushaltestelle „Heidelberg, Königstuhl": Die Haltestelle befindet sich genau zwischen Hotelneubau und Fernsehturm. Einen Aussichtspunkt und die Aussichtsterrasse finden Sie unterhalb des Hotels.
Die schönere Auffahrt haben Sie zweifelsohne mit der Heidelberger Bergbahn bis zur **Bergstation Königstuhl**, die unmittelbar neben der Aussichtsterrasse steht. Nähere Informationen finden Sie unter *www.bergbahn-heidelberg.de.*

Unmittelbar neben der Bergbahnstation befindet sich der Kiosk Fuchsbau mit seiner Aussichtsterrasse. Im Sommer ist der Kiosk täglich von 11-20 Uhr, im Winter nur bis 17 Uhr geöffnet; nähere Informationen finden Sie unter *www.riosk.de.*

„Heidelberg – Neckartal-Odenwald, Nr. 12", hrsg. vom Geo-Naturpark Bergstraße-Odenwald und vom Naturpark Neckartal-Odenwald, 2019, 1:20.000, ISBN 978-3-947593-10-1.

TIPP

Auf dem Königstuhl erwarten Sie zwei lohnende Ausflugsziele: Die Greifvogelwarte Tinnunculus bietet von April bis Oktober dienstags bis freitags um 11.30 Uhr sowie samstags, sonn- und feiertags um 11.30 und 15.30 Uhr Flugvorführungen an. Nähere Informationen finden Sie unter *www.tinnunculus-heidelberg.de.*
Für Kinder ist zudem das Märchenparadies zu empfehlen, das von Mitte März bis Mitte November täglich ab 10 Uhr bis abends 18 bzw. 19 Uhr geöffnet ist. Zu den genauen Öffnungszeiten informieren Sie sich bitte auf der Webseite des Unternehmens unter *www.maerchen-paradies.de.*

Quellen: Hunzinger, Klaus P., „Die Turmbauer vom Odenwald: Odenwaldklub sorgte für zahlreiche Aussichtsmöglichkeiten", in: Unser Land, Jg. 2002, S. 119-129; Schmidt, Jens U. u.a., „Wassertürme in Baden-Württemberg: Land der Wassertürme", Cottbus: Regia-Verl., 2009, S. 175; Herr Udo Merzig (SWR) in einer E-Mail vom 13.02.2019 an den Verfasser.

18 Gaisbergturm (Heidelberg)

Koordinaten (WGS84): 49° 24‘ 12,6“ N, 8° 42‘ 15,1“ O (49.403500°, 8.704194°)

Der außergewöhnliche Schneckenturm befindet sich oberhalb der Heidelberger Weststadt auf dem gut 375 m hohen Gaisberg.

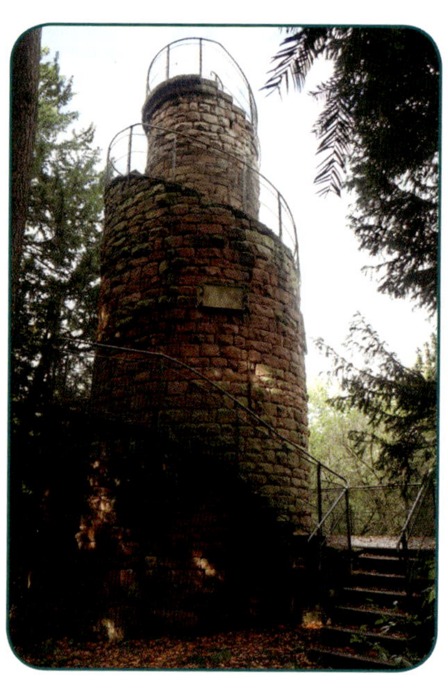

Bis 1863 stand an dieser Stelle ein hölzerner Aussichtsturm, der vermutlich auch als Försterwarte diente. Durch den Heidelberger Schlossverein wurde 1876 der heutige spindelförmige Steinturm errichtet. Die Bauweise ist sehr originell und als Vorbild könnten dem Architekten Fritz Seitz z.B. orientalische Spindelminarette oder barockzeitliche Abbildungen des Turmbaus zu Babel oder des Leuchtturms von Alexandria gedient haben. Der gut 13 m hohe Turm hat am Erdboden einen Umfang von 25 m und ist kunstfertig mit losen Steinen aufgebaut, die nicht mit Mörtel oder durch andere Bindemittel verbunden sind. Der Zugang erfolgt über sieben Stufen, die zunächst zu einer kleinen Terrasse führen. Von dort windet sich außen am Turm eine Treppe im Uhrzeigersinn nach oben. Die 79 Stufen der außenseitigen Wendeltreppe sind von unterschiedlicher Tritthöhe und teils aus Sandstein, teils aus Beton gefertigt. Der Gaisbergturm wurde in den Jahren 1926/27 und 2003/04 restauriert, wobei dem Erhalt des sorgfältig aufgeschichteten Trockenmauerwerks besondere Aufmerksamkeit gewidmet wurde. Die letzte Sanierungsmaßnahme ist der Stadt Heidelberg mit finanziellen Unterstützung des Stadtteilvereins West Heidelberg e.V. zu verdanken.

Vor gut zehn Jahren wurden umliegende Bäume, die die Aussicht versperrt hatten, gefällt bzw. gekürzt. So ist ein herrlicher Ausblick in die Rheinebene bis zum Pfälzerwald möglich. Der Blick über Heidelberg ist bereits wieder zugewachsen.

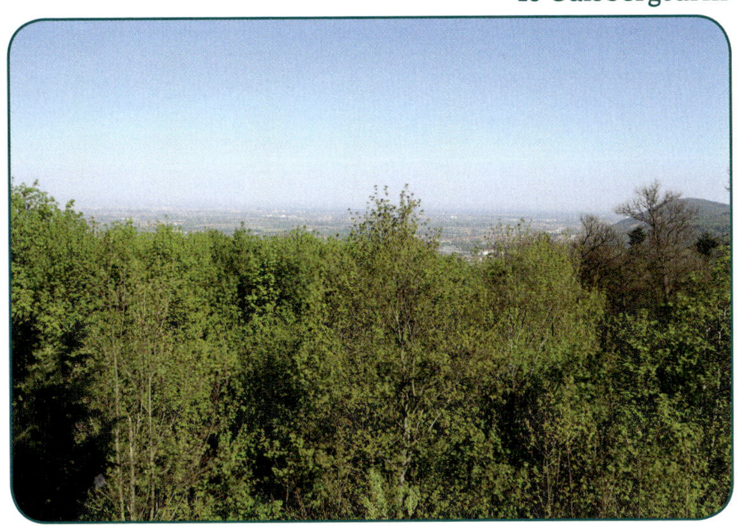

Der Turm ist ganzjährig frei zugänglich.

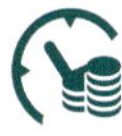

Schlosshotel Molkenkur, Klingenteichstraße 31, 69117 Heidelberg: Am Schlosshotel gibt es nur Parkmöglichkeiten für Gäste. Fahren Sie deshalb zunächst am Schlosshotel vorbei noch gut einen Kilometer bergauf in Richtung Gaiberg und Königstuhl bis Sie an einer Einmündung den **Wanderparkplatz Blockhaus** erreichen. Von dort führt der ca. 2,4 km lange Gaisberg-Weg, der mit einer gelben Eins in einem Kreis gut markiert ist, auf einem Rundweg zum Gaisbergturm. Gehen Sie vom Parkplatz aus zur Straßenkurve und halten Sie sich in den bergab führenden und für Kraftfahrzeuge gesperrten Forstweg. Bereits wenige Meter hinter einer Schranke kommen Sie an der Rhododendron-Anlage vorbei und ca. 200 m weiter erreichen Sie das Arboretum bei der Sprunghöhe. An der dortigen Wegspinne folgen Sie der gelben Eins rechts neben der Schutzhütte bergan und können fortan der Wegbeschreibung für die Anreise mit dem öffentlichen Nahverkehr folgen.

Bergbahnstation Molkenkur: Am Ausgang der Bergbahnstation treffen Sie auf eine Straße (Molkenkurweg). Halten Sie sich auf dieser nach rechts zu einer gut 50 m entfernten Kreuzung und folgen Sie der Vorfahrtstraße (Gaibergererweg) bergan in Richtung Gaiberg und Königstuhl. Nach knapp einem halben Kilometer biegen Sie rechts in einen Forstweg in Richtung Geisberg und Speiererhof ab. Gut 50 m weiter erreichen Sie eine Schranke und wandern dahinter weiter auf dem ebenen Forstweg. Nochmals gut 700 m und Sie kommen an die Schutzhütte bei der **Wegspinne Sprunghöhe**. Gehen Sie dort in den mit einer eingekreisten gelben Eins markierten Wan-

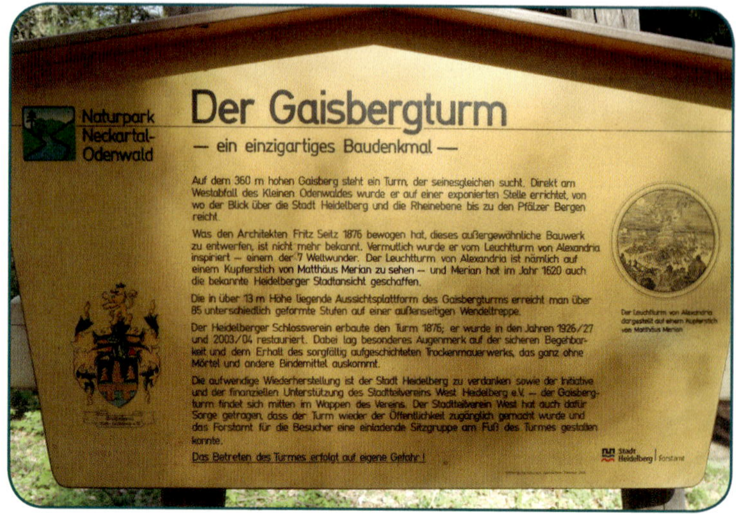

derweg, der rechts neben der Hütte bergan in Richtung Gaisbergturm führt.* Bereits nach knapp 200 m haben Sie die Steigung hinter sich und bequem geht es zum nur noch ungefähr 300 m entfernten Turm. Nach der Besteigung halten Sie sich vor dem Turm am verdrehten Steinwegweiser nach rechts in Richtung Sprunghöhe und Speyererhof. Folgen Sie dabei weiter der gelben Eins in den bergab führenden Pfad. Ungefähr 350 m darauf kommen Sie an einem anderen Weg vorbei und weitere gut 250 m abwärts stoßen Sie auf einen breiten Waldweg. Zur gelben Eins gesellt sich nun das gelbe R des Linken Neckar-Randwegs hinzu (**siehe TIPP**), dem Sie nach rechts erneut leicht bergauf zurück zur Molkenkur folgen können. Nach ca. 400 m treffen Sie auf eine Weggabelung: Verlassen Sie an dieser Stelle die Eins und folgen Sie dem gelben R und der gelben Zwei nach links bergab; wenn Sie Ihr Auto am Wanderparkplatz Blockhaus geparkt haben, folgen Sie weiter der gelben Eins zur Sprunghöhe und von dort auf bekanntem Weg am Arboretum vorbei zurück zum Parkplatz. Wenn Sie an der Weggabelung nach links abgebogen sind, halten Sie sich an Abzweigungen stets geradeaus und stoßen so nach gut 800 m auf eine Straße (Klingenteichstraße). Gehen Sie an dieser entlang nach rechts ca. 300 m zur etwas oberhalb gelegenen Molkenkur. Insgesamt ist der vorgeschlagene Rundweg ungefähr 4 km lang.

Für alle, die nicht in der Stadt einkehren wollen, bietet das Schlosshotel Molkenkur regionale Küche und von der Aussichtsterrasse einen schönen Blick ins Neckartal. Geöffnet ist das Restaurant unter der Woche ab 17.30 Uhr

---

* Unmittelbar an der Sprunghöhe befindet sich ein gegen Ende des 19. Jhds. angelegtes Arboretum u.a. mit sehenswerten Mammutbäumen; um dorthin zu gelangen, folgen Sie der gelben Eins nach links.

und an den Wochenenden von 12.00-21.30 Uhr. Nähere Informationen finden Sie unter *www.molkenkur.de*. Das Hotel-Restaurant befindet sich unmittelbar neben der **Bergbahnstation Molkenkur**, sodass Sie mit der modernen Standseilbahn zurück in die Altstadt fahren können.

„Heidelberg – Neckartal-Odenwald, Nr. 12“, hrsg. vom Geo-Naturpark Bergstraße-Odenwald und vom Naturpark Neckartal-Odenwald, 2019, 1:20.000, ISBN 978-3-947593-10-1.

TIPP

Sobald Sie auf dem Abstiegspfad vom Gaisbergturm auf den Linken Neckar-Randweg mit dem gelben R stoßen, können Sie anstatt nach rechts bergan zur Molkenkur auch auf direktem Weg in die Stadt gehen. Für diesen ca. 1,2 km langen Rückweg hinunter in die Altstadt folgen Sie dem gelben R bergab in Richtung Wolfshöhle und Bahnhof. Nach gut 200 m weist das Wegzeichen in einen Pfad nach rechts, überquert kurz darauf den Forstweg und trifft so auf eine Schutzhütte. Die Straße (Klingenteichstraße) überquerend wandern Sie weiter bergab in einen asphaltierten Waldweg in Richtung Sieben Linden. Nach ca. 300 m erreichen Sie die Linden und biegen vor diesen entlang rechts ab. Folgen Sie dem gelben R an Abzweigungen geradeaus bis Sie nach knapp 400 m gegen Ende des Serpentinenabstiegs rechterhand zu einer Treppe kommen. An dieser Stelle biegen Sie rechts auf die Treppe ab und erreichen so stets bergab am Ende eines Kopfsteinpflasterwegs ein gelbes Gebäude, das Juristische Seminar der Universität an der Friedrich-Ebert-Anlage.

Quellen: Holl, Eugen, „Aussichtstürme in Heidelberger Wäldern“, in: Jahrbuch des Stadtteilvereins Handschuhsheim, Jg. 2008, S. 43-49; Merz, Ludwig, „Ein Aussichtsturm nach orientalischem Vorbild“, in: Unser Land, Jg. 1993, S. 232-238; Informationstafel des Naturparks Neckartal-Odenwald vor Ort; Webseite www.rhein-neckar-wiki.de.

19 Posseltslust-Turm (Heidelberg)

Koordinaten (WGS84): 49° 23‘ 05,9“ N, 8° 43‘ 58,1“ O (49.384958°, 8.732809°)

Das malerische Bauwerk steht am Südosthang des Königstuhls in 485 m Höhe am Rande des Heidelberger Stadtwalds.

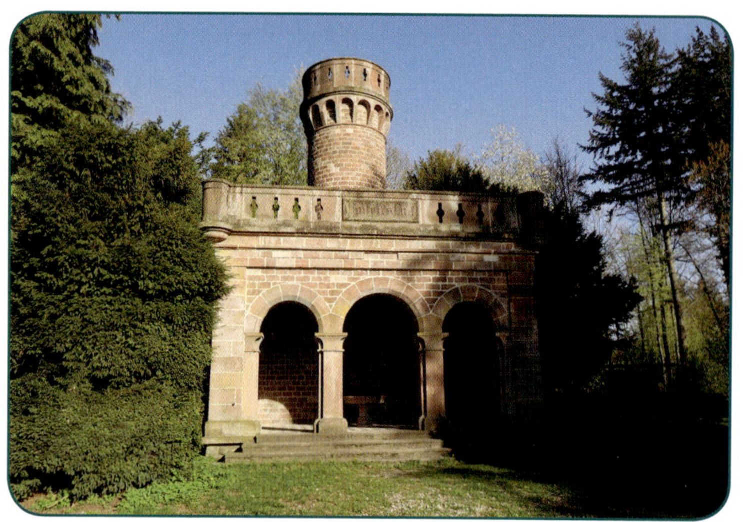

Im seinem Testament stiftete der aus alteingesessener Heidelberger Familie stammende Stadtrat und Pharmazie-Professor Dr. Louis Posselt (1817–1880) ein „Aussichts-Thürmchen und Lusthäuschen“ mit Blick auf das Kohlhöfer Feld. Es sollte ein dauerhaftes und geschmackvolles Häuschen sein, „so dass es ein gesuchter Platz für Picknicks und für heitere Geselligkeit werden möge.“ Der Entwurf für den 15 m hohen Turm aus rotem Buntsandstein wurde schon kurz darauf vom Heidelberger Stadtbaumeister Gustav Schaber angefertigt. Über vier Stufen erreicht man die Vorhalle mit ihren drei Rundbögen und über eine weitere Stufe betritt der Besucher den Rundturm. Im Innern gelangt man über eine Wendeltreppe mit 28 Stufen zunächst zur Terrasse auf dem Flachdach der Loggia. Eine Fortsetzung der Wendeltreppe mit weiteren 40 Stufen führt im schmalen Turm hinauf zur eigentlichen Aussichtsplattform. Bereits zum einjährigen Todestag seines Stifters konnte der im Stil der Frührenaissance errichtete Bau am 21.08.1881 mit einem Festakt eingeweiht werden. Einst existierte in der Umgebung auch ein kleiner Park mit einheimischen und exotischen Baumarten, einer Fontaine, einer Grotte und einem kleinen Teich, wovon allerdings nichts mehr übrig geblieben ist. In den Jahren 2008 bis 2009 wurde das Bauwerk umfassend saniert und erstrahlt heute wieder in altem Glanz.

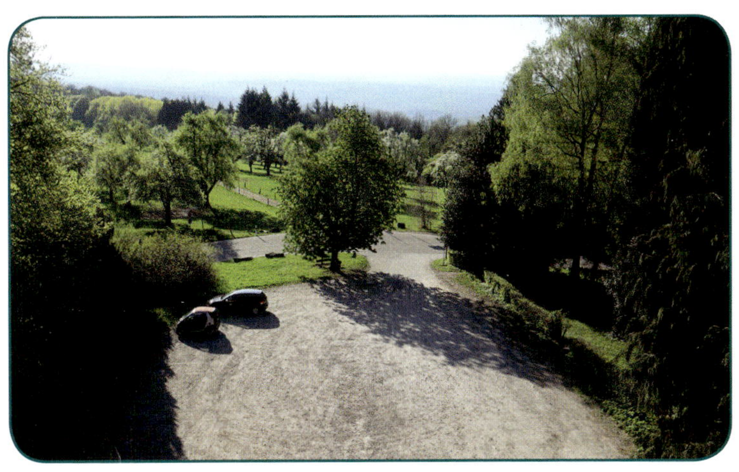

Der Blick fällt zunächst auf den unterhalb gelegenen Kohlhof, eine alte Rodungssiedlung aus dem frühen 18. Jhd., und die heute überwiegend mit Obstbäumen bestandenen Wiesen. In die Ferne hat man freie Sicht auf den nördlichen Kraichgau und in die Rheinebene.

Der Turm ist freitags bis sonntags und an Feiertagen tagsüber bis zum Einbruch der Dämmerung geöffnet. Außerhalb der Öffnungszeiten kann der Schlüssel gegen eine Kaution an der Pforte der Rehabilitationsklinik Heidelberg-Königstuhl (Kohlhof 8, 69117 Heidelberg) oder bei der Akademie für Ganzheitsmedizin (Kohlhof 3, 69117 Heidelberg) ausgeliehen werden.

Drei-Eichen-Weg, 69117 Heidelberg. Sobald Sie zu den Drei Eichen kommen, biegen Sie links in Richtung Alter Kohlhof und Königstuhl ab. Nach etwa einem Kilometer erreichen Sie in einer Linkskurve linkerhand den Parkplatz vor der Posseltslust.

Bushaltestelle „Heidelberg, Posseltslust“: Der Turm befindet sich gut 50 m von der Haltestelle entfernt.

Im Alten Kohlhof, auch Busenbrunner Hof genannt, befindet sich das Ein-Sterne-Restaurant OBEN mit regional-kreativer Küche in oberer Preislage. Geöffnet ist die Gaststätte mittwochs bis samstags ab 18.30 Uhr; nähere Informationen finden Sie unter *www.restaurant-oben.de*.
Eine alternative und preisgünstigere Einkehrmöglichkeit gibt es im Kiosk Fuchsbau mit seiner schönen Aussichtsterrasse auf dem Königstuhl (siehe Seite 75).

„Heidelberg – Neckartal-Odenwald, Nr. 12", hrsg. vom Geo-Naturpark Bergstraße-Odenwald und vom Naturpark Neckartal-Odenwald, 2019, 1:20.000, ISBN 978-3-947593-10-1.

TIPP
Im Büro von „Natürlich Heidelberg" können Sie Naturerlebnisführungen rund um den Kohlhof oder an anderen Orten des Stadtwalds buchen (Telefon: 06221/58-28333, E-Mail: *natuerlich@heidelberg.de*); nähere Informationen zum Kursangebot gibt es auch online unter *www.natuerlich.heidelberg.de*.

Quellen: Claudia Baer-Schneider, „‚Posselts-Lust': Aussichtsturm im Heidelberger Stadtwald", in: Denkmalpflege in Baden-Württemberg, Heft 3/2011, S. 174 f.; Holl, Eugen, „Aussichtstürme in Heidelberger Wäldern", in: Jahrbuch des Stadtteilvereins Handschuhsheim, Jg. 2008, S. 43-49; Informationstafel des Naturparks Neckartal-Odenwald vor Ort.

20 Heiligenbergturm (Heidelberg)

Koordinaten (WGS84): 49° 25‘ 10,5“ N, 8° 42‘ 15,1“ O (49.419583°, 8.704194°)

Der Turm steht auf dem 375 m hohen Michelsberg, einer vorgelagerten Kuppe des Heiligenbergs, unmittelbar neben der Straße und ist daher bei der Auffahrt nicht zu übersehen.

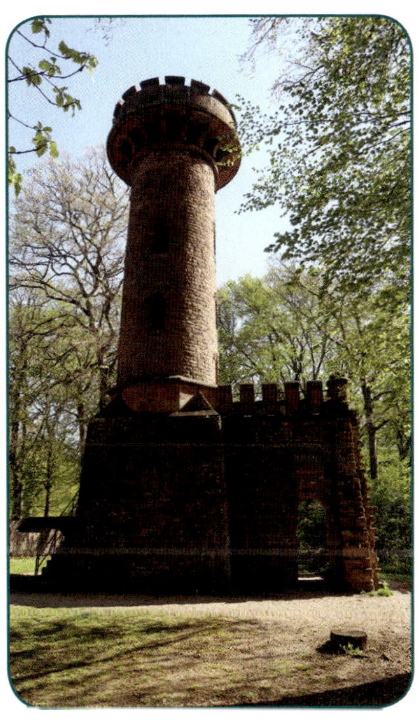

Im Jahr 1090 gründete an dieser Stelle der Benediktinermönch Arnold zunächst eine Klause mit zugehöriger Stephanskapelle. Um 1094 begann die Errichtung des Stephansklosters. Maßgeblicher Stifter war ein Handschuhsheimer Kreuzritter, dessen Witwe Hazecha in der ehemaligen Eingangshalle begraben liegt. Bei der Grabplatte handelt es sich um das älteste mittelalterliche Schriftdenkmal aus dem heutigen Heidelberger Stadtgebiet. Im Laufe des 12. Jhds. wurde das Kloster weiter ausgebaut. Es war nach dem Michaelskloster das zweite Kloster auf dem Heiligenberg und ebenfalls im Besitz des Klosters Lorsch. Als im Jahre 1232 das Kloster Lorsch aufgelöst wurde, übernahmen wie auch im benachbarten Michaelskloster die Prämonstratensermönche aus dem Stift Allerheiligen (Schwarzwald) die Anlage und blieben dort bis zur Säkularisation im 16. Jhd. Danach verfielen die Bauten, sodass heute nur noch die Grundmauern vorhanden sind. Aus den Gebäudetrümmern des Klosters wurde 1885/86 vom Verschönerungsverein Neuenheim der 16,5 m hohe Heiligenbergturm, auch Stephansturm genannt, als Aussichtsturm aufgebaut. Wie die verwitterte Steintafel am Turmaufgang angibt, betrug die Bauzeit nur dreieinhalb Monate. Der Baustil entspricht dem damals beliebten Historismus. Der Turm hat im unteren Teil einen annähernd quadratischen Grundriss bis zum ca. 4,5 m hohen terrassenförmigen Anbau. Darüber erhebt sich ein Rundturm mit einer oben offenen Plattform. Eine Treppe mit 27 Stufen führt an der Außenseite des Turms im Winkel zur kleinen Terrasse. Von dieser geht es ins Turminnere und über eine Wendeltreppe mit 60 Stufen hinauf zur Aussichtsplattform. Ein wenig westlich vom heutigen Turm fanden die Archäologen um 1900 vermutlich die Fundamente eines römischen Wachturms, sodass wahrscheinlich schon vor ca. 2.000 Jahren an dieser Stelle Menschen die Aussicht ins Neckartal genossen.

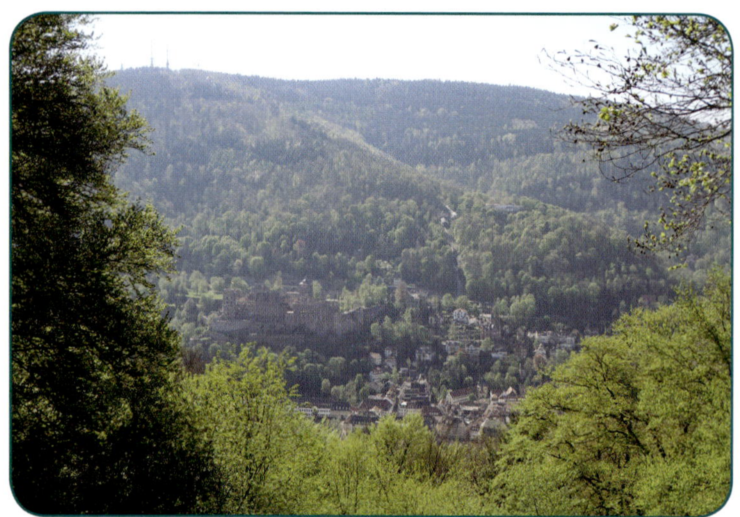

Durch eine Waldschneise hat man einen herrlichen Blick auf die Heidelberger Altstadt mit Alter Brücke und Schloss sowie auf den Königstuhl. In die anderen Richtungen ist der Ausblick durch die hochgewachsenen Bäume verstellt.

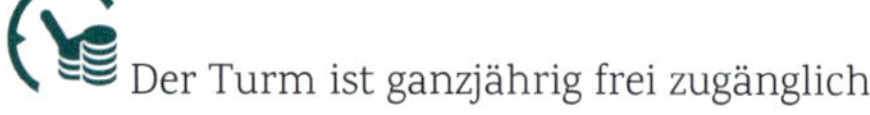

Der Turm ist ganzjährig frei zugänglich.

Waldschenke, Auf dem Heiligenberg 1, 69121 Heidelberg: Bei der Auffahrt zur Waldschenke befindet sich der Turm unmittelbar hinter einer scharfen Linkskurve, ungefähr 100 m vor dem großen Wanderparkplatz „Heiligenberg“.

Bushaltestelle „Heidelberg, Heiligenberg“: Die Bushaltestelle befindet sich unmittelbar an der Waldschenke, aber die Linie 38 fährt von Handschuhsheim (Hans-Thoma-Platz) aus nur sonntags vom späten Vormittag bis zum frühen Nachmittag. Gehen Sie von der Haltestelle aus an der Gaststätte Waldschenke vorbei und folgen Sie weiter dem Straßenverlauf zum nur gut 300 m entfernten Heiligenbergturm.

Alternativ können Sie von der Bismarcksäule weiterwandern (siehe Seite 69): An der Säule gehen Sie den Weg mit dem Holzgeländer bis zum nächsten Querweg und folgen dem roten Strich des Weitwanderwegs Odenwald-Vogesen nach links in Richtung Aussichtsturm; der Burgensteig mit der blauen Burg nimmt eine andere Route und stößt später wieder hinzu. Nach gut 300 m wird der Weg flacher und kurz vor einer Schutzhütte folgen Sie dem Wegzeichen scharf nach rechts erneut bergan. An der nächsten Abzweigung halten Sie sich geradeaus zum Fuchsrondell, das ebenfalls einen schönen Ausblick bietet. An dieser Stelle kommt die blaue Burg wieder hinzu und zusammen mit dem roten Strich wandern Sie in Richtung Handschuhsheim/Neuenheim. Nach knapp 300 m bleiben Sie an einer Gabelung weiter auf dem bergauf führenden Weg und erreichen schließlich eine Straße. Folgen Sie dem Straßenverlauf nach rechts. Am Ende der scharfen Linkskurve sehen Sie linkerhand die Steinhütte mit dem Heidenloch und geradeaus laufen Sie direkt auf den Heiligenbergturm zu. Die Strecke von der Haltestelle Brückenstraße bis zum Heiligenbergturm ist ca. 2,5 km lang.

Wenn Sie vom Heiligenbergturm aus weiter der Straße folgen, kommen Sie direkt zur Waldschenke. Die Gaststätte ist mittwochs bis sonntags ab 11 Uhr geöffnet und bei der Schenke gibt es Parkmöglichkeiten für die Gäste. Nähere Informationen finden Sie unter *www.waldschenke-heidelberg.de.*

„Heidelberg – Neckartal-Odenwald, Nr. 12", hrsg. vom Geo-Naturpark Bergstraße-Odenwald und vom Naturpark Neckartal-Odenwald, 2019, 1:20.000, ISBN 978-3-947593-10-1.

TIPP

In unmittelbarer Nähe der Klosterruine steht in der Straßenkurve ein unscheinbarer, geschlossener Pavillon. Dort befindet sich das sog. Heidenloch, ein 56 m tiefer Schacht, der wahrscheinlich in der Keltenzeit entstand und als Brunnen oder zu Kultzwecken genutzt wurde. Auf dem Heiligenberg finden Sie zudem den Keltenweg, ein archäologisch historischer Wanderweg mit zehn Informationstafeln. Einen Plan des Keltenwegs und ein Geländeprofil des Heiligenbergs befindet sich am Wanderparkplatz.

Quellen: Holl, Eugen, „Aussichtstürme in Heidelberger Wäldern", in: Jahrbuch des Stadtteilvereins Handschuhsheim, Jg. 2008, S. 43-49; Informationstafel der Stadt Heidelberg und der Schutzgemeinschaft Heiligenberg e.V.

21 Ruine Michaelsbasilika (Heidelberg)

Koordinaten (WGS84) des nördlichen Turms: 49° 25‘ 33,2“ N, 8° 42‘ 21,4“ O (49.425889° 8.705947°)

Auf dem Gipfel des knapp 440 m hohen Heiligenbergs befindet sich die Ruine des Michaelsklosters. Die Überreste der beiden Türme der Klosterbasilika sind heute als Aussichtstürme zugänglich.

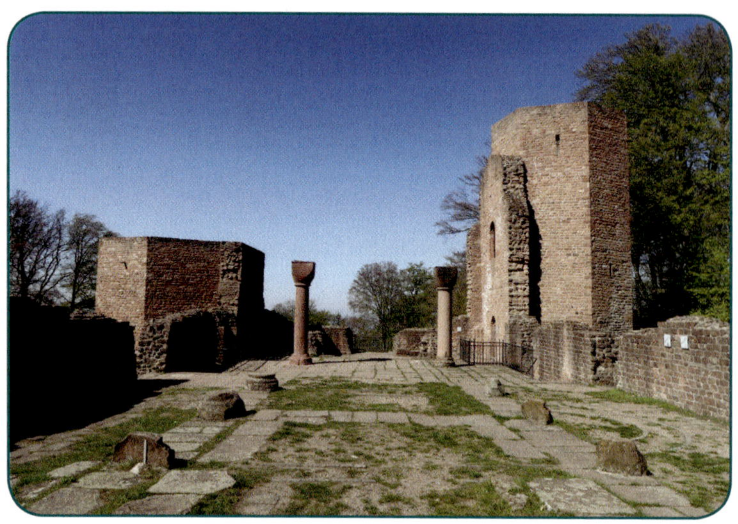

Der Heiligenberg war schon während der Jungsteinzeit bewohnt und im 5. und 4. Jhd. v. Chr. errichteten die Kelten auf dem Bergrücken eine Ansiedlung mit einer Doppelwallanlage. Die Römer bauten Heiligtümer für ihre Götter Jupiter und Merkur und im frühen Mittelalter entstand die Aberinesburg, ein befestigter Königshof. Im Jahre 882 schenkte König Ludwig III. die Burg dem aufstrebenden Reichskloster Lorsch, damit die Benediktinermönche dort ein Tochterkloster gründen konnten. Die Burganlage wurde von den Mönchen größtenteils abgebrochen und um 890 ein kleines Kloster zu Ehren von St. Michael errichtet. Ab 1025 begann unter Abt Reginbald ein umfangreicher Ausbau zum heute noch sichtbaren Umfang. Im Jahre 1232 kamen die Besitzungen des Klosters Lorsch an das Erzstift Mainz und die Benediktinermönche wurden durch Prämonstratenser abgelöst. Im Laufe der Zeit begann das Kloster durch die abnehmende Zahl der Mönche zu verfallen und wurde wohl schon zu Beginn des 16. Jhds. aufgegeben. In der Reformationszeit kamen um 1555 das Michaelskloster sowie auch das auf Seite 83 erwähnte Stephanskloster in den Besitz der Kurzpfalz und wurden 1589 der Universität

Heidelberg zur Ausbeutung überlassen. Die Universität gab die Klosteranlagen zum Abbruch durch die Stadtbevölkerung frei. So manches Anwesen in Neuenheim und Handschuhsheim ist vermutlich mit Steinen der Michaelsbasilika gebaut worden. Im Jahre 1886 begann eine erste Freilegung der noch vorhandenen Überreste und von 1978-1986 wurde die Klosterruine restauriert. Dank der Umrisse kann die einstige Größe der Anlage gut erahnt werden. Beim Betreten des Geländes geht man direkt auf den Westbau mit den beiden ehemaligen Kirchtürmen zu. Der nördliche Flankierungsturm des Westwerks ist in seinem halben Umfang dem Abriss zum Opfer gefallen und misst heute nur ca. 20 m. Die Aussichtsplattform erreicht man über eine geräumige Wendeltreppe im Turminnern mit 53 Stufen. Der noch niedrigere Südturm hat ebenfalls in seinem Innern eine steinerne Wendeltreppe mit 21 Stufen.

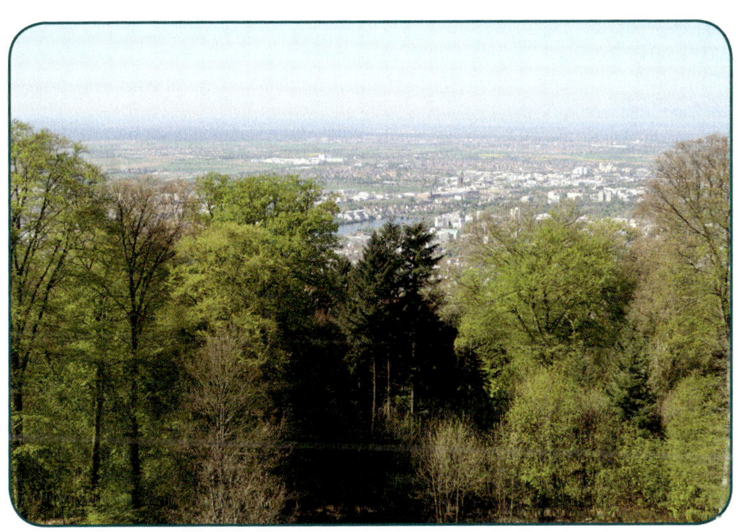

Vom höheren Nordturm hat man nach Westen einen schönen Blick in die Rheinebene bis zum Pfälzerwald und bei sehr guter Sicht über das Kernkraftwerk Phillipsburg hinweg bis zu den Vogesen. In die anderen Himmelsrichtungen ist der Ausblick durch hohe Bäume zugewachsen.

Die Anlage mit der Klosterruine ist von April bis September dienstags bis sonntags von 8-19 Uhr und von Oktober bis März von 8-16 Uhr geöffnet.

Waldschenke, Auf dem Heiligenberg 1, 69121 Heidelberg: Etwa 100 m hinter der Ruine des Stephansklosters mit dem Heiligenbergturm befindet sich der große **Wanderparkplatz „Heiligenberg“**. Wenn Sie zu Fuß weiter dem Straßenverlauf folgen, kommen Sie unmittelbar hinter der Waldschenke zur Bushaltestelle. Für den weiteren Weg lesen Sie die Beschreibung für die Anreise mit dem Bus.

Bushaltestelle „Heidelberg, Heiligenberg“: Die Bushaltestelle befindet sich unmittelbar an der Waldschenke, aber die Linie 38 fährt von Handschuhsheim (Hans-Thoma-Platz) aus nur sonntags vom späten Vormittag bis zum frühen Nachmittag. Von der Haltestelle gehen Sie in den Weg hinter der Schranke in Richtung Feierstätte und Klosterruine. Nach etwa 100 m biegen Sie rechterhand zur Thingstätte ab und über die Mitteltreppe gelangen Sie hinauf zum oberen Ende dieser monumentalen Anlage. Dort angekommen sind es noch knapp 100 m auf einem ausgewaschenen Weg hinauf zum Gipfel, wo sich die Klosterruine befindet. Insgesamt sind es von der Haltestelle Heiligenberg über die Thingstätte nur ca. 400 m bis zum Gipfel.

Alternativ können Sie von der Bismarcksäule und vom Heiligenbergturm aus weiterwandern (siehe Seiten 71 und 85): Folgen Sie vom Heilgenbergturm weiter dem Straßenverlauf dann kommen Sie am Wanderparkplatz und an der Waldschenke vorbei zur Bushaltestelle. Der gesamte Weg von der Stadt bis zum Gipfel des Heiligenbergs ist ungefähr 3,3 km lang.

Unmittelbar an der Bushaltestelle befindet sich die Waldschenke. Die Gaststätte ist mittwochs bis sonntags ab 11 Uhr geöffnet und bei der Schenke gibt es Parkmöglichkeiten für die Gäste. Weitere Informationen finden Sie unter *www.waldschenke-heidelberg.de.*

„Heidelberg – Neckartal-Odenwald, Nr. 12“, hrsg. vom Geo-Naturpark Bergstraße-Odenwald und vom Naturpark Neckartal-Odenwald, 2019, 1:20.000, ISBN 978-3-947593-10-1.

TIPP

Beim Aufstieg zur Klosterruine kommen Sie gut 150 m hinter der Waldschenke zur sehenswerten Thingstätte. Das „Thing“ war einst bei den Germanen ein Volksversammlungsplatz im Freien. Die Heidelberger Stätte stammt allerdings nicht aus germanischer Zeit, sondern geht auf das Dritte Reich zurück. Im Rahmen der Thingbewegung planten die Nationalsozialisten, im gesamten Deutschen Reich über 400 Versammlungsplätze zu errichten. In den Jahren 1934/35 wurde vom Reichsarbeitsdienst diese recht große Anlage mit ca. 8.000 Sitz- und 5.000 Stehplätzen gebaut. 1935 weihte Reichspropagandaminister Dr. Joseph Goebbels die Heidelberger Thingstätte, die in nationalsozialistischen Führungskreisen als vorbildlich galt, feierlich ein.

Alternativer Rückweg vom Heiligenberg zur Heidelberger Altstadt:

Wenn Sie die insgesamt 3,3 km von der Stadt hinauf zum Gipfel des Heiligenbergs gewandert sind, möchten Sie vielleicht nicht auf demselben Weg wieder zurückgehen. Als Alternative bietet sich die folgende Route an: Am oberen Ende der Thingstätte gehen Sie in den Weg an der Informationstafel vorbei und folgen dabei wieder dem roten Strich und der blauen Burg sowie der eingekreisten gelben Zwei des Zollstock-Wegs, einem Wanderweg vom Parkplatz Heiligenberg aus. An einem Abzweig wandern Sie geradeaus auf dem schmalen Pfad bergab und erreichen nach ca. 400 m einen gut befestigten Weg. Ihr Weg führt weiter nach rechts in Richtung Zollstock und um zu dieser Wegspinne zu gelangen, geht es noch ein letztes Mal bergauf. Am Zollstock angekommen haben Sie abermals einen hervorragenden Schlossblick. Ab dort folgen Sie nur noch der eingekreisten gelben Zwei, die vor dem Zollstockbrunnen in den bergab führenden Forstweg in Richtung Altstadt weist. Nach ca. 350 m macht der Weg eine scharfe Rechtskurve und an einer Kreuzung mit Pausenbank bleiben Sie geradeaus. Auch an der nächsten Kreuzung, wo die Wandermarkierung mit der Zwei nach rechts bergan verläuft, bleiben Sie weiter geradeaus auf dem gut befestigten Weg nunmehr ohne Markierung bergab. Nach ungefähr einem halben Kilometer treffen Sie auf einen Wanderwegweiser, halten sich erneut in gerader Richtung und kommen kurz darauf an die Schlossvereinshütte, eine geräumige Schutzhütte. Dort treffen Sie wieder auf das Ihnen bereits bekannte rote R des rechten Neckarrandwegs und folgen diesem nach rechts. Sie können dem Wegzeichen zurück an den Ausgangspunkt der Wanderung folgen. Um direkt in die Altstadt zu gelangen, biegen Sie ca. 250 m nachdem Sie an der Hölderlin-Anlage vorbeigekommen sind, nach links in den Schlangenweg ab, der Sie hinunter zur Alten Brücke führt; auf diesem mit Kopfstein gepflasterten Treppenweg werden Sie u.a. vom roten Strich des Weitwanderwegs Odenwald-Vogesen begleitet. Der Track verläuft durch die Fußgängerzone der Altstadt und endet an der Bushaltestelle am Universitätsplatz. Insgesamt ist die vorgeschlagene Route von der Haltestelle Brückenstraße über die drei Aussichtstürme und zurück zur Haltestelle am Universitätsplatz ungefähr 7,3 km lang.

Quellen: Holl, Eugen, „Aussichtstürme in Heidelberger Wäldern", in: Jahrbuch des Stadtteilvereins Handschuhsheim, Jg. 2008, S. 45-49, Informationstafeln des Geo-Naturparks Bergstraße-Odenwald am Wanderparkplatz Heiligenberg.

22 Schloss Heidelberg (Heidelberg)

Koordinaten (WGS84) des Dicken Turms: 49° 24‘ 38,6“ N, 8° 42‘ 50,9“ O (49.410713°, 8.714149°)

Das weltberühmte Heidelberger Schloss darf in der Auflistung dieses kleinen Führers selbstverständlich nicht fehlen. Die Schlossruine steht am Hang des Königstuhls auf einem Felsvorsprung dem sog. Jettenbühl. Der Schlosshof liegt etwa 193 m über dem Meeresspiegel.

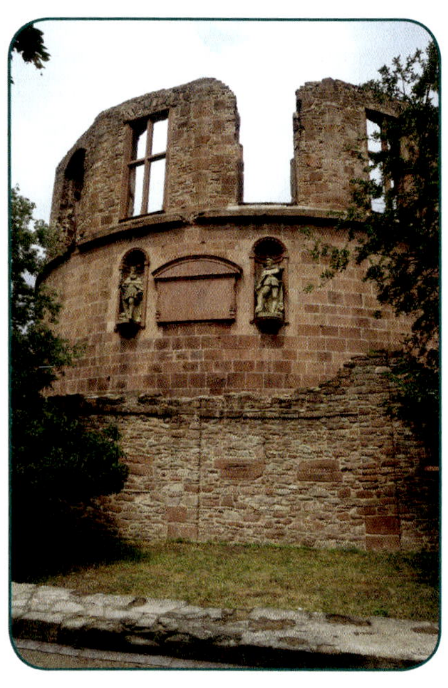

Die Anfänge der spätromanisch-frühgotischen Burganlage gehen vermutlich auf eine erste Burggründung der Wormser Bischöfe in der 2. Hälfte des 12. Jhds. zurück. Diese obere Burg stand auf dem Kleinen Gaisberg etwas höher als das heutige Schloss. Nachdem im Jahre 1225 Ludwig I., Herzog von Bayern und Pfalzgraf bei Rhein, vom Bischof Heinrich von Worms mit der Burg und der Stadt belehnt worden war, begann der Ausbau von Heidelberg zum Stammsitz der rheinischen Pfalzgrafen und späteren Kurfürsten von der Pfalz.

Erstmals urkundlich belegt ist die untere Burg, der Vorgängerbau des heutigen Schlosses, im Jahre 1303; die obere Burg wurde 1537 durch Blitzschlag zerstört und heute sind nur noch Bodenfunde vorhanden. An der Stelle des späteren Krautturms stand wohl ein Bergfried und die einfache Wehranlage hatte neben einem Palas einige weitere Gebäude und eine Kapelle. Der erste größere Ausbau der Burg erfolgte im 14. Jhd. unter Ruprecht I., dem Gründer der Universität Heidelberg. U.a. wurde die Anlage zur Ostseite hin durch einen Zwinger mit drei heute nicht mehr existierenden Befestigungstürmen gesichert. Als im Jahre 1400 Kurfürst Ruprecht III. die deutsche Königskrone erlangte, wurde mit dem repräsentativen Ruprechtsbau begonnen und im Nordosten entstand der achteckige **Glockenturm** als Artillerieturm. Die nächste Bauphase erfolgte unter Kurfürst Philipp I., der im Landshuter Erbfolgestreit wichtige Territorien in der Oberpfalz und im Elsass verlor. Unter seiner Regentschaft entstand um 1500 der **Krautturm** in der Südostecke des Schlosses, der mit einem 24 m breiten Unterbau zur Aufstellung von Kanonen und zur Lagerung von Schießpulver („Kraut") bestimmt war. Ein alter Torturm, vermutlich der Vorgänger des heutigen Südtors, wurde im Jahre 1503 abgebrochen. Mittig der östlichen Schlossbefestigung wurde der **Apothekerturm** errichtet, dessen Bezeichnung erstmals 1649 in den Bauakten auftaucht und darauf hinweist, dass neben der Wehrfunktion dort auch die Apotheke untergebracht war. Vermutlich aufgrund der Kriegsniederlage seines Vaters Philipp strebte Kurfürst Ludwig V. einen Ausbau des Schlosses und der Befestigungsanlagen an. Unmittelbar nach seinem Regierungsantritt im Jahre 1508 wurde bis ungefähr 1525 der Glockenturm verstärkt und erhielt im ersten Obergeschoss ein reich figuriertes zwölfteiliges Gewölbe. Außerdem vollendete Ludwig V. den Ruprechtsbau und ließ andere Teile des Schlosses erneuern, wie etwa den Bibliotheksbau und den nach ihm benannten Ludwigsbau, der etwa 1524 einen **Treppenturm** mit reichem Wappenrelief erhielt. Zum Schutz der neuen Wohn- und Palastbauten entstanden der Nord- und Westwall u.a. mit dem **Dicken Turm** (1525-1533) als eindrucksvolle Eckverstärkung des Stückgartens und dem Rondell als Mittelpunkt des Westwalls. Der Durchmesser des siebengeschossigen Dicken Turms betrug 28,5 m, die Wände waren fast 7 m stark und die Höhe belief sich bis zur Traufe auf 37,2 m. Zur Bergseite hin erhielt die Burg einen neuen Zugang, zu dessen Sicherung von etwa 1530-1545 der große **Torturm** mit Zugbrücke und vorgelagertem Brückenhaus errichtet wurde. Zudem wurde an die südwestliche Ecke der äußeren Mauer ein gleichzeitig als Gefängnis genutzter Wehrturm gesetzt, der sogenannte „Seltenleer".

Unter Kurfürst Friedrich II. begann der Umbau zum Renaissance-Schloss. Im Zuge der Neuerrichtung des Gläsernen Saalbaus mit repräsentativem Spiegelsaal wurde kurz vor 1551 der Glockenturm erhöht. Wichtige Baumaßnahmen unter seinen Nachfolgern sind der prächtige Ottheinrichsbau (1556-1559 erbaut und 1566 vollendet), der Friedrichsbau (1601-1604) und der Englische Bau (1612-1614). Anfang des 17. Jhds. fanden unter Kurfürst Friedrich IV. ferner

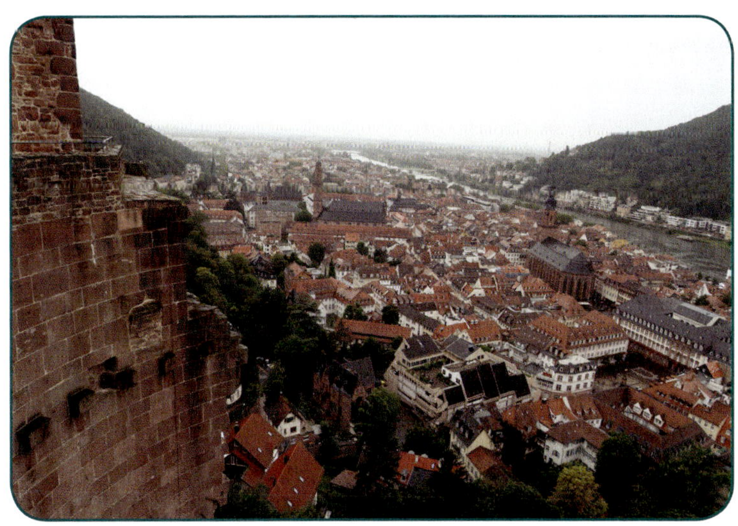

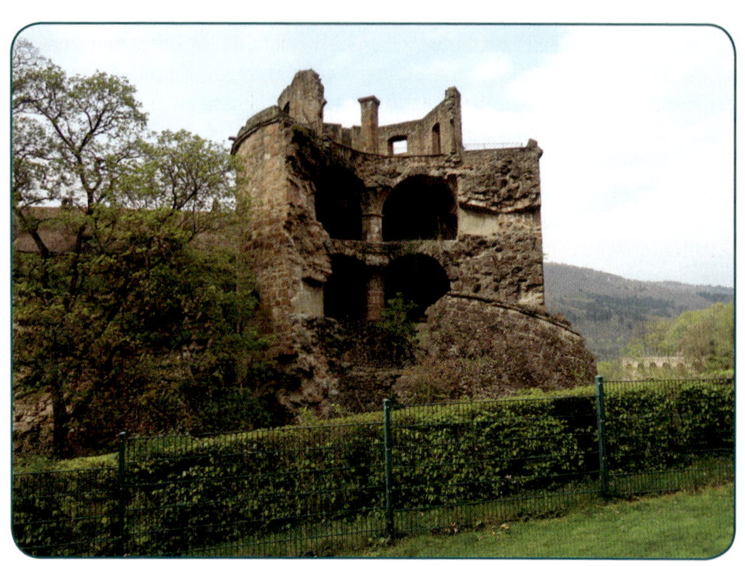

Umbaumaßnahmen an den östlichen Turmbauten statt. So erhielten der Krautturm um 1603 ein niedriges Belvedere mit geschweiftem Dachwerk, um 1608 der Glockenturm eine weitere Turmerhöhung mit barockem Schweifdach und Laterne und etwa 1610 der Apothekerturm einen dreigeschossigen Aufbau mit einer behäbigen Zwiebelhaube. Der Glocken- und der Krautturm wurden zudem im Innern mit Pfeilern und Schirmgewölben wehrtechnisch aufgewertet. In den Jahren 1616-1619 erhielt der Dicke Turm unter Friedrich V. ein neues Belvederegeschoss, das in seinem Innern von einem hohen Kuppelgewölbe überdeckt war und als Fest- und Speisesaal diente. Ein letzter Turm wurde beim Bau des Hortus Palatinus am nördlichen Ende der großen Terrasse begonnen, wobei dieser jedoch unvollendet blieb.
Im Laufe des Dreißigjährigen Kriegs wurde das Schloss wiederholt beschädigt und notdürftig instandgesetzt: 1622 erfolgte die Eroberung durch die katholische Liga unter General Tilly, 1633 durch die Schweden und 1634 griffen kaiserliche Truppen an. Nach diesem verheerenden Krieg musste Karl I. Ludwig von der Pfalz nicht nur das Schloss, sondern auch die Stadt wieder aufbauen, die zwei Drittel ihrer Einwohner verloren hatte. Für Neubauprojekte fehlte daher das Geld und aufgrund der zunehmenden politischen Spannungen mit Frankreich gab sein Sohn Karl II. dem Ausbau der Befestigungswerke mit zusätzlichen Bastionen den Vorrang. Als Karl II. im Jahre 1685 kinderlos verstarb forderte der französische König Ludwig XIV. erhebliche Teile der Kurpfalz für seinen Bruder Philipp I. von Orléans, der die jüngere Schwester Karls, Elisabeth Charlotte (Liselotte) von der Pfalz, geheiratet hatte. Während des fast zehn Jahre dauernden Pfälzischen Erbfolgekriegs führten die Zerstörungen durch französische Truppen unter General Mélac in den Jahren 1689 und 1693 zur endgültigen Zerstörung des Schlosses. Bis auf den Glockenturm waren sämtliche Wehrtürme durch Sprengung ruiniert und die abgesprengten

Mauerschalen bieten heute einen guten Einblick in deren Konstruktionsweise. Der stark beschädigte Torturm musste später ausgebessert werden, um ein Einstürzen des Tores zu verhindern.

Mittlerweile wurde das Territorium von Düsseldorf aus durch die Linie Pfalz-Neuburg der pfälzischen Wittelsbacher regiert. Diese bemühten sich im frühen 18. Jhd. um eine Sicherung der Bausubstanz, wobei u.a. über dem Glockenturm, dem Apothekerturm und dem Torturm geschweifte Dächer aufgeschlagen wurden. Kurfürst Carl Philipp von der Pfalz entschloss sich nach dem Ende des Spanischen Erbfolgekriegs seine Residenz 1716 von Düsseldorf nach Heidelberg zu verlegen. Allerdings erregten seine groß angelegten Baupläne für das Schloss und seine Bemühungen zur Wiedereinführung des katholischen Glaubens den Unmut der Stadtbevölkerung. 1720 verfügte er daher, in Mannheim einen barocken Schlossneubau zu errichten. Sein Nachfolger Kurfürst Carl Theodor von Pfalz-Sulzbach unternahm noch einmal einen Anlauf zur Wiederherstellung von Heidelberg als Residenz. Nach einem durch Blitzschlag verursachten, katastrophalen Brand im Jahre 1764 wurde dieses Vorhaben jedoch aufgegeben. Endgültig besiegelt wurde der Wiederaufbau des Heidelberger Schlosses mit dem Wegzug Carl Theodors nach München, wo er 1778 die Nachfolge der bayerischen Wittelsbacher antrat.

Nach der Neuordnung des deutschen Südwestens durch Napoleon ging Heidelberg 1803 an den badischen Markgrafen und späteren Großherzog Carl Friedrich. In den folgenden Jahrzehnten widmeten die Vertreter des romantischen Historismus der Ruine ihre Aufmerksamkeit in Dichtung und Malerei. Insbesondere Graf Charles de Graimberg, der im Zuge der französischen Revolution nach Deutschland emigriert war, setzte sich für einen Erhalt des Schlosses ein. Nach dem Deutsch-Französischen Krieg 1870/71 wurde der Ruf nach einer Wiederherstellung des Schlosses als Nationaldenkmal immer lauter. In der Folge entbrannte unter Fachleuten eine heftige Diskussion, wie mit

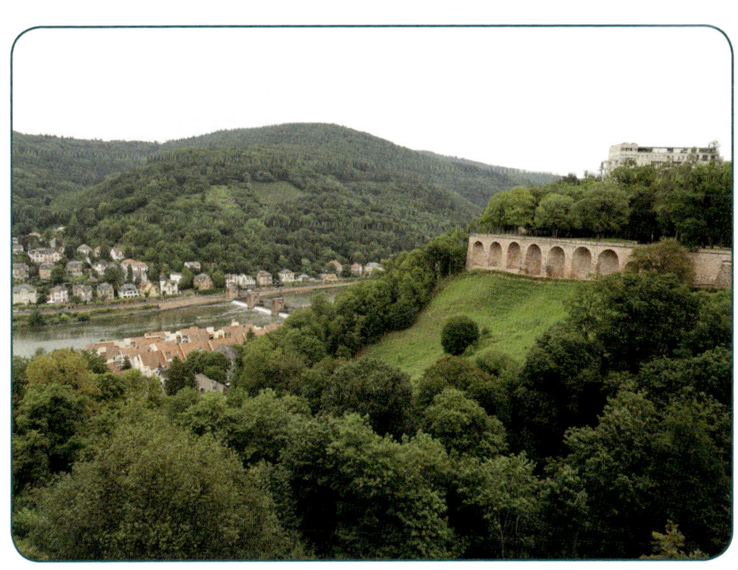

einem solchen Denkmal umzugehen sei. Von 1893-1903 wurde der Friedrichsbau im Stil des Historismus wieder hergerichtet, wobei der Architekt Carl Schäfer entgegen ursprünglicher Planungen zahlreiche eigene Ergänzungen und Veränderungen vornahm. Die Kritik an diesem Vorgehen überwog und von weiteren Rekonstruktionen wurde daher Abstand genommen. Seitdem wurden nur noch geringfügige Änderungen zugunsten einer möglichst authentischen Erhaltung der historischen Bausubstanz vorgenommen.

Vom teilweise abgesprengten Dicken Turm haben Sie einen schönen Blick ins Neckartal auf Heidelberg und in die Rheinebene bis zum Pfälzerwald. **Der Turm ist vom Englischen Bau aus nur im Rahmen einer speziellen Führung begehbar**; im Turm geht es über eine Wendeltreppe mit 33 Sandsteinstufen hinauf zur Aussichtsmöglichkeit.
Der dreistufige Glockenturm ist ausgehöhlt und für die Besucher nicht begehbar. Der Apothekenturm und der Krautturm bieten nur einen eingeschränkten Ausblick ins Neckartal und vor allem einen Blick in den Schlossgarten.

Der Zugang zum Stückgarten und auf die Scheffelterrasse ist frei. Der Zutritt zum Schlossinnenhof mit Rundgang kostet 8,00 Euro für Erwachsene und 4,00 Euro für Ermäßigte. Die Öffnungszeiten sind ganzjährig täglich von 8-18 Uhr (am 24. und 31.12. nur von 10-14 Uhr und am 25.12. ist geschlossen). Der letzte Einlass erfolgt eine halbe Stunde vor Schließung.

Schlosshof 1, 69117 Heidelberg: Die Auffahrt zum Schloss ist an den Wochenenden gesperrt und direkt am Schloss gibt es auch keine Parkplätze. Der nächste öffentliche Parkplatz mit 110 kostenpflichtigen Stellplätzen befindet sich oberhalb des Schlossgartens; die Einfahrt ist beim Anwesen Schloß-Wolfsbrunnenweg 18a. Knapp 50 m von der Parkplatzeinfahrt entfernt führt in der Kurve ein ausgeschilderter Treppenweg hinunter zum etwa 400 m entfernten Schloss. Alternativ können Sie in der Stadt parken und mit der Bergbahn hinauf zum Schloss fahren. Die Hin- und Rückfahrt mit der Bergbahn ist im Schlossticket inbegriffen.

Bushaltestelle „Heidelberg, Rathaus/Bergbahn“: Sie können mit der Bergbahn eine Station hinauf zum Schloss fahren. Die Hin- und Rückfahrt ist im Schlossticket inbegriffen.
Für den Weg zu Fuß gehen Sie links neben der Bergbahnstation Kornmarkt in den Burgweg. Folgen Sie der gepflasterten Straße für ca. 70 m und halten Sie sich hinter der Linkskurve rechterhand in den Treppenweg hinauf (Kurzer Buckel); dabei können Sie dem roten Strich des Weitwanderwegs Odenwald-Vogesen folgen und erreichen nach gut 250 m und insgesamt 315 Stufen den Schlosseingang (nach 225 Stufen verläuft der Weg weiter scharf nach links). Alternativ können Sie sich am Fuße des Treppenwegs auch weiter auf

dem Burgweg halten, der Sie zur etwa 300 m entfernten Kasse Schlosshof leitet.

Die Heidelberger Schloss Restaurant & Events GmbH bietet drei verschiedene Gastronomien an: das Sterne-Restaurant Scharffs Schlossweinstube für Feinschmecker, das historische Backhaus mit gutbürgerlicher Küche und das Café-Bistro Sattelkammer mit abwechslungsreichen Tagesgerichten und einer feinen Gebäckauswahl. Nähere Informationen finden Sie unter *www.heidelberger-schloss-gastronomie.de.*

„Heidelberg – Neckartal-Odenwald, Nr. 12", hrsg. vom Geo-Naturpark Bergstraße-Odenwald und vom Naturpark Neckartal-Odenwald, 2019, 1:20.000, ISBN 978-3-947593-10-1.

TIPP

Im Schloss ist das Deutsche Apothekenmuseum untergebracht und der Eintritt ist im Schlossticket inbegriffen. Das Museum bietet interessante Einblicke in die Geschichte der Pharmazie von der Antike bis ins 21. Jhd. Ein besonderer Höhepunkt sind die komplett erhaltenen Innenausstattungen historischer Apotheken aus dem 17. bis zum 19. Jhd.

Wer sich näher für Historie und Baugeschichte des Heidelberger Schlosses interessiert, sollte eine der interessanten Führungen buchen. Neben klassischen Schlossführungen gibt es eine Reihe von Sonderführungen zu den unterschiedlichen Themen, die teilweise auch für Kinder geeignet sind. Nähere Informationen finden Sie unter *www.schloss-heidelberg.de.*

Quellen: Hanschke, Julian, „Schloss Heidelberg: Architektur und Baugeschichte", Karlsruhe: Institut für Baugeschichte am Karlsruher Institut für Technologie, 2016; Stober, Karin und Wiese, Wolfgang, „Schloss Heidelberg", Berlin und München: Deutscher Kunstverlag, 2014; Webseite www.schloss-heidelberg.de.

23 Waldnerturm/Vierritterturm (Hemsbach)

Koordinaten (WGS84): 49° 35‘ 32,6“ N, 8° 41‘ 02,1“ O (49.592375°, 8.683919°)

Der Turm befindet sich östlich von Hemsbach oberhalb des Schafhofs bzw. Waldnerhofs auf einem Bergsattel in ca. 267 m Höhe zwischen dem Kreuzberg im Norden und dem Bocksberg im Süden.

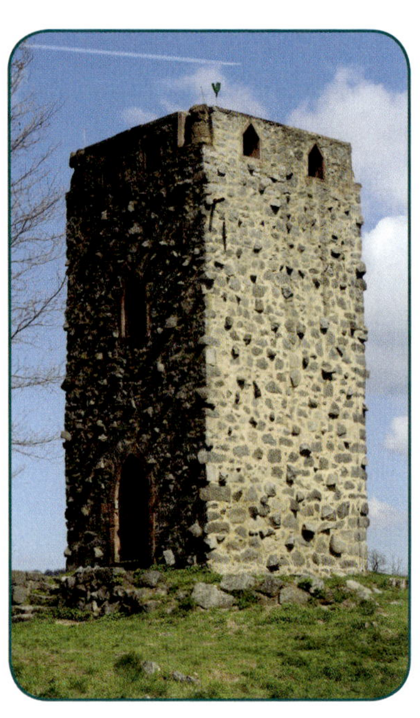

Der Waldnerturm wurde Mitte des 19. Jhds. errichtet und steht heute im sehenswerten Naturschutzgebiet Schafhof-Teufelsloch mit seinen Feuchtwiesen, Sicker- und Sumpfquellen sowie Eichen-Hainbuchen-Wäldern. Vermutlich wurde der Turm um 1840 von Graf Theodor Waldner von Freundstein dem damaligen Zeitgeist entsprechend im Stil eines mittelalterlichen Wachturms errichtet. Die aus dem Elsass stammende Adelsfamilie hatte 1837 den Schafhof erworben, der zehn Jahre später offiziell in Waldnerhof umbenannt wurde. Nach mehrmaligem Eigentümerwechsel kamen der Turm und das ihn umgebende Gelände 1987 in den Besitz der Stadt Hemsbach.

Bei seinem Bau besaß der Waldnerturm noch eine angebaute Küche, da er als Treffpunkt für adlige Jagdgesellschaften diente. Später wurde er bis 1933 als Wochenendquartier einer Jugendorganisation aus Mannheim genutzt. Der gut 10 m hohe Turm aus Granitsteinen hat einen quadratischen Grundriss mit einer Kantenlänge von 4,9 m. Der Zugang erfolgt von der Westseite her durch ein mit Buntsandstein eingefasstes Portal. Über fünf Stufen erreicht man zunächst das Turmpodest und im Innern führt eine schmale Treppe mit 17 Granitstufen zu einem Zwischengeschoss. Von dort hat man durch drei große Spitzbogenfenster bereits einen Blick nach Osten, Norden und Westen. In der Mitte des Raums steht auf einem Sandsteinsockel ein runder Metallpfeiler, der die obere Gewölbedecke abstützt. Eine steile Stahltreppe mit nochmals 17 Stufen führt vom Zwischengeschoss zur Aussichtsplattform in 7,6 m Höhe. Durch acht kleine fünfeckige Fensteröffnungen, die paarweise zu jeder Himmelsrichtung angeordnet sind, hat man einen schö-

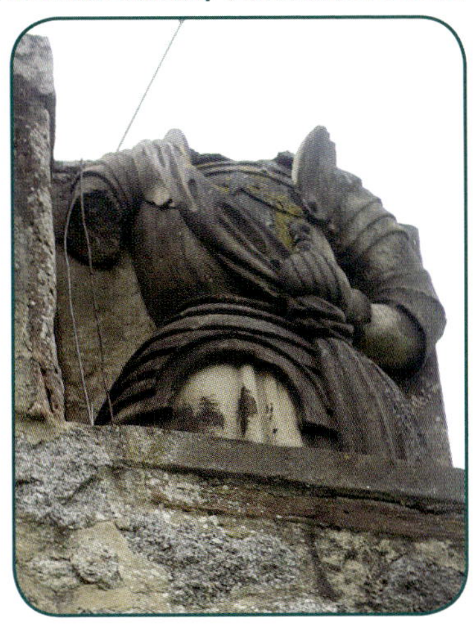

nen Blick in die Landschaft. Das Bauwerk wird auch Vierritterturm genannt, weil sich an der östlichen und westlichen Außenfassade in den oberen Ecken jeweils zwei Reliefs von Rittern mit abgeschlagenen Köpfen befinden.

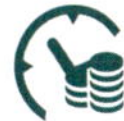 Im Winter ist in westlicher Richtung ein Fernblick zwischen den blätterlosen Ästen der Laubbäume bis zur Rheinebene möglich. In östlicher Richtung sieht man den Höhenzug der Tromm und weitere Berge des Vorderen und Mittleren Odenwalds.

Der Turm ist ganzjährig frei zugänglich.

Mühlweg, 69502 Hemsbach: Fahren Sie in Hemsbach auf dem Mühlweg stadtauswärts und folgen Sie ca. 300 m hinter dem Schafhof dem Parkplatzschild nach links. Sie erreichen den Waldparkplatz Schaumesklingel von dem aus es nur gut 400 m zurück bis zum Turm und etwa 600 m bis zur Einkehrmöglichkeit sind.

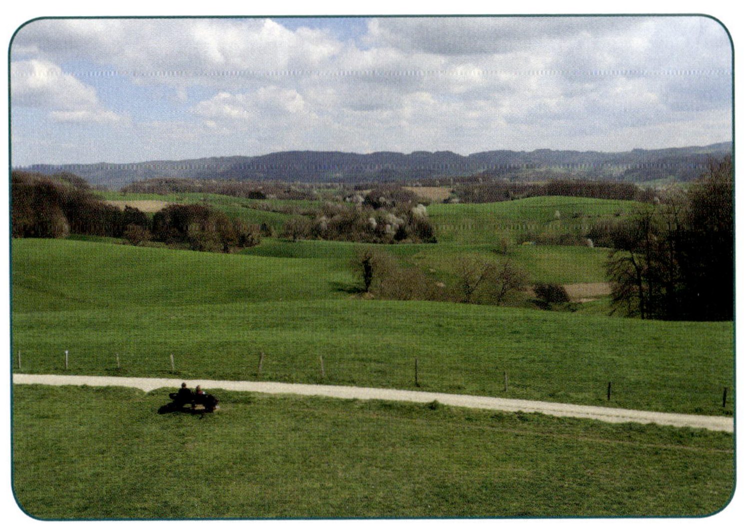

Bahnhof Hemsbach: An Gleis 1 stoßen Sie unmittelbar vor dem alten Bahnhofsgebäude auf die Bachgasse. Sie können sich für den gesamten Weg zum Turm am Wanderwegzeichen gelber Punkt orientieren. Der Verlauf der Bachgasse schlängelt sich durch die Altstadt von Hemsbach bis die Gasse nach knapp 700 m, kurz hinter der Kirche St. Laurentius, in die Landstraße (Bundesstraße B3) mündet. Wenige Meter links sehen Sie bereits den Mühlweg, in den Sie weitergehen und nach ca. 300 m rechts in den Oberen Zeilbergweg abbiegen. Nach gut 100 m erreichen Sie einen Wanderwegweiser, wo Sie sich nach links in einen Fußweg in Richtung Waldnerturm halten. Im weiteren Verlauf über einen Schotterparkplatz hinweg erreichen Sie ca. 100 m darauf im Wald eine Gabelung, an der Sie den Wegzeichen nach links folgen. Gegen Ende des Pfads kommen Sie an einem alten jüdischen Friedhof entlang und nahe einer Schutzhütte mündet der Pfad in einen Forstweg. Auf diesem breiten Weg wandern Sie nach links und am Ende des gut einen Kilometer langen Anstiegs treffen Sie erneut auf einen Wanderwegweiser. Von dort sind es nur noch ca. 150 m nach links zum Waldnerturm. Insgesamt ist der Weg vom Bahnhof zum Turm gut 3 km lang.

Ungefähr 600 m vom Turm entfernt befindet sich das Hotel-Restaurant „Der Watzenhof" (Balzenbach 2, 69502 Hemsbach). Die Gaststätte ist montags bis freitags von 17-22 Uhr, samstags von 12-22 Uhr sowie sonn- und feiertags von 12.00-20.30 Uhr geöffnet. Um dorthin zu gelangen, gehen Sie vom Turm aus zur Straße und folgen Sie dieser nach rechts für etwa einen halben Kilometer.

„Bergstraße-Weschnitztal, Nr. 8", hrsg. vom Geo-Naturpark Bergstraße-Odenwald und vom Naturpark Neckartal-Odenwald, 2016, 1:20.000, ISBN 978-3-931273-82-8.

TIPP

Der Hirschbergturm bei Weinheim ist nur etwa 3,2 km entfernt und Sie erreichen ihn, indem Sie dem Weiterwanderweg Odenwald-Vogesen mit dem roten Strich und dem mit einer blauen Burg markierten Burgensteig in südlicher Richtung folgen. Der Burgensteig nimmt unterwegs einen Umweg und stößt aber vor dem Hirschbergturm wieder zum roten Strich hinzu.

Quellen: Stadt Hemsbach (Hg.), „Hemsbach: vom Dorf zur Stadt", Ubstadt-Weiher 2011, S. 264; Turmbeschilderung der Ortsgruppe Hemsbach des Odenwaldklubs; Webseiten www.odenwald-wandern.de und www.wikipedia.de.

24 Schloss Hirschhorn (Hirschhorn)

Koordinaten (WGS84): 49° 26‘ 59,5“ N, 8° 53‘ 54,2“ O (49.449854°, 8.898400°)

Die eindrucksvolle Schlossanlage zählt zu den repräsentativsten Burgen des Neckar-Odenwald-Raums und gliedert sich über mehrere Ebenen in eine untere und obere Vorburg sowie die Kernburg. Der Bergfried befindet sich in der oberen Vorburg am höchsten Punkt der Anlage auf ca. 210 m Höhe. Im Volksmund wird er auch Hexenturm genannt: Einst wurde nämlich in der Gegend um Hirschhorn ein Zauberer gefangen genommen und im Turm eingesperrt, jedoch der Sage nach konnte er sich mittels seiner Zauberkünste befreien und unbemerkt entkommen.*

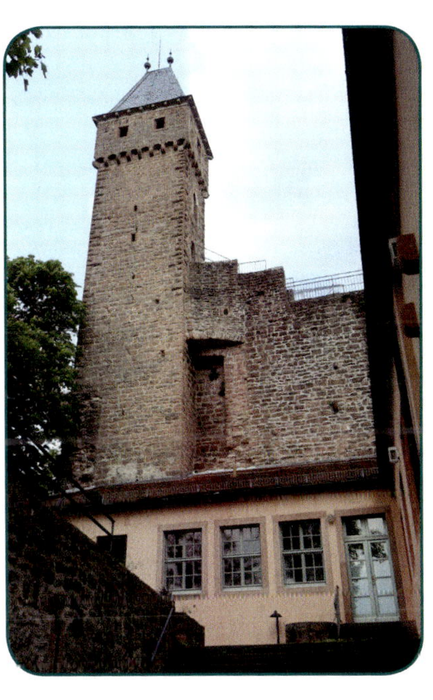

Die Hangburg wurde um 1250/60 von den „Herren vom Hirschhorn" errichtet, die vermutlich Lehnsleute des Klosters Lorsch waren und nach der Aufteilung des Klosters im Jahre 1232 zu kurmainzischen Vasallen wurden. Ein Ritter Johannes von Hirschhorn, der ab 1270 mehrfach in Erscheinung trat, war der erste Besitzer, der sich nach der Burg benannte. Durch das große finanzielle und politische Geschick von Engelhard I. von Hirschhorn erfuhr die zunächst überschaubare Kernburg im 14. Jhd. eine erste Ausbauphase, u.a. mit einem dreistöckigen steinernen Palas und einer Kapelle. Eines der ältesten, noch erhalten gebliebenen Bauteile ist die mächtige, etwa 14 m hohe, 20 m breite und 2,4 m dicke Schildmauer, an die sich auch der Bergfried anlehnt. Die rechteckige Kernburg wurde im Zuge der Erweiterungen immer wieder den aktuellen militärtechnischen Standards angepasst. Was den Bergfried angeht, wurde der ursprünglich gedrungene Turm romanischen Stils im Zuge des Burgumbaus im 14. Jhd. durch einen schlankeren gotischen Turmbau ersetzt.

---

* Quelle: Türk, Rainer, „Wanderungen zu den schönsten Burgen und Schlössern im Odenwald: Teil 2: Badische Bergstraße, Neckartal und fränkischer Odenwald", Lorsch: Brunnengräber 2007, S. 76.

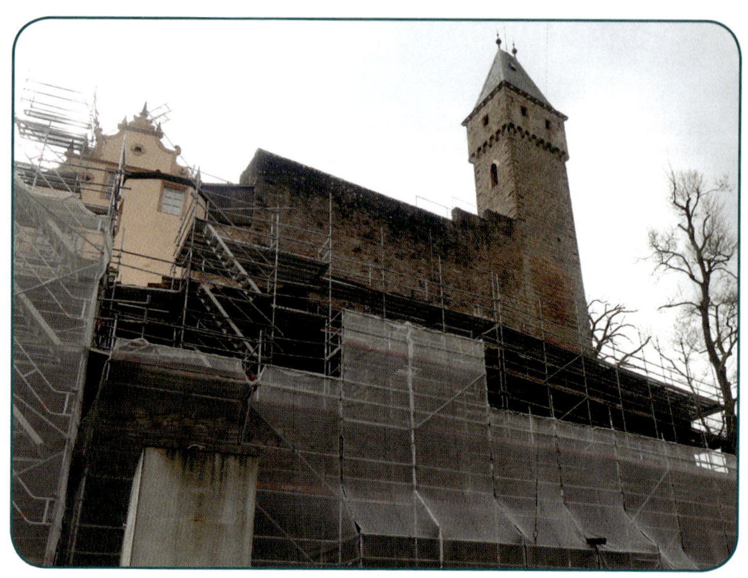

Dieser weist bei einer Höhe von 26 m eine Mauerstärke von nur 1-1,3 m auf. Im Laufe des 15. und 16. Jhds. wurde die Burg von den wohlhabenden Hirschhornern erheblich ausgebaut, sodass die Größe der Gesamtanlage heute etwa die Hälfte der Fläche der darunter liegenden Altstadt hat. 1598 begann unter Ludwig I. von Hirschhorn der Umbau zum repräsentativen Renaissanceschloss: Der hölzerne Aufbau des Turms wurde abgebrochen und durch ein steinernes Geschoss ersetzt. Nachdem der letzte Hirschhorner Ritter Friedrich im Jahre 1632 in Heilbronn verstarb, fiel das Schloss zunächst an Kurmainz zurück. Ab 1700 residierten nur noch Mainzer Amtsleute im Herrenhaus, dem sog. Hatzfeldschen Bau mit dem heutigen Hotel, und die Wehranlagen und die Wirtschaftsgebäude verfielen zunehmend. Nach der Säkularisierung Anfang des 19. Jhds. kam die gesamte Anlage zur Landgrafschaft Hessen-Darmstadt. Im Juni 1849 wurde das Schloss während der nachrevolutionären Unruhen drei Tage lang von Aufständischen gegen kurhessische Regierungstruppen verteidigt. Darunter waren auch drei gut einexerzierte Kompanien der „Hanauer Turnerwehr“, die sich jedoch am Ende wegen der Aussichtslosigkeit ihrer Lage absetzen mussten. Um den kontinuierlichen Verfall der Burganlage zu stoppen, begannen die Landgrafen 1884 mit den ersten Erhaltungsmaßnahmen, in deren Folge u.a. die Schildmauer erneuert wurde und der Bergfried das charakteristische Walmdach erhielt. Die letzte umfassende Sanierung des Schlosses wird aktuell in den Jahren 2019/2020 vom Landesbetrieb Bau und Immobilien Hessen für rund 2,8 Mio. Euro durchgeführt. Unter anderem bekommt der Hexenturm einen anderen Zugang und der Hotel- und Gaststättenbetrieb soll mit einer neuen Verpachtung ab Jahresanfang 2021 wieder anlaufen.

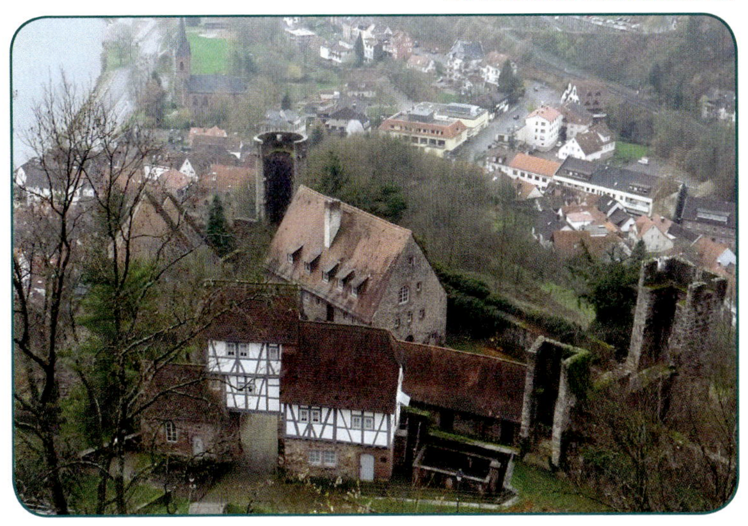

Der Blick geht vom Turm und von der Schildmauer in südlicher Richtung über die Stadt Hirschhorn ins Neckartal stromabwärts und nach Westen auf Ersheim am anderen Neckarufer. Nach Osten schaut man in Lachsbachtal und nördlich wird die Sicht durch den Berghang begrenzt.

Der Hexenturm ist wegen Sanierungsmaßnahmen derzeit nicht begehbar und eine Freigabe für die Öffentlichkeit wird voraussichtlich mit der geplanten Neuverpachtung ab 2021 erfolgen. Je nach Baufortschritt ist der Zugang für geführte Gruppen eventuell bereits ab dem Spätsommer 2020 möglich.

Schlosszufahrt ca. 200 m von Hainbrunner Straße 97, 69434 Hirschhorn: Folgen Sie in Hirschhorn den Hinweisschildern zum Schloss und fahren Sie auf der Hainbrunner Straße stadtauswärts nach Norden. Etwa 150 m hinter dem Ortsausgangsschild in Richtung Ober-Hainbrunn biegen Sie von der Hainbrunner Straße nach rechts zum Schloss ab. Nach gut 300 m macht die asphaltierte Zufahrtsstraße eine scharfe Rechtskehre. Ungefähr nach einem weiteren Kilometer stets geradeaus erreichen Sie den Naturpark-Parkplatz hinter dem Schloss..

Bahnhof Hirschhorn am Neckar: Vom Bahnhofsgebäude gehen Sie auf der Bahnhofstraße hinunter in Richtung Stadtmitte. Vorbei an einigen Informationstafeln zu den Hirschhorner Sehenswürdigkeiten halten Sie sich immer an der Bahnlinie entlang bis zur ungefähr 300 m entfernten Sparkasse. An dieser gehen Sie rechterhand vorbei, überqueren den Laxbach und kom-

men so zu einer Kreuzung mit zwei Zebrastreifen. Über die beiden Zebrastreifen hinweg gelangen Sie auf der anderen Straßenseite in die Fußgängerzone (Hauptstraße). Bereits nach ca. 20 m biegen Sie in der Fußgängerzone am ehemaligen Böcklestor links in den historischen Schafweg ab. Nach einem Aufstieg von etwa 250 m auf dem alten Treppenweg erreichen Sie die Schlossmauern. Kurz hinter einer Rastmöglichkeit mit Tisch und Bänken treffen Sie auf den Neckarsteig (blaues N) und auf den rechten Neckarrandweg (rotes R) und folgen den Wegzeichen hinauf zum Schlosshof. Nach Durchqueren des Torbogens gehen Sie über weitere Treppen hinauf direkt auf den schlanken Hexenturm zu. Die Entfernung vom Bahnhof zum Turmeingang beträgt knapp einen Kilometer.
Alternativ können Sie in der Fußgängerzone den bereits erwähnten Wandermarkierungen rotes R und blaues N folgen. Der ungefähr 250 m längere Weg führt im Verlauf hinter dem Stadttor-Kirchturm nach links und an der kleinen Klosterkirche vorbei ebenfalls hinauf zum Schloss. Diesen Weg können Sie auch als Rückweg in die Altstadt wählen.

In der Hirschhorner Altstadt finden Sie in der Fußgängerzone das griechische Restaurant Poseidon, das Hirschhorner Kartoffelhaus (*www.kartoffelhaus-hirschhorn.de*), die Pizzeria mit Eiscafé Bei Pepe und das Bistro-Café Hirschhörnchen.

„Neckartal-Odenwald, Nr. 13", hrsg. vom Geo-Naturpark Bergstraße-Odenwald und vom Naturpark Neckartal-Odenwald, 2017, 1:20.000, ISBN 978-3-931273-89-7.

TIPP

Jedes Jahr findet am ersten Sonntag im September und am vorangehenden Samstag das beliebte Hirschhorner Ritterfest statt: 2020 bereits zum 44. Mal. Neben rund 100 Handels- und Handwerksständen vermitteln u.a. Ritterkämpfe und die Darbietungen von Spielleuten und Tänzern eine mittelalterliche Atmosphäre. Es wird ein Wegzoll von 7,00 Euro erhoben; Kinder unter „Schwertmaß" haben freien Zugang und Gewandete erhalten ermäßigten Eintritt (4,00 bzw. 6,00 Euro). Weitere Informationen finden Sie unter *www.hirschhorner-ritter.de.*

Quellen: Ulrich Spiegelberg auf der Webseite der Stadt Hirschhorn www.hirschhorn.de und dergl. „Zur Geschichte der Herren von Hirschhorn und Baugeschichte ihrer Burg Hirschhorn", in: Marburger Correspondenzblatt zur Burgenforschung, 5. Jg., 2007, S. 27-50; Biller, Thomas, „Burgen und Schlösser im Odenwald", Regensburg 2014, S. 137-143; Irschlinger, Robert, „Die Geschichte der Herren von Hirschhorn", Neustadt/Odenwald 1969; Knappe, Rudolf, „Mittelalterliche Burgen in Hessen", Gudensberg-Gleichen 1994, S. 562-564; Steinmetz, Thomas, „Burgen im Odenwald", Brensbach 1998, S. 84 f., 181; Webseite lbih.hessen.de.

25 Ruine Starkenburg (Heppenheim)

Koordinaten (WGS84) des Südwestturms: 49° 38‘ 45,5“ N, 8° 38‘ 52,1“ O (49.645972°, 8.647818°)

Die Ruine steht auf dem 295 m hohen Schlossberg und ist die älteste steinerne Höhenburg im südhessischen Raum und eine der ältesten Höhenburgen Deutschlands.

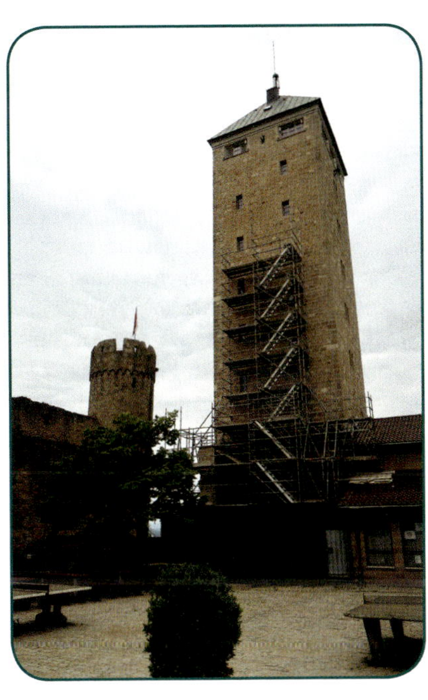

Im Jahre 1065 veranlasste Erzbischof Adalbert von Hamburg-Bremen, der Erzieher und Berater des gerade für rechtsmündig erklärten Königs Heinrich IV. war, den 15-jährigen Throninhaber dazu, ihm die wohlhabende Reichsabtei Lorsch zu schenken. Der damalige Abt Udalrich widersetzte sich dieser Schenkung und die adeligen Gefolgsleute und Ministerialen des Klosters fingen noch im selben Jahr an, auf dem später Burcheldon (Burghang) genannten Berg eine Befestigungsanlage aus Holzbauten und Erdwällen zu errichten. Der Angriff Adalberts im Folgejahr wurde abgeschlagen und Heinrich IV. musste auf Druck der Reichsfürsten nicht nur die Schenkung rückgängig machen, sondern Adalbert auch als Berater entlassen.
Schon bald darauf wurde die hölzerne Anlage durch Steinbauten mit Hauptturm, Ringmauer und einem befestigten Tor ersetzt. Der Name Starkenburg taucht erstmals im Jahre 1206 als Herkunftsbezeichnung eines Ritters Hugo von Starckimberg auf, der vermutlich als Vasall des Lorscher Reichsklosters auf der Burg residierte. Allerdings war dies nur eine kurze Episode, denn im Gegensatz zu anderen mittelalterlichen Adels- oder Lehensburg wurde die Starkenburg von ihren Eigentümern nicht als Lehen ausgegeben, sondern von wechselnden Ministerialen, Vögten, Burggrafen, Burgmannen und Kommandanten verwaltet. Mit Auflösung des Reichsklosters durch Kaiser Friedrich II. gelangte die Schutzburg 1232 offiziell ans Erzbistum Mainz. Es dauerte nahezu 40 Jahre bis die Mainzer Erzbischöfe es schafften, die Benediktinermönche zu vertreiben und sich mit der Kurzpfalz über Territorialfragen bei

der Aufteilung der Lorscher Besitzungen zu einigen. Wahrscheinlich in der zweiten Hälfte des 13. Jhds. entstand anstelle eines runden Wohnturms in der Mitte des Burghofs ein quadratischer Bergfried mit einer Seitenlänge von 7,9 m und einer Höhe von 28 m als Symbol für den Mainzer Machtanspruch. In der Folgezeit bauten Mainzer Burggrafen und Burgmannen die Anlage zu einer spätmittelalterlichen Kastellburg aus. Im 14. Jhd. wurde das architektonische Konzept u.a. mit vier runden Ecktürmen an der bereits bestehenden Ringmauer vervollständigt, von denen drei Türme noch heute erhalten und restauriert sind. Die Amtsburg erfüllte vorwiegend Verwaltungsfunktion und trat militärisch kaum in Erscheinung. Als 1460/61 der Konflikt zwischen Kurmainz und der Kurpfalz eskalierte, wurde der Mainzer Erzbischof gezwungen, die Burg samt der Stadt zu verpfänden. Die Burganlage wurde von den Kurpfälzern u.a. mit einem zweiten kleinen Zwinger östlich der Schildmauer militärisch ertüchtigt, an dessen nord- und südöstlicher Ecke je ein Geschützturm (heute Kanonen- und Küchenturm) errichtet wurde. Im Dreißigjährigen Krieg wechselten sich auf der Burg spanische, schwedische und kaiserlich-bayerische Besatzungstruppen ab, zerstörten diese aber nicht. Am Ende des Kriegs war die Burg nach Rückzahlung der Pfandsumme wieder in Mainzer Hand und zwischen 1678 und 1724 fand ein Umbau zur Festungs- und Wirtschaftsburg statt: nach französischem Vorbild entstanden die nordwestliche Bastion mit sternförmigen Erdschanzen und die obere Toranlage; zudem wurde der hintere Zwinger mit den Geschütztürmen verändert. So konnten wenige Jahre darauf im Pfälzischen Erbfolgekrieg die Angriffe französischer Truppen unter General de Mélac und Marschall de Lorges abgewehrt werden. Nach dem Abzug der Kurmainzer Garnison 1765 begann der langsame Verfall der Burg. Zunächst wurde sie auf Abbruch versteigert, um die Unterhaltskosten einzusparen, aber Erzbischof Friedrich Karl Joseph von Erthal ließ die Arbeiten 1786/87 stoppen. Der Alte Bergfried, die Rundtürme und die Burgmauern blieben so erhalten. Nach Auflösung des Mainzer Kurstaats kam die Burg ans Großherzogtum Hessen-Darmstadt, das 1877 mit ersten Instandhaltungsmaßnahmen begann. Der bereits im Jahre 1768 nach einem Blitzschlag ausbrannte Bergfried musste 1924 wegen Einsturzgefahr gesprengt werden. Als Ersatz wurde 1928 bis 1930 ein neuer Bergfried gebaut, der jedoch nicht an alter Stelle in der Hofmitte, sondern an dessen Westseite errichtet wurde. Im Spätherbst 1930 wurde in einem Teil des Turms eine sogenannte „Selbstversorgerjugendherberge" mit vier Turmzimmern und Küche in Betrieb genommen. Der quadratische Turmkörper hat eine Kantenlänge von ca. 8,6 m und ist 38 m hoch. Er besaß zunächst ein Flachdach und im Herbst 1958 wurde mit dem Ausbau der Jugendherberge das heutige Zeltdach errichtet. Der Turm hat in der obersten Etage eine geschlossene verglaste Aussichtsplattform. Mit der Errichtung des neuen Bergfrieds begann der allmähliche Wiederaufbau der Burg, der sich bis heute fortsetzt.

Von der Kernburg blieben große Teile der Ringmauer mit drei von ursprünglich vier Ecktürmen sowie die Mauern eines schmalen Zwingers mit einem Rundturm und der südlich vorgelegten Vorburg (großer Zwinger) erhalten. Der nordöstliche Turm stammt im unteren Teil vermutlich aus dem 13. Jhd. und der obere Teil wurde, wie bei den anderen Ecktürmen, im 20. Jhd.

neu aufgebaut. Beim Blick über die Mauer sieht man die östlich vorgelagerte Zwingeranlage, die um 1500 entstand und links und rechts von zwei runden Geschütztürmen flankiert wird. Der südöstliche Turm wurde wahrscheinlich beim Ausbau der Burg unter Erzbischof Peter von Aspelt im 14. Jhd. errichtet und ist derzeit nicht zugänglich. Der Südwestturm der Ringmauer wurde 1964 anstelle eines ebenfalls aus dem 14. Jhd. stammenden Vorgängers neu aufgemauert und 2004 begehbar gemacht.

Den Eingang in den Südwestturm erreicht man vom oberen Burghof aus über acht Stufen. Im Turminnern führt eine stählerne Wendeltreppe mit insgesamt 67 betonierten Stufen hinauf zur Aussichtsplattform. Während des Aufstiegs gibt es drei Zwischenabsätze, von denen aus man durch schmale Schießscharten bereits erste Ausblicke bekommen kann. Der Wehrturm an der Südwestecke des kleinen Zwingers zum unteren Burghof hin wird wegen der eng nach oben führenden Wendeltreppe auch als Schneckenturm bezeichnet. Er kann ganzjährig begangen werden: durch einen niedrigen Eingang und über die 14-stufige Wendeltreppe gelangt man zur Aussichtsplattform.

Vom Südwestturm aus sieht man nach Osten hin über Kirschhausen hinweg bis zur Tromm und nach Süden erkennt man den Sendeturm auf dem Weißen Stein. In südwestlicher Richtung sieht man die Silhouette von Mannheim und bei sehr guter Sicht kann man sogar bis ins Elsaß schauen. Nach Westen geht der Blick über Heppenheim hinweg in die weite Rheinebene bis zum Pfälzerwald. In nördlicher Richtung ist die Sicht durch den größeren Bergfried versperrt. Im Vorhof bei der Burgschänke befindet sich ein Münzfernrohr, mit dem man den Ausblick in die Rheinebene verbessern kann.

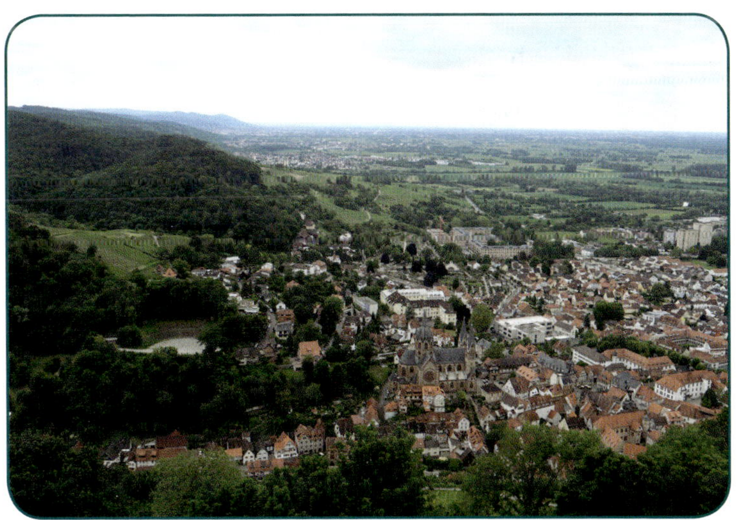

Der wenige Meter vom Bergfried entfernte Südwestturm und ein kleiner Turm an der südwestlichen Zwingerecke sind ganzjährig frei zugänglich. Die Aussichtsplattform des Bergfrieds wurde vom TÜV aufgrund mangelhaften Blitzschutzes gesperrt und eine Wiedereröffnung ist wegen des großen Aufwands für die Instandsetzung nicht absehbar.

Starkenburgweg, 64646 Heppenheim: Fahren Sie auf dem mit Kopfsteinen gepflasterten Starkenburgweg bis Sie an dessen Ende zum Wanderparkplatz Starkenburg kommen. Gehen Sie von dort aus einen gepflasterten Weg bergan, der mit der blauen Burg des Burgensteigs markiert ist. Nach etwa 50 m kommen Sie an der Starkenburg-Sternwarte vorbei und insgesamt ist es etwa ein halber Kilometer bis hinauf zur Burg.

Bahnhof Heppenheim an der Bergstraße: Vom Bahnhofsgebäude aus überqueren Sie die Kalterer Straße und gehen in die Bahnhofstraße; folgen Sie dabei zunächst der Wandermarkierung mit dem umgekehrten gelben T. Nach knapp 150 m biegen Sie rechts in die Neckarstraße ab und bei der nächsten Möglichkeit halten Sie sich nach links. Gut 150 m weiter geht es geradeaus in die Ernst-Schneider-Straße. An der großen Ampelkreuzung überqueren Sie die Ludwigstraße und gehen in die Fußgängerzone. Am Ende der Zone halten Sie sich an der Starkenburgpassage nach links. An dieser Stelle sehen Sie auch einen Wanderwegweiser und können für den restlichen Weg der blauen Burg des Burgensteigs folgen. Überqueren Sie eine weitere Ampelkreuzung und folgen Sie dem Hinweisschild zur Starkenburg und den Wanderwegzeichen in den Starkenburgweg. Auf der mit Kopfsteinen gepflasterten Straße geht es stetig bergan. Nach knapp 300 m biegt der rote Strich des Weitwanderwegs Odenwald-Vogesen rechts ab, aber Sie folgen weiter der blauen Burg und auch dem gelben B des Blütenwegs. Nach weiteren gut 300 m müssen Sie sich vom gelben B trennen und folgen nur noch der blauen Burg. Bereits ca. 20 m darauf weist das Burgsymbol nach rechts in den Fußweg zur Starkenburg. Bleiben Sie gut 600 m auf dem asphaltierten Kanonenweg bei schöner Aussicht über Heppenheim. Dann wechseln Sie bei einer kleinen Hütte in einen Treppenweg bergauf. Nach einem kräftigen Anstieg von etwa 300 m erreichen Sie die Burg. Bis zum Bergfried sind es noch ca. 150 m und insgesamt ist der Fußweg vom Bahnhof bis zur Burg gut 2,5 km lang.

Alternativer Rückweg: Wer nicht denselben Weg zurückgehen möchte, kann an der unteren Burgmauer den gepflasterten Weg hinunterwandern und dabei weiter der blauen Burg folgen. Nach ungefähr 400 m erreichen Sie die Starkenburg-Sternwarte und knapp 50 m weiter kommen Sie zum Wanderparkplatz Starkenburg. Der Burgensteig weist zusammen mit einigen anderen Wanderwegzeichen rechterhand in einen gut befestigten Weg. Nochmals gut einen halben Kilometer weiter treffen Sie an einer Abzweigung auf den bereits bekannten roten Strich. Diesem Wegzeichen können Sie nach rechts auf dem asphaltierten Weg bergab zurück nach Heppenheim folgen. Nach ungefähr 1,7 km treffen Sie wieder auf den mit Kopfsteinen gepflasterten Starkenburgweg und von dort ist der Rückweg bereits bekannt: erst hinunter zur Ampelkreuzung bei der Starkenburgpassage, dann hinter der Passage in die Fußgängerzone und immer in gerader Richtung im Verlauf über die Ludwigstraße hinweg und an der Post vorbei zum Bahnhof. Insgesamt ist der Rückweg fast 4 km lang.

Im unteren Burghof ist im Küchenturm und einem angrenzenden Gebäude die Burgschänke untergebracht, die mit einer schönen Aussichtsterrasse zum Verweilen einlädt. Die Öffnungszeiten sind von April bis Oktober mittwochs bis freitags ab 14 Uhr sowie samstags, sonn- und feiertags bereits ab 12 Uhr. Im November und März ist nur samstags, sonn- und feiertags ab 12 Uhr geöffnet. Von Dezember bis Februar kann für Gruppen nach Vereinbarung geöffnet werden. Nähere Informationen finden Sie unter *www.burgschaenke-starkenburg.de.*

„Bergstraße-Weschnitztal, Nr. 8", hrsg. vom Geo-Naturpark Bergstraße-Odenwald und vom Naturpark Neckartal-Odenwald, 2016, 1:20.000, ISBN 978-3-931273-82-8.

TIPP

Von Mai bis September finden an jedem ersten Sonntag im Monat um 14 Uhr öffentliche Burgführungen statt. An Ostern gibt es Sonderführungen und Gruppenführungen sind auf Anfrage bei der Heppenheimer Touristinformation (Telefon: 06252/13-1171, E-Mail: *tourismus@stadt.heppenheim.de*) auch zu anderen Terminen möglich. Der Treffpunkt für die Führungen ist im unteren Burghof. Bei der Touristinfo gibt es außerdem eine informative Burg-Broschüre, die auch auf der Webseite *www.heppenheim.de* unter „Heppenheim erleben – Sehenswürdigkeiten – Starkenburg" als pdf-Datei heruntergeladen werden kann.

In der Starkenburg-Sternwarte finden jeden Dienstagabend öffentliche Vorträge und im Winterhalbjahr freitagabends öffentliche Beobachtungsabende statt (nähere Informationen unter *www.starkenburg-sternwarte.de*).

Quellen: Biller, Thomas, „Burgen und Schlösser im Odenwald", Regensburg 2014, S. 92-95; Härter, Karl (Hg.), „950 Jahre Starkenburg bei Heppenheim", Heppenheim 2015; Knappe, Rudolf, „Mittelalterliche Burgen in Hessen", Gudensberg-Gleichen 1994, S. 572 ff.; Webseite www.heppenheim.de (mit Burgführer als pdf-Datei).

26 Aussichtsturm Alte Schanze (Klingenberg am Main)

Koordinaten (WSG84): 49° 46‘ 44,7“ N, 9° 11‘ 19,0“ O (49.77909°, 9.188620°)

Auf der rechten Mainseite steht auf dem 293 m hohen Schlossberg ein sehenswerter Aussichtsturm. Dieser im Spessart gelegene Turm bietet einen exzellenten Blick über den nördlichen Odenwald.

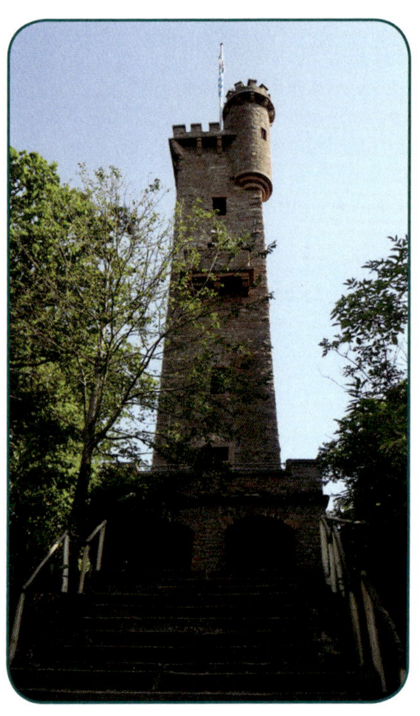

Einst existierte in der Umgebung des Turms eine frühmittelalterliche Ringwallanlage, die sogenannte „Alte Schanze“, die vermutlich gegen die Einfälle ungarischer Reiterhorden errichtet worden war. Später wurde die Heinburg gebaut, von der heute nur noch Bodenreste vorhanden sind. Im Jahre 1903 erbaute die Stadt Klingenberg zur Förderung des Fremdenverkehrs den Aussichtsturm mit einer Plattform in 22 m Höhe. Finanziert wurde das Bauprojekt durch die Einnahmen aus dem damals florierenden städtischen Tonbergbau. Kurz vor Kriegsende wurde der Turm 1945 durch Artilleriebeschuss schwer beschädigt. Nach einer provisorischen Instandsetzung erfolgte im Jahre 1953 die Wiedereröffnung bis der Turm 1998 erneut wegen Baufälligkeit vorerst gesperrt werden musste. In den Jahren 2002/2003 fand durch den Förderverein Historisches Klingenberg im Auftrag der Stadt eine Generalsanierung statt, sodass der Turm am 31.05.2003 in neuem alten Glanz wieder eingeweiht werden konnte.

An beiden Seiten des Turms führen jeweils 15 Stufen zu einer kleinen Terrasse, von der aus man ins Maintal blicken kann. Von der Terrasse aus gelangt man ins Turminnere, wo eine Holzwendeltreppe mit 91 Stufen hinauf zur Aussichtsplattform führt. Der Aufstieg ist durch zahlreiche vergitterte Maueröffnungen gut beleuchtet.

Der Blick geht ins Maintal in Richtung Odenwald von Wörth am Main im Nordwesten bis Kleinheubach im Südwesten; direkt unterhalb befindet sich die Mainschleuse mit dem Klingenberger Stadtteil Trennfurt auf der anderen Uferseite. Zur Spessartseite hin ist eine Fernsicht durch die hochgewachsenen Bäume nicht möglich.

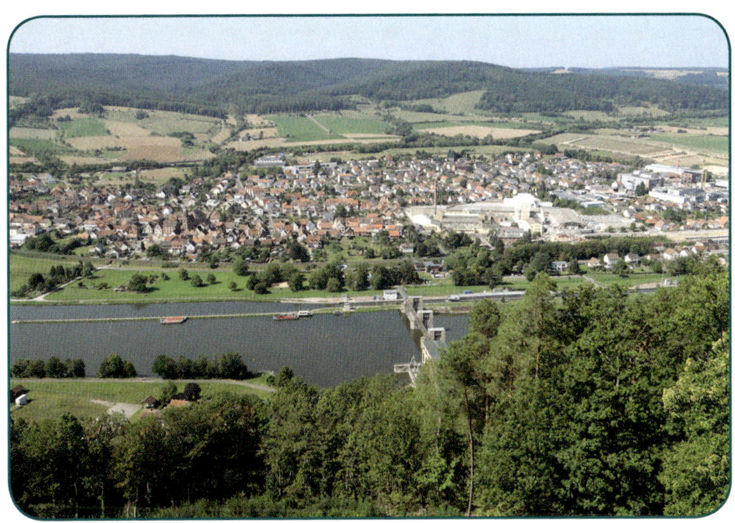

Der Turm ist in der Regel samstags, sonn- und feiertags sowie am letzten Mittwoch im Monat von 11-17 Uhr geöffnet. Um eine Spende zum Unterhalt des Turms wird gebeten. **In den Sommerferien bleibt der Turm für drei Wochen geschlossen. Die Öffnungszeiten stehen in einem Kalender, den Sie auf der Webseite des Wanderheims unter *www.wanderheim-klingenberg.de* als pdf-Datei herunterladen können.**

Clingenburgstraße 5, 63911 Klingenberg am Main: Die Clingenburgstraße führt hinauf zur Burgruine, wo Sie kurz vor dem Café-Restaurant Burgterrasse Clingenberg parken können. Folgen Sie in Klingenberg den Hinweisschildern zur Burg; von der Bergwerkstraße biegen Sie gegenüber einer Bruchsteinmauer zur Clingenburg ab. Folgen Sie ab der Burg der Wegbeschreibung für die Anreise mit der Bahn.

Alternative Möglichkeit: Fahren Sie in die Straße „Schlucht" (Sackgasse); nach ca. 100 m erreichen Sie einen gebührenfreien Parkplatz (wochentags mit Parkscheibe für zwei Stunden). Gehen Sie auf der Straße knapp 100 m zurück und folgen Sie der Wegbeschreibung für die Anreise mit der Bahn in den Treppenweg hinauf zur Burg.

Bahnhof Klingenberg am Main: Vom Bahnhofsgebäude aus sehen Sie bereits die Clingenburg und rechterhand davon auf dem Bergrücken zwischen den Bäumen den Aussichtsturm. Gehen Sie am besten auf der rechten Straßenseite über die Mainbrücke und halten Sie sich am Kreisverkehr geradeaus in Richtung Elsenfeld und Erlenbach. Bleiben Sie auf der Rathausstraße für gut 300 m und folgen Sie gegen Ende einer Linkskurve dem Hinweisschild zur Clingenburg nach rechts in eine Sackgasse („Schlucht"). Nach ca. 30 m gehen Sie den **Treppenweg** hinauf und am Ende des ungefähr 250 m langen Anstiegs erreichen Sie die Burg. Insgesamt ist die Wegstrecke vom Bahnhof ab etwa 800 m lang. Auf dem Weg zwischen **Burgeingang** und Burgrestaurant befindet sich an der Bergseite ein Hinweisschild zum Aussichtsturm. Gehen Sie in den gepflasterten und leicht ansteigenden Fußweg, der bereits mit den Symbolen des Esskastanienlehrpfads und des Wanderwegs K1 gekennzeichnet ist; das Zeichen des Lehrpfads ist eine Eule mit einer Esskastanie in einer Sprechblase. Kurz hinter der Toilettenanlage erreichen Sie den Einstieg in den Lehrpfad. Unmittelbar hinter der ersten Informationstafel biegt der Lehrpfad nach rechts und gut 50 m darauf links ab. Sobald der Pfad auf einen breiten Weg trifft, halten Sie sich auf diesem nach rechts. In der nächsten Linkskurve biegt der K1 nach links bergauf in einen direkten Weg zum Aussichtsturm ab, aber Sie folgen dem Lehrpfadsymbol an der Tafel 2 vorbei auf dem nur leicht ansteigenden Weg. Im Verlauf kommen Sie wenige Meter hinter Tafel 6 an einer zweiten Möglichkeit vorbei, wo es über eine Treppe zum Aussichtsturm geht. Halten Sie sich noch gut 200 m geradeaus und gehen Sie erst beim dritten Hinweis auf den Turm kurz vor einem weiteren Einstiegstor in den Lehrpfad scharf nach links bergauf. Sie erreichen den Turm bei etwa drei Streckenkilometern vom Bahnhof aus gerechnet.
Für den Rückweg gehen Sie vom Turm zunächst wieder den Treppenaufgang hinunter zum Lehrpfad und folgen dem Wegweiser nach rechts in Richtung Clingenburg. Nach ca. 200 m über einen Querweg hinweg wandern Sie knapp 100 m hinter der Tafel 12 scharf nach links bergab. Etwa 150 m darauf gabelt sich der Weg und folgen Sie den Wegzeichen nach links, um auch noch an der letzten Informationstafel vorbeizukommen. Sobald Sie wieder auf die Rastbank bei Tafel 2 treffen, halten Sie sich auf dem bereits bekannten Weg nach rechts. Knapp 100 m darauf biegen Sie links ab, halten sich am Ende des Treppenabstiegs nach rechts und kehren schließlich an der Tafel 1 vorbei zur Burgruine zurück. Von der Burg aus gehen Sie wieder den Treppenweg hinunter in die Stadt und auf der Rathausstraße und über die Brücke erreichen Sie den Bahnhof auf der anderen Uferseite. Die gesamte Tour vom Bahnhof über die Burg und den Aussichtsturm und zurück ist knapp 5 km lang.

Seit 1965 bietet die Ortsgruppe Klingenberg des Wandervereins Spessartbund e.V. an den Öffnungstagen des Turms in der Wanderhütte ab 11 Uhr einfache und regionaltypische Speisen und Getränken an.

„Maintal-Odenwald, Nr. 7", hrsg. vom Geo-Naturpark Bergstraße-Odenwald und vom Naturpark Neckartal-Odenwald, 2018, 1:20.000, ISBN 978-3-947593-00-2.

TIPP

An der Clingenburg beginnt der ca. 2,6 km lange Klingenberger Esskastanien-Lehrpfad des Naturparks Spessart und der Städtischen Forstverwaltung Klingenberg. Auf 13 Informationstafeln gibt es neben kulturgeschichtlichen Inhalten auch Themen wie Klimawandel, Nutzen und Verwendung von Edelkastanien sowie Tipps und Tricks für Kastaniensammler. Dieser Lehrpfad führt auf einem etwas längeren, aber dafür weniger steilen Weg unmittelbar unterhalb des Aussichtsturms vorbei. Die obige Wegbeschreibung gibt auch den Verlauf des Lehrpfads wieder.

Die Clingenburg wurde um das Jahr 1100 von Conradus Colbo erbaut, dem Mundschenk von Kaiser Friedrich I., genannt Barbarossa. Um 1870 kaufte die Stadt Klingenberg aus den Gewinnen des städtischen Tonbergwerks die Burg und richtete sie als Festplatz für Burgspiele und Theateraufführungen her. Seit 1994 finden jährlich von Ende Mai bis etwa Mitte August die überregional bekannten Clingenburg Festspiele mit einem vielfältigen Veranstaltungsprogramm statt. Nähere Informationen finden Sie unter *www.clingenburg-festspiele.de.*

Das Café-Restaurant Burgterrasse Clingenberg lädt in der Sommersaison täglich (außer dienstags) von 11.30-21.00 Uhr zu gut bürgerlicher Küche ein. Während der Winterzeit ist mittwochs bis sonntags von 11.30-18.00 Uhr geöffnet. Nähere Informationen finden Sie unter *www.burgterrasse.de.*

Quelle: Hinweistafel am Turm und Informationstafel des Vereins Archäologisches Spessart-Projekt vor Ort; Webseite www.stadt-klingenberg.de.

27 Kaiserturm (Lautertal-Gadernheim)

Koordinaten (WGS84): 49° 43‘ 08,1“ N, 8° 46‘ 12,6“ O (49.718915°, 8.770156°)

Der zu Ehren von Kaiser Wilhelm I. benannte Turm steht auf dem Gipfel der Neunkircher Höhe, mit 605 m über dem Meeresspiegel der höchste Berg im hessischen Odenwald und der zweithöchste Berg im Odenwald.

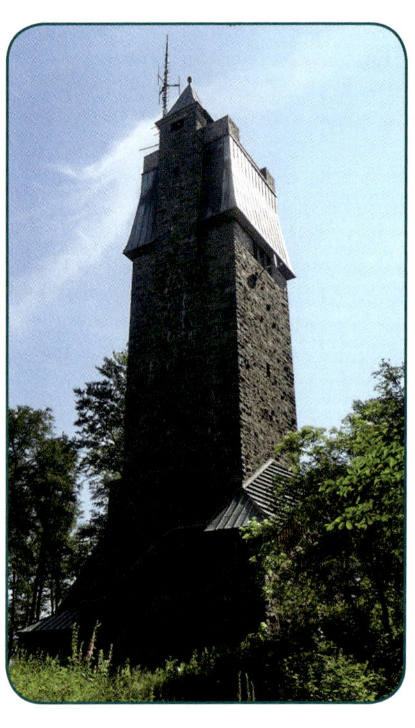

Schon 1888 ließ die Ortsgruppe Darmstadt des Odenwaldklubs (OWK) auf der Neunkircher Höhe ein 24 m hohes Aussichtsgerüst aus Holz errichten, das allerdings im Februar 1904 durch einen Wintersturm umgerissen wurde. Bereits ein Jahr darauf sammelten die Darmstädter Wanderfreunde durch ein Preisausschreiben Vorschläge für einen neuen, steinernen Turm. Aus den insgesamt 172 eingegangenen Entwürfen wurde der von den Regierungsbauführern Ernst Hacker und Wilhelm Jaide aus Darmstadt unter dem Kennwort „Auf luftiger Höhe“ einsandte Entwurf mit dem ersten Preis ausgezeichnet und mit nur wenigen Änderungen auch ausgeführt. Der eindrucksvolle, aus Granitquadern gebaute Turm konnte am 07.06.1907 zum 25-jährigen Bestehen der Ortsgruppe Darmstadt eingeweiht werden. Das fünfgeschossige Bauwerk hat einen quadratischen Grundriss mit einer Kantenlänge von 6,5 m und eine Höhe von 34 m. An der Westseite ist ab etwa 18 m Höhe ein leicht aus dem Turmkörper herausragender Treppenturm mit steilem Zeltdach angebaut. Den eigentlichen Turmeingang erreicht man über einen außen am Turm angebauten, überdachten Treppenaufgang aus Stein. Über 14 Stufen kommt man zunächst zur Gaststätte und weitere 19 Stufen führen zum Turmeingang. Im Innern gelangt man über eine Stahltreppe mit insgesamt 96 Stufen über drei Ebenen ins fünfte Obergeschoss. Von dort geht es weiter über eine Metallwendeltreppe mit 16 Stufen zur Aussichtsplattform, die mit einer stabilen Tür aus Glas und Metall verschlossen werden kann. Vom Betreten des Turms bis hinauf zur Plattform sind es zusammen 145 Stufen. Die Baukosten betrugen insgesamt 30.000 Mark und wurden durch Spenden aufgebracht. Ebenfalls mit Spenden sowie durch Eintrittsgelder und öffentliche Zuschüsse des Landes Hessen, der Landkreise Darmstadt-Dieburg und Bergstraße und der Stadt Darmstadt wurde die aufwändige Sanierung von 1981 bis 1986 finanziert. Aufgrund der hohen Unterhaltskosten hat der OWK Darmstadt den Turm Ende der 1990er Jahre ans Land Hessen verkauft.

Von der Aussichtsplattform hat man einen weiten Blick über den Odenwald: z.B. auf Reichenberg mit seinem Schloss im Osten, Rimbach und die Tromm im Süden und in westlicher Richtung auf den Melibokus. Nach Westen hin sieht man über die Rheinebene auch bis zum Pfälzerwald und im Norden kann man bei guter Sicht über das Hessische Ried hinweg die Frankfurter Skyline und den Taunus erkennen. Bei sehr guter Sicht sind auch der Soonwald und der Spessart zu sehen. Auf der Plattform befinden sich an drei Turmecken historische Orientierungstafeln aus dem Jahre 1909 mit Sichtzielen.

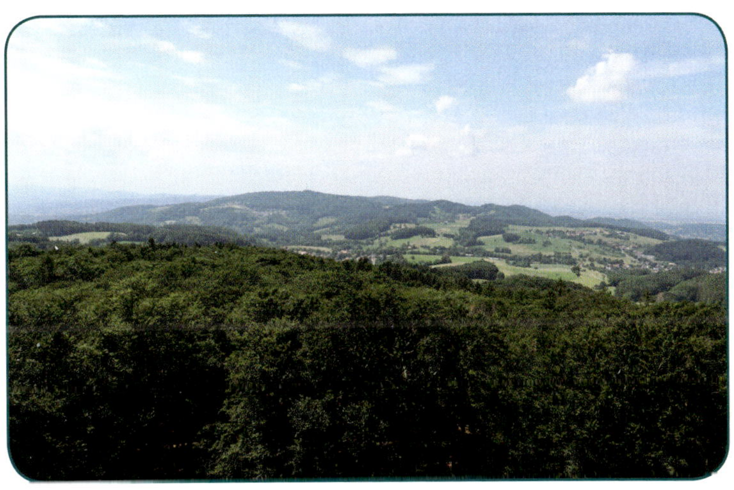

Der Turm kann nur zu den Öffnungszeiten der Gaststätte bestiegen werden (siehe unten). Der Aufgang kostet für Erwachsene und für Kinder ab 6 Jahre jeweils 1,00 Euro. **Beachten Sie, dass der Turm an einzelnen Wochenenden urlaubsbedingt geschlossen sein kann.** Die Urlaubstermine können während der Öffnungszeiten des Kaiserturms telefonisch unter 06254/7145 erfragt werden. Sollten die Gaststätte und der Turm geschlossen sein, befinden sich Hinweisschilder an den Zuwegen.

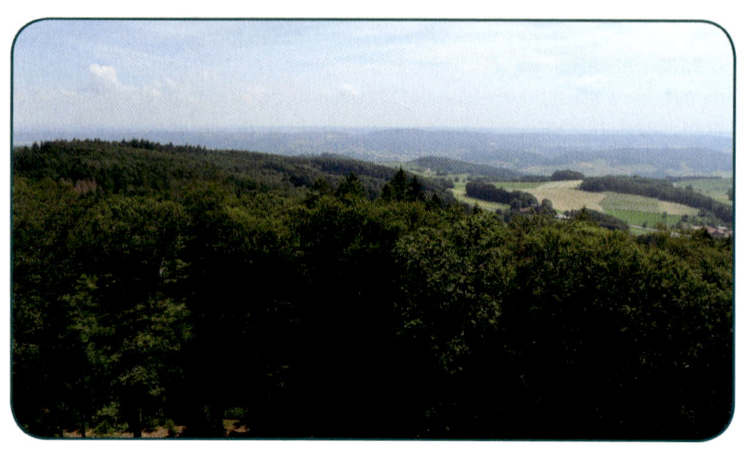

Der Zufahrtsweg ist für den öffentlichen Verkehr gesperrt und Sie erreichen den Turm am besten von Neunkirchen aus nach einer kurzen Wanderung.* **Parken Sie am Hotel-Restaurant Höhenhaus (Neunkirchen 37, 64397 Modautal-Neunkirchen).** Am Rande des großen Parkplatzes finden Sie bei der Kirche St. Cosmas und Damian einen Wanderwegweiser. Folgen Sie u.a. den örtlichen Wanderwegen J1 (St.-Jost-Pilgerweg) und dem N2 (Kaiserturm-Weg) über den Parkplatz in Richtung Kaiserturm; dem N2 können Sie sich auf der gesamten Rundwanderung anvertrauen. Über die Landstraße L3399 hinweg halten Sie sich geradeaus in die Straße Neunkirchen. Nach gut 50 m gehen Sie dem J1 und dem N2 folgend an der Hausnummer 29 links entlang. Stetig bergan wandern Sie auf dem breiten Weg durch den Wald. Im Verlauf an einer Schutzhütte vorbei geht es in einen breiten Pfad und gut 250 m hinter der Hütte passieren Sie einen Radarturm der Deutschen Flugsicherung. Die Zufahrt zum Radarturmgelände überquerend weisen die Wegzeichen weiter geradeaus; zusätzlich kommt das rote A des Alemannenwegs hinzu. Nach gut 300 m treffen Sie auf einen Schotterweg, wo jetzt etliche weitere Wandermarkierungen geradeaus zum Kaiserturm weisen. Ungefähr 300 m weiter biegen die regionalen Wanderwege nach links in einen Pfad ab: Sie können an dieser Stelle entweder den Markierungen oder weiter dem breiten Weg (J1, N2) folgen. Schon kurz darauf taucht zwischen den Bäumen der Turm auf.

Um nicht auf demselben Weg zurückzugehen, können Sie eine etwas längere Alternativroute nehmen: Gehen Sie wenige

* Am Wochenende fährt nur ein Rufbus der Linie 666 nach Neunkirchen; der Fahrtwunsch muss eine Stunde vor Abfahrt unter der Telefonnummer 0621/1077077 angemeldet werden. Von der Bushaltestelle „Neunkirchen, Heilquelle" gehen Sie – die Haltestelle im Rücken – auf der Straße nach rechts am Quelltopf der „Heiligen Quelle" vorbei. Nach etwa 100 m erreichen Sie den Dorfplatz mit dem Denkmal für den ehemaligen Darmstädter Oberbürgermeister und Gründungsvorsitzenden des Odenwaldklubs Darmstadt, Albrecht Ohly. Linkerhand sehen Sie in einer Entfernung von ca. 50 m bereits den Parkplatz beim Hotelrestaurant Höhenhaus (*www.neunkircher-hoehe.de*).

Meter vom Turmeingang an einer Rastbank in einen Pfad; Sie finden dort u.a. das rote A, die blaue Scheibe mit grüner Welle des Hugenotten- und Waldenserpfads, das gelbe Quadrat des Vier-Länder-Wegs und das rote Quadrat des Main-Stromberg-Wegs. Sobald Sie nach gut 100 m bergab auf einen Querweg stoßen, halten Sie sich auf diesem nach rechts in Richtung Gadernheim, wobei das rote Quadrat Sie bereits geradeaus verlässt. Im Verlauf bergab treffen Sie nach knapp einem halben Kilometer auf einen Forstweg, wo das gelbe Quadrat nach links führt und Sie nach rechts den übrigen Wandermarkierungen folgen. Bleiben Sie auf dem gut befestigten Weg für knapp 900 m bis Sie einen Asphaltweg erreichen. Auf diesem Weg wandern Sie zunächst nach links und im weiteren Verlauf am Waldrand entlang nach rechts in Richtung Neunkirchen. Auf diesem letzten Wegstück haben Sie einen schönen Ausblick in die Ebene zum Taunus hin und auf den Kirchturm von St. Cosmas und Damian, den Sie nach insgesamt 4 km wieder erreichen.

Bushaltestelle „Kolmbach": Von Bensheim kommend gehen Sie an der Straße entlang zu einer gut 50 m entfernten Einmündung, wo sich eine Fußgängerinsel befindet. Halten Sie sich in die 30er-Zone in Richtung Spielplatz, wobei Sie der Wandermarkierung gelbes Dreieck folgen können. So erreichen Sie die **Bushaltestelle der Gegenrichtung** (wenn Sie von Fürth/Odenwald bzw. Lindenfels kommen) und gehen an dieser Stelle in die Schulstraße. Am Dorfgemeinschaftshaus und am Feuerwehrgerätehaus vorbei folgen Sie einfach den Schildern zum Friedhof. Nach ungefähr 300 m biegen Sie rechts in den Friedhofsweg ab. Außerhalb der Ortschaft erreichen Sie eine Abzweigung, an der Sie dem gelben Dreieck und dem Radwegweiser nach links in einen Land- und Forstwirtschaftsweg in Richtung Winterkasten folgen. Auf dem asphaltierten Weg halten Sie sich an Abzweigungen in gerader Richtung bis Sie nach knapp 700 m bei einer Pausenbank auf einen Querweg stoßen. Halten Sie sich in diesen Weg nach rechts leicht den Hang hinauf. Auf dem Bergsattel angekommen biegen Sie am Wanderwegweiser nach links in Richtung Kaiserturm ab; wechseln Sie an dieser Stelle auf das rote Quadrat des Main-Stromberg-Wegs. Auf dem gut befestigten Weg erreichen Sie im Wald eine Gabelung, wo Sie sich nach rechts bergauf halten. Im Verlauf folgen Sie dem Wanderzeichen auf dem breiten Pfad stets geradeaus und nach einem Anstieg von ca. 350 m wird der Weg flacher. Sobald es wieder bergan geht, treffen Sie auf den Vier-Länder-Weg (gelbes Quadrat), den Alemannenweg (rotes A) und den Hugenotten- und Waldenser-Pfad (blaue Scheibe mit grüner Welle). Allen Markierungen folgen Sie geradeaus zum Turm, den Sie bereits zwischen den Bäumen hindurch sehen können. Bei etwa 2,2 Streckenkilometern erreichen Sie den Turm.

Für den weiteren Weg gehen Sie die etwa 100 m zurück zum Wanderwegweiser und folgen dem gelben Quadrat, dem roten A und der blauen Scheibe mit grüner Welle; das gelbe Quadrat begleitet Sie bis nach Gadernheim. Nach knapp einem halben Kilometer kommen Sie an eine Gabelung und folgen ab dort nur noch dem gelben Quadrat nach links bergab. Ungefähr 150 m weiter biegen Sie links in einen anderen Forstweg ab. Immer dem Wegverlauf folgend biegen Sie nach ca. 600 m erneut links ab und kommen kurz darauf aus dem Wald heraus. Durch Wiesen und Felder geht es stetig bergab bis Sie nach etwa einem halben Kilometer eine Weggabelung erreichen, wo Sie in den rechten, ebenen Weg weiterwandern. Am Ende eines leichten Anstiegs sehen Sie im Tal bereits Gadernheim. Im Verlauf auf Betonplatten und danach auf einem Asphaltweg erreichen Sie den Ort. In Gadernheim verlassen Sie das gelbe Quadrat und halten sich einfach geradeaus in einen Weg (Gartenstraße) bergab. Die Gartenstraße mündet nach knapp 200 m direkt bei der **Bushaltestelle „Gadernheim, Jarnacplatz (Steig 3)“** in die Nibelungenstraße (Bundesstraße B47). Insgesamt ist die Tour gut 5 km lang.

Der Turm ist ein beliebtes Ausflugsziel von Wanderern und Mountainbikern. Im ersten Stockwerk befindet sich „die höchste Wirtschaft“ des Vorderen Odenwalds. Die Bewirtschaftungszeiten dieser urigen Gaststätte sind samstags von 12-17 Uhr sowie sonn- und feiertags von 11-17 Uhr.
Eine alternative Einkehrmöglichkeit besteht in Neunkirchen direkt am großen Parkplatz im Hotelrestaurant Höhenhaus (*www.neunkircher-hoehe.de*). Wenige Meter von der Kirche St. Cosmas und Damian entfernt finden Sie am Dorfplatz zwei weitere Gaststätten: die Gasthöfe Zur Linde und Zum Grünen Baum (freitags bis sonntags von 11.30-22.00 Uhr geöffnet).
Wenn Sie mit dem öffentlichen Nahverkehr unterwegs sind und zurück nach Gadernheim wandern, können Sie dort im Landgasthaus Erbacher Hof einkehren, das sich ca. 150 m von der Haltestelle Jarnacplatz entfernt an der Durchfahrtsstraße bergab befindet. Das Gasthaus ist montags bis mittwochs und freitags von 17.30-22.00 Uhr sowie am Wochenende von 11-22 Uhr geöffnet (*www.zum-erbacher-hof.com*).

„Bergstraße-Odenwald, Nr. 5“, hrsg. vom Geonaturpark Bergstraße-Odenwald und vom Naturpark Neckartal-Odenwald, 2018, 1:20.000, ISBN 978-3-947593-04-0.

TIPP

Auf der Webseite *www.panorama-photo.net* finden Sie unter dem Suchwort „Odenwald-Panorama“ eine Panoramasicht vom Kaiserturm. Eine Beschriftung der Sichtziele lässt sich unter dem Foto durch das Anklicken von „Overview on“ hinzuschalten.

Quellen: Amedick, Jutta und Joneleit, Siegfried, „Der Kaiserturm, Wahrzeichen einer Landschaft und eines Wandervereins“, in: Unter der Dorflinde im Odenwald, Heft 4/1987, S. 86 f.; Müller, Fritz E., „Der Kaiserturm auf der Neunkircher Höhe“, in: Die Dorflinde, Heft 2/2005, S. 5 f.; Informationstafel des Geo-Naturpark Bergstraße-Odenwald am Turm.

28 Ohlyturm (Lautertal-Reichenbach)

Koordinaten (WGS84): 49° 43‘ 47,1“ N, 8° 41‘ 03,6“ O (49.729736°, 8.684325°)

Der Turm steht etwas südöstlich des gut 514 m hohen Felsberg-Gipfels an der Wasserscheide der nördlichen Bergstraße. Einst gehörte das Turmgelände zu Bensheim und grenzt heute noch an den Bensheimer Stadtwald.

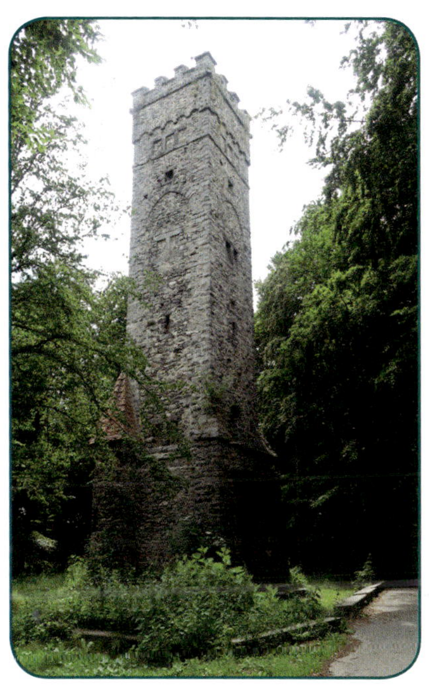

♜ Am 16.05.1900 stellte der Vorsitzende der Sektion Darmstadt des Odenwaldklubs, Ministerialrat Ernst Albrecht Braun, bei der Großherzoglichen Bürgermeisterei Bensheim den Antrag, dem Klub für den Bau eines Turms einen 30 x 30 m großen Bauplatz auf dem Felsberg zu überlassen. Nach etwa einjährigen Verhandlungen bekam der Odenwaldklub ein 900 m² großes Areal zugesprochen. Damit konnte das Projekt „steinerner Felsbergturm“ nach einem Entwurf des Architekten Georg Scherer aus Darmstadt im Stil des romantisierenden Historismus umgesetzt werden. In nur drei Monaten wurde der Turm durch einen Eberstadter Maurerbetrieb errichtet, der zeitgleich die benötigten Steine in benachbarten Steinbrüchen der Stadt Bensheim brach und teilweise aufwändig bearbeitete. Das Bauwerk ist bis zur Oberkante der Zinnen exakt 25,80 m hoch. Am 06.10.1901 erfolgte die feierliche Einweihung mit anschließendem Festmahl in Jugenheim. Der Grund für den Festort war, dass der Hauptbesucherstrom früher nicht über das Felsenmeer, sondern auf dem sog. Chaissenweg vom Jugenheimer Schloss Heiligenberg auf den Felsberg geleitet wurde. Die Kosten für das Bauwerk aus Felsberg-Granit beliefen sich auf 17.700 Mark. Gewidmet ist der Turm dem früheren Darmstädter Oberbürgermeister und Gründungsvorsitzenden der Sektion Darmstadt des Odenwaldklubs, Hans Friedrich Christian Carl Albrecht Ohly (1829-1891).

Der Turm war ein beliebtes Ausflugsziel und bis etwa 1937 gab es im Turmsockel einen Kiosk für durstige Wanderer. Im Zweiten Weltkrieg wurde das

Bauwerk für militärische Zwecke gesperrt. Als in den 1950er Jahren die Bundespost eine Antennenanlage auf dem Turm installierte, stand dieser für die Aussichtsnutzung nicht mehr zur Verfügung. Die Sendeeinrichtungen wurden bis Anfang der 1990er Jahre immer mehr erweitert, was sich belastend auf die Statik des Turms auswirkte. Da eine Komplettsanierung für den Odenwaldklub nicht zu finanzieren war, wurde der beschädigte Turm im Februar 1993 an Dr. Ursula und Werner Reuters vom Felsenmeer-Institut in Lautertal abgetreten, die damals das Felsenmeerhotel in Nachbarschaft des Turms betrieb. Die Sendeanlagen wurden abgebaut und die Bausubstanz mit finanzieller Unterstützung des Landes Hessen teilweise saniert. Nach der Insolvenz des Hotels kam der Turm zunächst an die Gemeinde Glattbach. Im Jahre 2007 erwarb der britische Investor Brian Brennan das Bauwerk und ließ Teile der Innentreppe und die Zwischenpodeste erneuern sowie die elektrischen Anlagen instand setzen. Seit April 2015 ist der Turm Bestandteil der im Bau befindlichen „Sommerakademie Felsberg“ im ehemaligen Hotelbau und dem Forsthaus Felsberg. Über zwei Stufen erreicht man den vergitterten Turmeingang und im Innern führt eine Stahltreppe mit 130 Stufen hinauf zur Aussichtsplattform.

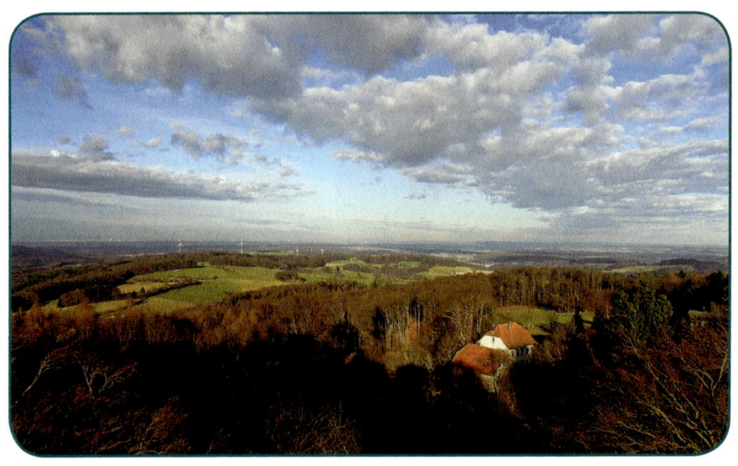

Der früher weithin sichtbare Turm ist mittlerweile bis knapp unter die Spitze von Buchenmischwald zugewachsen. Bei klarer Sicht sind von der Plattform der Pfälzer Donnersberg im Westen und über die Frankfurter Skyline hinweg der Taunus im Norden zu sehen. In südlicher Richtung erblickt man den Sendeturm auf dem Krehberg, im Südosten den Katzenbuckel und im Osten den Kaiserturm.

Es ist daran gedacht, den Turm in Kooperation mit dem Geo-Naturpark Bergstraße-Odenwald wieder zugänglich machen. Nach der vollständigen Restaurierung sollen Gruppenführungen durch Geopark-Ranger ermöglicht werden und zudem ist eine Öffnung zu besonderen Anlässen, wie z.B. dem jährlich stattfindenden Lärmfeuer geplant.

Ada's Buka, Felsenmeer 3, 64686 Lautertal: Wenn Sie auf der Landstraße L3101 von Balkhausen in Richtung Beedenkirchen fahren, biegen Sie ca. einen Kilometer hinter dem Ortsausgang von Balkhausen nach rechts zum Felsenmeer ab. Kommen Sie aus der entgegengesetzten Richtung, so biegen Sie hinter der Kuralpe kurz nach der S-Kurve nach links zum Felsenmeer ab. Sobald Sie den Wanderparkplatz Felsberg erreicht haben, ist der große Turm am Waldrand nicht zu übersehen.

Bushaltestelle „Reichenbach, Markt": Etwa 50-150 m von der auseinander gezogenen Haltestelle entfernt folgen Sie dem Verkehrsschild zum Felsenmeer nach links in die Beedenkirchener Straße; Sie befinden sich u.a. auf dem Nibelungensteig (rotes N) und dem Europäischen Fernwanderweg Nr. 1 (grünes Andreaskreuz), die bis hinauf zum Gipfel des Felsbergs führen. Den Hinweisschildern zum Felsenmeer folgend biegen Sie nach ca. 350 m links in den Seifenwiesenweg ab. Am Ortsausgang erreichen Sie einen großen Parkplatz. Gehen Sie zum Felsenmeer-Informationszentrum mit der Dachbegrünung und folgen Sie den beiden Wanderwegzeichen hinauf zu den Felsen. Die Wanderwege führen an der rechten Seite des Felsenmeers auf einem mit Stufen ausgestatteten Weg bergauf, wobei der Weg streckenweise vom Meer entfernt verläuft. Nach ungefähr 600 m wandern Sie auf einem Weg nach links und über eine Holzbrücke ans andere Ufer des Meeres. Nun verläuft der Stufenweg auf der linken Seite noch gut 200 m bergan bis zu einem Wanderwegweiser; an dieser Stelle stoßen der Weitwanderweg Odenwald-Vogesen (roter Strich) und der Alemannenweg (rotes A) hinzu. Gut 100 m bergauf erreichen Sie eine nur am Wochenende geöffnete Imbisshütte und nach einem Aufstieg von weiteren knapp 300 m endet das Felsenmeer. An einem Wegweiser kommt der Wanderweg mit dem grünen Strich hinzu und allen Wandersymbolen folgend bleiben Sie geradeaus auf dem breiten Forstweg in Richtung Felsberg/Ohlyturm. Kurz hinter einer Schranke treffen Sie auf den Parkplatz Felsberg. Folgen Sie ab dort nur noch dem roten N und dem grünen Strich über den Parkplatz hinweg zum gut 100 m entfernten Turm.

Wenn Sie nicht denselben Weg zurückgehen möchten, vertrauen Sie sich vom Turm aus zunächst weiter den beiden Wandermarkierungen an und halten Sie sich nach wenigen Metern an einer Gabelung in den linken Pfad. Im Verlauf eben oder bergab stoßen Sie nach etwa 1,2 km auf einen Querweg, wo Sie die bisherigen Wegzeichen verlassen und dem örtlichen Wanderweg L2 nach links in Richtung Borstein folgen. Nach ca. 50 m geht es hinter einem Wendeplatz in den rechten, bergab führenden Weg. Knapp 300 m weiter halten Sie sich auf dem nächsten Querweg nach rechts; als zusätzliche Wegzeichen treten das rote A, der rote Strich und der L1 hinzu. Der bequeme Forstweg schlängelt sich nach einer Weile bergab und nach etwa 800 m geht es an einer Wegspinne nach links. Gut 400 m darauf biegen alle Wegzeichen nach rechts ab – bis auf den L1, dem Sie weiterhin bergab zum nahe gelegenen Borsteinhaus folgen.

Kurz vor dem Gasthaus führt der L1 nach links in den Wald. Nach der Rast im Borsteinhaus folgen Sie für das letzte Stück nach Reichenbach dem gelben Quadrat des Vier-Länder-Wegs auf der asphaltierten Zufahrtstraße. Bergab und im Verlauf an einem alten Steinbruch vorbei erreichen Sie nach ungefähr einem Kilometer den Ort. Sobald der Borsteinweg in eine andere Straße (Balkhäuser Straße) mündet, halten Sie sich nach rechts. Nach knapp 100 m erneut nach rechts befinden Sie sich wieder auf dem Hinweg und folgen den Wanderwegzeichen zurück zur Bushaltestelle an der Nibelungenstraße (Bundesstraße B47). Insgesamt ist die Strecke ca. 7,5 km lang.

Unmittelbar am Parkplatz Felsberg finden Sie Ada's Buka. Das Restaurant mit afrikanischer und deutscher Küche ist von Mitte März bis Ende Oktober samstags, sonn- und feiertags von 11-22 Uhr geöffnet (nähere Informationen gibt es unter *www.adas-buka.de*).

Wenn Sie vom Ohlyturm die vorgeschlagene Route zurückwandern, kommen Sie ungefähr 1,5 km vor dem Ende der Tour an die idyllisch gelegene Gastwirtschaft Am Borstein, die mittwochs bis sonntags ab 10 Uhr zur Einkehr einlädt (nähere Informationen unter *www.waldgasthaus-am-borstein.de*).

„Bergstraße-Odenwald, Nr. 5", hrsg. vom Geonaturpark Bergstraße-Odenwald und vom Naturpark Neckartal-Odenwald, 2018, 1:20.000, ISBN 978-3-947593-04-0.

TIPP

Am Südosthang des Felsbergs lohnt das spektakuläre Felsenmeer einen Besuch. Ausführliche Erklärungen zur Entstehung dieser europaweit einzigartigen Felsenlandschaft gibt es im Felsenmeer-Informationszentrum, das von Mitte März bis Oktober täglich von 10-17 Uhr sowie von November bis Mitte März samstags und sonntags von 11-16 Uhr geöffnet ist. Nähere Informationen finden Sie unter *www.touristikzentrum-felsenmeer.de*.

Quellen: Amedick und Joneleit, Siegfried: „Der Ohly-Turm von 1901 auf dem Felsberg", in: Unter der Dorflinde im Odenwald, Heft 4/1987, S. 85-86; Eichhorn, Heinz: „Die Sanierung des Ohlyturms ist fast abgeschlossen", in: Bergsträsser Anzeiger vom 09.05.2009, S. 18; Matzner, Thomas: „Ein Denkmal im Schatten des Tourismus", in: Bergsträsser Anzeiger vom 29.11.2012, S. 18; Webseite www.ohly-familienverband.de; Mitteilungen von Dr. Holger Zinke an den Verfasser.

29 Bismarckwarte (Lindenfels-Litzelröder)

Koordinaten (WGS84): 49° 41‘ 31,7“ N, 8° 47‘ 02,8“ O (49.692144°, 8.784096°)

Die Bismarckwarte steht nördlich von Lindenfels auf der Litzelröder Höhe (452 m), einem Bergsattel zwischen dem Schenkenberg (479 m) und dem Buch (535 m).

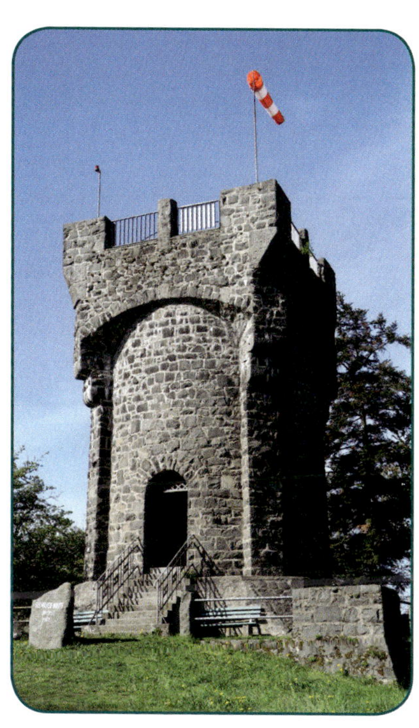

Der Bau wurde 1903 vom Kirchenrat Freiensehner und Bürgermeister Schnellbächer angeregt und sollte einen nur sieben Jahre zuvor an gleicher Stelle errichteten Tempel ersetzen. Durch Spenden und mittels der Erlöse aus einem Basar und aus den Burgfesten wurden in den folgenden Jahren die 9.000 Mark Gesamtkosten aufgebracht. Das im Juli 1904 zur Spendensammlung erstmals ausgerichtete Burgfest war gleichzeitig der Beginn des Burg- und Trachtenfestes, das 2020 zum 116. Mal gefeiert wird. Durch die guten Einnahmen konnten bereits am 01.05.1906 die Grundsteinlegung erfolgen und die Bauarbeiten beginnen. Ausgeführt wurde ein Entwurf des Architekten Professor Ferdinand Luthmer aus Frankfurt am Main, der ursprünglich einen Aussichtsturm mit Befeuerungsmöglichkeit vorsah. Die Vorstände des Verschönerungs- und Verkehrsvereins und des Odenwaldklubs Lindenfels, stimmten diesem Entwurf zu, wobei sie jedoch auf die Feuerschale verzichteten.

Der 12,30 m hohe Rundturm mit angedeuteten quadratischen Säulen steht auf einer quadratischen Terrassenanlage mit ebenfalls 12,30 m Seitenlänge. Auf dem quadratischen Turmsockel mit einer Kantenlänge von 7,30 m erhebt sich ein runder und an den Sockelecken durch senkrechte Pfeiler verstärkter Turmkörper. Im Bereich des Turmkopfes weiten sich die Pfeiler zu einer quadratischen Plattform. Über eine Außentreppe mit elf Steinstufen erreicht man den Turmeingang in knapp 2 m Höhe. Im Innern geht es über eine

Wendeltreppe mit 50 Steinstufen in vier Absätzen zur Aussichtsplattform. Als Baumaterial für die Bismarckwarte wurden Granit- und Syenitsteine verwendet.
Am 07.07.1907 konnte der Turm eingeweiht werden. Zuletzt wurde der Turm in den Jahren 1997/98 vom Verschönerungs- und Verkehrsverein Lindenfels und dem Odenwaldklub Lindenfels v.a. mit Spendengeldern der Vereine, von Bürgern und Firmen sowie durch Erlöse der Burgfeste und Zuschüsse der Stadt Lindenfels und des Kreises Bergstraße grundlegend saniert.

Der Turm bietet einen lohnenden Ausblick nach Südwesten ins Schlierbach- und Weschnitztal und nach Osten ins Gersprenztal. Für diese beiden Blickrichtungen gibt es auf dem Turm zwei Panoramatafel, auf denen nicht nur geologische Erläuterungen anhand des Landschaftsbilds gegeben werden, sondern auch einzelne Sichtziele benannt werden.

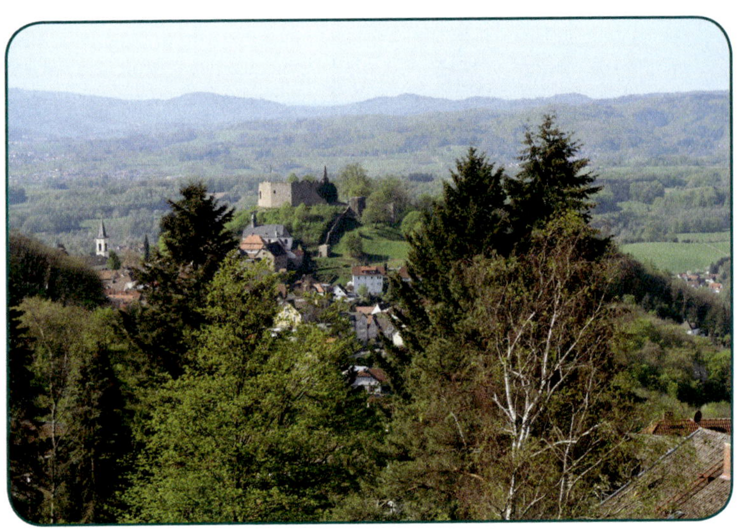

Der Turm ist ganzjährig frei zugänglich.

Kirschenweg 36, 64678 Lindenfels: Sie können auch auf dem Naturparkplatz Sauwaad direkt an der Bundesstraße B47 parken und dann der Wegbeschreibung für die Anreise mit dem Bus folgen. Von diesem Parkplatz aus haben Sie bereits eine erste schöne Aussicht ins Tal.

Bushaltestelle „Lindenfels, Kirschenweg": Gehen Sie links neben dem Wartehäuschen eine Treppe mit Holzstufen hinauf zu einer Straße (Kirschenweg) und halten Sie sich auf dieser nach rechts. Sie treffen bereits auf mehrere Wandermarkierungen: die eingekreisten Nummern 1, 2 und 3 in gelber Farbe und das in grün gehaltene Li 6 des Erlebniswegs Lindenfels. Nach gut 100 m folgen Sie den Nummern 2 und 3 in einen Asphaltweg an der Bebauungsgrenze entlang bergauf und knapp 100 m darauf folgen Sie der Nummer 3 und dem Li 6 geradeaus in den immer noch bergan verlaufenden Pfad. Sobald Sie wieder auf eine Straße stoßen halten Sie sich auf dieser nach rechts, wobei jetzt die Nummer 2 und der Li 6 zu Ihren Wegweisern werden. In ungefähr 200 m Entfernung befindet sich, etwas hinter Bäumen versteckt, die Bismarckwarte. Der Weg ist insgesamt gut 600 m lang.

Direkt im Ortsteil Litzelröder gibt es keine Einkehrmöglichkeit. Wenn Sie auf der Bundesstraße in Richtung Lindenfels fahren, kommen Sie als erstes am Café Konditorei Gasthaus „Zur Ludwigshöhe" (Nibelungenstraße 34) vorbei. Aber auch in Lindenfels finden Sie weitere Einkehrmöglichkeiten. Eine Übersichtstafel mit Stadtplan hängt zum Beispiel neben dem Eingangstor zum Lindenfelser Museum (Burgstraße 41, siehe Seite 127).

„Bergstraße-Odenwald, Nr. 5", hrsg. vom Geonaturpark Bergstraße-Odenwald und vom Naturpark Neckartal-Odenwald, 2018, 1:20.000, ISBN 978-3-947593-04-0.

TIPP

Beim Kur- und Touristikservice und Verkehrsverein Lindenfels e.V. gibt es eine kleine Broschüre mit elf Wanderungen von Rainer Türk, dem ehemaligen Hauptwegewart der Naturparke Bergstraße-Odenwald und Neckartal-Odenwald. Das Heft kann auch auf der Webseite der Stadt Lindenfels *www.lindenfels.de* unter „Tourismus – Wandern – Wanderbroschüre" oder über den nebenstehenden QR-Code heruntergeladen werden.

Quellen: Bauer, Karl-Heinz, „Der Bismarckturm hoch über Lindenfels", in: Die Dorflinde, Heft 2/2006, S. 4; Informationstafel im Turm; Webseite www.bismarcktuerme.de.

30 Burgruine Lindenfels (Lindenfels)

Koordinaten (WGS84): 49° 40‘ 56,4“ N, 8° 46‘ 37,0“ O (49.682329°, 8.776939°)

Die einst stark befestigte Burgruine befindet sich auf der 404 m hohen Kuppe des sog. Schlossbergs, der durch einen schmalen Sattel mit dem nordöstlich gelegenen Schenkenberg verbunden ist. Es handelt sich um die am frühesten nachweisbare Burg im inneren Odenwald.

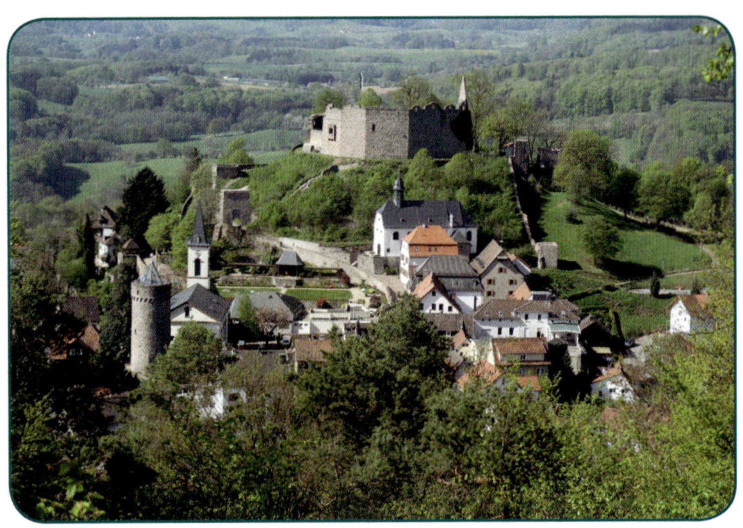

Bereits um 1080 wird in der Lorscher Chronik eine Burg mit dem Namen „Slirburc“ erwähnt, die vermutlich zunächst nur eine Befestigung aus Erde und Holz war. Urkundlich belegt ist die Burg dann erstmals 1123. Als Erbauer sieht man einen Grafen Bertolfus an, bei dem es sich vermutlich um Bertold von Hohenburg oder seinen Sohn Bertold II. handelt, die Vögte des Reichsklosters Lorsch waren. Durch Erbschaft kam Lindenfels 1156 an den Pfalzgrafen Konrad von Staufen, einen Halbbruder des berühmten Kaisers Friedrich I., genannt Barbarossa. Es handelte sich zunächst nur um eine kleine Ring- oder Randhausburg, die aus einem schlanken Wehr- und Wohnturm mit ca. 8,5 m Durchmesser innerhalb eines Mauerrings bestand und v.a. zur Überwachung der vorbeiführenden Fernverkehrswege diente. Nach mehrmaligem Besitzerwechsel kaufte Pfalzgraf Ludwig II. im Jahre 1277 Lindenfels für die Kurpfalz zurück. In der Folgezeit begann der Ausbau der Wehranlage zu einer respektablen Höhenburg als einem Zentrum kurpfälzischer Politik. Nachdem die Pfalzgrafen 1356 in der Goldenen Bulle dauerhaft eine heraus-

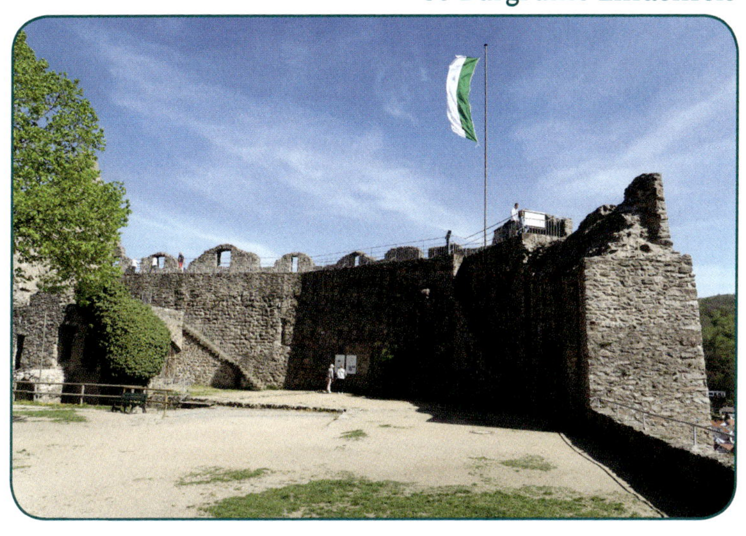

ragende Stellung als Kurfürsten im Reich erhalten hatten, wurde die Burganlage weiter verstärkt und im 15. Jhd. zur weiträumigen Festung ausgebaut. Bis ins 16. Jhd. war die Burg immer wieder Nebenwohnsitz der Kurfürsten zu ihrem Hauptsitz in Heidelberg. Sie wurde auch als Gefängnis für prominente Gefangene genutzt und obwohl sie wiederholt Schauplatz kriegerischer Auseinandersetzungen war, blieb die Burg von Zerstörung verschont. Nach dem Dreißigjährigen Krieg verlor die Anlage an Bedeutung und wurde nur noch teilweise von kurpfälzischen Beamten als Amtsburg bewohnt und als kleine Garnison genutzt. Um die Unterhaltskosten zu sparen, begann man ab 1781 mit dem planmäßigen Abbruch; der hohe runde Bergfried war bereits 1728 niedergelegt worden. Als Folge der Neuordnung Europas durch Napoleon I. fiel Lindenfels 1802/03 an die Landgrafschaft Hessen-Darmstadt bzw. das spätere Großherzogtum Hessen und die bereits weit fortgeschrittenen Abbrucharbeiten wurden gestoppt. Aufgrund der verkehrsungünstigen Lage blieb Lindenfels zunächst bedeutungslos und erst im Zeitalter der Romantik begann man, die landschaftliche Schönheit der Gegend zu schätzen. Gegen Mitte des 19. Jhds. starteten unter dem Einfluss des Historismus die ersten Erhaltungs- und Sicherungsmaßnahmen. Diese Maßnahmen wurden nach dem Ende des Großherzogtums durch den Volksstaat Hessen und nachfolgend durch das Bundesland Hessen insbesondere in den letzten Jahrzehnten fortgesetzt.

Erhalten geblieben ist von der mehreckigen Kernburg u.a. die hohe, nach der Angriffsseite schildmauerartig verstärkte Ringmauer. Die Mauer aus Syenit-Bruchsteinen ist 12 m hoch und im nördlichen Bereich bis zu vier Meter dick. Aufgrund dieser massiven Bauweise entging sie den Abbrucharbeiten Ende des 18. Jhds. Um den Wehrgang auf der Schildmauer zu erreichen gehen Sie erst eine Steintreppe mit 22 Stufen bis zu einer Terrasse und dann nochmals 21 Stufen hinauf zur Mauer. Die Lage des runden Bergfrieds, der einst frei in der Hofmitte stand, ist heute durch eine Aufmauerung erkennbar.

Von der einst umfangreichen Außenbefestigung sind nur noch zwei teilweise bereits abgetragene Flankierungstürme erhalten geblieben, an denen man beim Aufstieg zur Burg vorbeikommt.

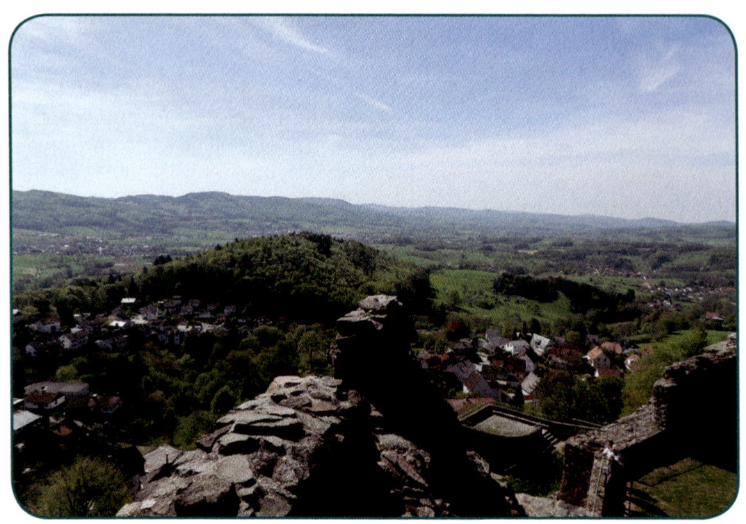

Von der mächtigen Schildmauer hat man einen weiten Rundumblick über den vorderen Odenwald: in südöstlicher Richtung ins Weschnitztal nach Fürth und Rimbach bis zum langgestreckten Bergrücken der Tromm, im Westen bis hin zum Krehberg und nördlich zur Neunkircher Höhe. Auf der Mauer befinden sich ein Münzfernglas zur Verbesserung der Aussicht und eine Panoramatafel mit Erläuterungen zur Geologie des Weschnitztals.

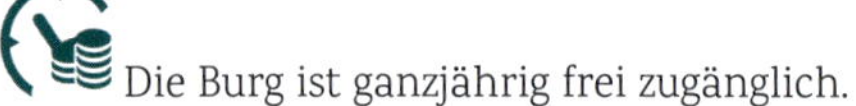

Die Burg ist ganzjährig frei zugänglich.

Burgstraße, 64678 Lindenfels: Eine begrenzte Anzahl von Parkplätzen gibt es auf dem Parkplatz „Burgstraße"; von dort sind es knapp zehn Minuten Fußweg hinauf zur Burg. Eine Karte mit einer Parkplatzübersicht finden Sie unter *www.burgfest-lindenfels.de/anfahrt-und-parken*.

Bushaltestelle „Lindenfels, Mitte": Von der Haltestelle gehen Sie an der Nibelungenstraße (Bundesstraße 47) entlang in Richtung der Fachwerkhäuser und biegen nach gut 100 m dem Schild zur Burg folgend nach links in die Burgstraße ab. Der Weg bis hinauf zum Eingang in die Kernburg ist insgesamt etwa 600 m weit.

Kombinieren Sie die Burg Lindenfels mit einem Besuch der Bismarckwarte (siehe Seite 121): Wenn Sie bei der Warte den asphaltierten Fußweg weitergehen, begegnen Sie gleich sieben Wandermarkierungen, die den Weg hinunter nach Litzelröder weisen. Bis nach Lindenfels können Sie sich am roten Quadrat des Main-Stromberg-Wegs, am Li 1 und R6 sowie am grünen N des Zubringers zum Nibelungensteig orientieren. Nach knapp 300 m erreichen Sie den Wald und halten sich auf den bergan führenden, gut befestigten Forstweg. Unterwegs haben Sie nach einer Kurve bereits einen ersten Blick auf die Burg Lindenfels und kurz darauf halten Sie sich an einer Gabelung nach rechts zu einem Aussichtspavillon. Am Pavillon wandern Sie bergab in einen Pfad. An Abzweigungen stets geradeaus kommen Sie nach einem guten halben Kilometer an einen Wanderwegweiser. An dieser Stelle biegt der R6 nach links ab und Sie halten sich geradeaus auf den Asphaltweg in Richtung Ortsmitte. Unten in der Stadt überqueren Sie die Nibelungenstraße (B47) und folgen dem Verlauf der Burgstraße zur Ruine. Der Weg von der Bismarckwarte bis zur Burg Lindenfels ist ungefähr 2 km lang.

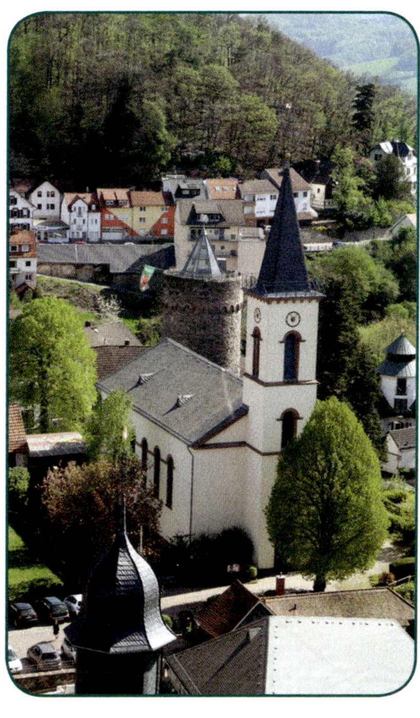

In Lindenfels gibt es eine Reihe von Einkehrmöglichkeiten. Eine Übersicht finden Sie auf einer großen Tafel vor dem Lindenfelser Museum (Burgstraße 41).

„Bergstraße-Odenwald, Nr. 5“, hrsg. vom Geonaturpark Bergstraße-Odenwald und vom Naturpark Neckartal-Odenwald, 2018, 1:20.000, ISBN 978-3-947593-04-0.

TIPP

Unterhalb der Burgruine befindet sich ca. 30 m vom Bürgerhaus das Deutsche Drachenmuseum. Die dortige Ausstellung umfasst Drachendarstellungen verschiedener Kulturen* und Epochen. Das Fabelwesen Drachen wird in unterschiedlichen Facetten beleuchtet, wie zum Beispiel die Entstehung des Drachen-Mythos, seine Darstellung in der Literatur und seine Bedeutung in der Heraldik. Das Museum ist ganzjährig samstags, sonn- und feiertags von 14-17 Uhr sowie in den Schulferien von Hessen, Baden-Württemberg und Rheinland-Pfalz auch dienstags und donnerstags von 15-17 Uhr geöffnet. Der Eintritt kostet für Erwachsene 3,00 Euro und für Kinder 1,00 Euro. Nähere Informationen finden Sie unter *www.deutsches-drachenmuseum.de.*

Sehenswert ist auch der **Bürgerturm**, der als weiterer Ausstellungsraum des Drachenmuseums und gleichzeitig als Aussichtsturm dient. Der im 14. Jhd. erbaute Rundturm war einst Teil der ehemaligen Stadtbefestigung von Lindenfels. Ursprünglich war er mit einem Turmhelm versehen, der im 18. Jhd. teilweise abgebrochen wurde. Um 1888 und in den Jahren 1926 und 1968 wurden Erhaltungsarbeiten durchgeführt. Der Einbau der Treppenanlage erfolgte im Jahre 1986. Der Turm ist aus Granitquadern erbaut und hat 2 Meter dicke Außenwände. Inklusive der Glaspyramide ist der Bürgerturm 23 Meter hoch und von seiner Aussichtsplattform bietet er einen Rundblick über Lindenfels, den reizvollen Ortskern und die nahe gelegene Burg Lindenfels. Geöffnet ist der Turm von April bis Oktober von 9-19 Uhr und von November bis März von 10-17 Uhr. Man betritt ihn über drei vorgelagerte Eingangsstufen und im Turm führt eine stählerne Wendeltreppe mit insgesamt 97 Stufen hinauf zur Plattform.

Das Lindenfelser Heimatmuseum hat von April bis Oktober sonn- und feiertags von 14-17 Uhr geöffnet. Der Eintritt beträgt für Erwachsene 2,00 Euro und für Jugendliche 1,00 Euro.

Quellen: Knappe, Rudolf, „Mittelalterliche Burgen in Hessen", Gudensberg-Gleichen 1994, S. 564-566; Steinmetz, Thomas, „Burgen im Odenwald", Brensbach 1998, S. 179; Weber, Hans H., „Lindenfels – das Bild der Stadt in Vergangenheit und Gegenwart", Lindenfels 1975; Informationstafeln auf der Burg und Hinweistafel am Bürgerturm; Webseite www.lindenfels.de.

* Interessant ist die unterschiedliche Drachensymbolik im fernöstlichen und abendländischen Denken: In China ist der Drache ein Symbol für Stärke, Kraft, Mut und Glück und auch in anderen asiatischen Staaten gilt er als Sendbote des Himmels. In der westlichen Kultur wird dem Drachen zwar auch Mut und Stärke zugesprochen, aber vorwiegend verkörpert er Gefahr und Bösartigkeit.

31 Burgruine Wildenberg (Markt Kirchzell-Preunschen)

Koordinaten (WGS84): 49° 35‘ 46,1“ N, 9° 11‘ 41,5“ O (49.596124°, 9.194861°)

Die Wildenburg, wie sie im Volksmund genannt wird, liegt auf einem nach Osten vorgeschobenen Bergsporn des Schlossbergs in 365 m Höhe. Sie gehört zu den bedeutensten Burgen in Deutschland und konnte trotz Zerstörung und Verfall ihr hochmittelalterliches Aussehen unverfälscht bewahren.

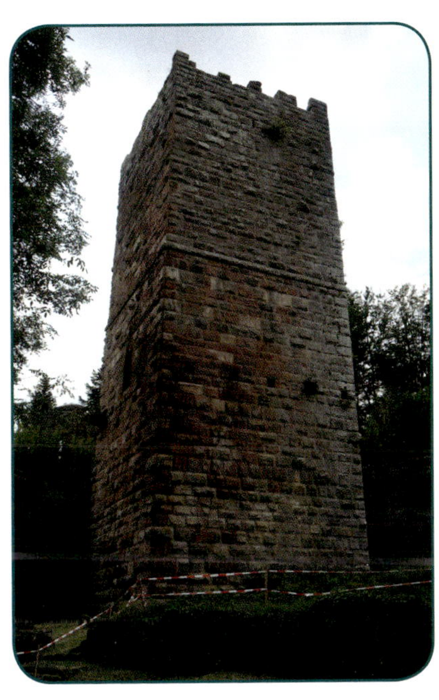

Die Burg wurde vermutlich zwischen 1170 und 1185 durch Ruprecht I. von Dürn erbaut, einem verdienten Gefolgsmann von Friedrich I. Barbarossa und dessen Sohn Heinrich VI. Mit Ausmaßen von 210 x 38 m war die Burganlage für damalige Verhältnisse beachtlich. Als erstes Bauteil entstand der 25 m hohe, mit Buckelquadern verkleidete Bergfried und hinzu kamen Palas und Ringmauer. Der quadratische Turm mit Seitenlängen von knapp 10 m wurde im 45°-Winkel zur südlichen Ringmauer errichtet, um die Wucht anfliegender Wurfgeschosse abzumildern; er war ursprünglich nur über eine Leiter in acht Metern Höhe erreichbar. Besonders erwähnenswert ist ein riesiger Saal mit ca. 200 qm und einem Kamin, der mit einer Feuerfläche von etwa 9 qm der größte Kamin zur Stauferzeit war. Mutmaßlich diente die Burg dem bekannten Minnesänger Wolfram von Eschenbach als Vorbild für Teile seines Parzival-Romans. Konrad I., ein Enkel Ruprechts, baute nach reicher Heirat mit Mechtild von Lauffen ab 1215/16 die Burg weiter aus. Sein Sohn Ulrich III. musste die Burganlage samt Umland jedoch 1271 an den Mainzer Erzbischof Werner von Eppstein verkaufen. Der Verkaufsgrund war wohl politischer Natur, denn nach dem Niedergang der Stauferdynastie konnten sich die Edelherren von Dürn nicht gegen ihre mächtigen Nachbarn, die Pfalzgrafen bei Rhein, das Erzbistum Mainz und das Bistum Würzburg, behaupten. Die Burg diente fortan als Verwaltungssitz des Erzbistums Mainz und wurde von adeligen Amt- bzw. Burgmänner bewohnt. Im Jahre 1356 wurde die Wildenburg

wahrscheinlich infolge des Basler Erdbebens beschädigt, aber wieder aufgebaut, wobei der Westturm (1902 großteils eingestürzt) und die Sperrmauer durch den Burghof entstanden. Am 04.05.1525 wurde die nicht verteidigte Burg im Bauernkrieg zerstört und geriet in Vergessenheit. Im Zuge des Reichsdeputationshauptschlusses gelangte die Burg 1803 in den Besitz des Fürstenhauses zu Leiningen. Fürst Carl Emich zu Leiningen lies 1824 eine steinerne Treppe vor Süd- und Westmauer des Palas errichten, um den damals noch gut erhaltenen Westturm als Aussichtsturm zu nutzen. Im gleichen Jahr erhielt der Bergfried einen ebenerdigen Zugang und 1839 wurde mit dem Einbau einer Holztreppe mit Schutzdach begonnen, die jedoch vor Fertigstellung wieder ausgebaut wurde. Im Laufe der Jahre fanden immer wieder vereinzelte Sicherungsarbeiten statt, was jedoch nicht verhindern konnte, dass einzelne Teile der Bausubstanz einstürzten. Mit den ersten groß angelegten Sicherungsmaßnahmen an Palas, Bergfried und Torturm wurde 1935 begonnen, aber durch Ausbruch des Zweiten Weltkriegs mussten diese vorzeitig beendet werden. Im Rahmen dieser Maßnahmen wurden u.a. eine Holztreppe in den Bergfried eingebaut und auf der Wehrplattform ein Turmdach errichtet.
Nach Betreten des Turms sind es zunächst 43 Stufen bis zu einem Zwischengeschoss mit dem ehemaligen Hocheingang und weitere 80 Stufen hinauf zur Aussicht. Der stark einsturzgefährdete Torturm wurde ebenfalls erneuert und gilt heute als einer der am besten erhaltenen hochmittelalterlichen Tortürme. Weitere umfangreichere Sanierungen fanden von 1959-64 und 1975-76 statt.

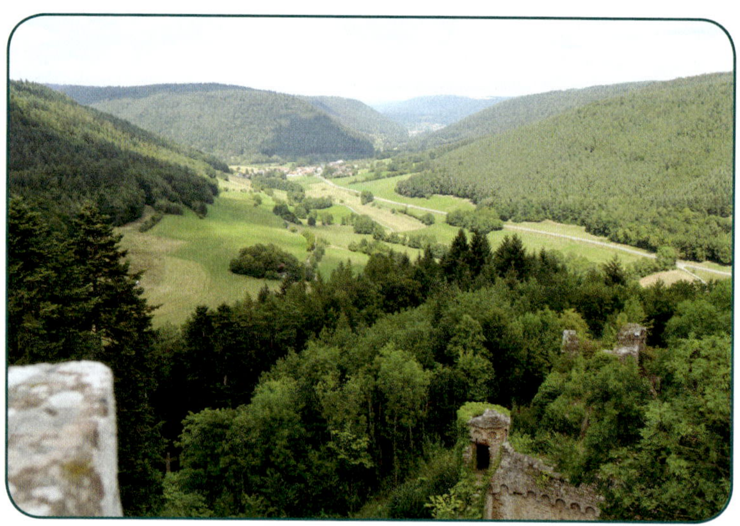

Vom Bergfried hat man in nördlicher Richtung einen schönen Blick ins Mud-Tal nach Buch und weiter nach Amorbach. In die anderen Himmelsrichtungen bleibt die Fernsicht durch die umliegenden Berghänge versperrt.

Von April bis Oktober ist der Bergfried jeden ersten Sonntag im Monat von 15-17 Uhr geöffnet. Im April und Mai kann es wegen der dort horstenden Turm- und Wanderfalken zu Einschränkungen kommen. Während der Öffnung steht ein Vorort-Begleiter des Geo-Naturparks auch für spontane Führungen zur Verfügung. Der Führungspreis beträgt 2,50 Euro für jeden Erwachsenen. Die Geopark-Vorort-Begleiter bieten auch individuelle Führungen zu anderen Terminen an. Die Kontaktdaten finden Sie auf der Webseite der badischen Gemeinde Mudau *www.mudau.de* unter „Tourismus – Burg Wildenberg".

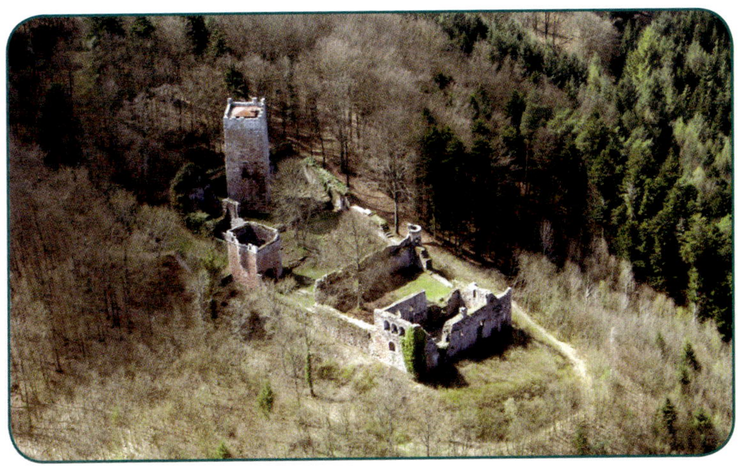

Wattenbacher Haus, Dorfstraße 4, 63931 Kirchzell-Preunschen: Vom Parkplatz am Waldmuseum gehen Sie in den Land- und Forstwirtschaftsweg etwa 400 m bis zum Wald; Sie können bis zur Ruine der roten Raute und dem roten N des Nibelungensteigs folgen. Im Wald gabelt sich der Weg und Sie halten sich nach rechts. Knapp 100 m darauf bleiben Sie an einer Abzweigung geradeaus und nochmals gut 100 m weiter folgen Sie dem Wildenberg Wegweiser geradeaus in einen Pfad. Nach gut 200 m führt bei einer Felsformation rechterhand ein Zick-Zack-Pfad hinunter zu einem Forstweg. Auf diesem Weg nach links sind es nur noch ca. 100 m zur Burg. Insgesamt ist die Wegstrecke ungefähr einen Kilometer lang.

Bushaltestelle „Buch (Kirchzell), Buch"*: Die Haltestelle befindet sich direkt im kleinen Ort in der Nähe einer Fußgängerinsel und ist nicht zu ver-

* An den Wochenenden fährt im Sommerhalbjahr ein Rad- und Wanderbus, der sogenannte NeO-Bus, von Eberbach nach Amorbach mit Halt in Buch. Für nähere Informationen und Voranmeldung von Gruppen kontaktieren Sie das BRN-Kundencenter in Neckarelz unter der Telefonnummer 06261/9739-0.

wechseln mit der Haltestelle „Abzweigung Buch“ an der Staatsstraße St2311. Gehen Sie bei der Fußgängerinsel an der ehemaligen Gaststätte Zur Wildenburg in Richtung Wildenburg; Sie können dem Wanderwegzeichen rote Raute folgen. An der Kirche vorbei bleiben Sie auf der Straße und kommen über eine Brücke. Hinter dieser nach links verläuft die Wandermarkierung auf einem asphaltierten Weg in Richtung Burg; Sie befinden sich auch auf dem Zubringerweg zum Nibelungensteig (grünes N) und dem Kirchzeller Wanderweg K5. Etwa 1,8 km hinter der Brücke stoßen Sie am Waldrand auf den Hauptweg des Nibelungensteigs (rotes N) sowie auf den Wanderweg mit einem gelben, auf dem Kopf stehenden T. Dort weisen die Markierungen zunächst auf dem Asphaltweg den Berg hinauf und biegen nach knapp 100 m gegen Ende einer Linkskurve rechts in einen geschotterten Weg ab, der weiter bergan führt. Nach gut 300 m zeigt ein Wegweiser zur Wildenburg scharf nach links. Auf dem nun etwas steileren Waldweg kommen Sie nach knapp 300 m über einen Querweg hinweg geradeaus zur Ruine. Noch ein kurzes Stück an der Burgmauer entlang erreichen Sie vor einer Holzkonstruktion bei knapp drei Streckenkilometern den Eingang.
Für den weiteren Weg folgen Sie nach dem Verlassen der Burg am Hinweisschild auf das Waldmuseum den Wegzeichen an der Station „Wald erleben“ des Smart Pfads Odenwald vorbei. Nur ca. 50 m von der Station entfernt geht hinter der Kurve ein schmaler Pfad nach rechts im Zickzack nochmals gut 100 m den Berg hinauf. Vor einer markanten Felsformation entlang wandern Sie auf dem Pfad ungefähr 200 m bergan bis Sie auf einen geschotterten Forstweg treffen. An dieser Stelle können Sie einen Abstecher zum ca. 600 m entfernten Museum machen: folgen Sie einfach der roten Raute, dem roten N und dem K5 im Verlauf durch die Felder nach Preunschen, wo sich gleich am Ortseingang das Wattenbacher Haus befindet. Für den Weg nach Kirchzell folgen Sie an der Abzweigung dem ungekehrten gelben T nach rechts bergab. Nach gut 400 m gilt es, den Rückeweg nicht zu verpassen, der nach rechts den Hang hinunter führt. Auf dem mitunter recht steilen Weg ist bei Regen und Nässe Vorsicht geboten, aber bereits nach knapp 200 m erreichen Sie einen kleinen Wendeplatz. Dort halten Sie sich auf den rechten, bergab führenden Forstweg. Nach gut 700 m vereinigt sich der Weg mit einem anderen Forstweg und etwa 150 m darauf kommt ein zweiter Forstweg hinzu. Wenige Meter weiter erreichen Sie einen Forstweg, wo Sie dem umgekehrten gelben T in der Kurve nach links folgen. Im Verlauf wandern Sie auf dem ebenen Weg gut eineinhalb Kilometer um den Berg herum, wobei Sie sich an Abzweigungen stets geradeaus halten. Sobald der Weg an einer Gabelung nach links leicht ansteigt, halten Sie sich weiter geradeaus in den bergab führenden Waldweg. Schon nach knapp 150 m kommen Sie aus dem Wald heraus und sehen vor sich im Tal Kirchzell. Gehen Sie nach rechts bergab auf dem Feldweg, der etwa 100 m weiter in einen Asphaltweg übergeht. In Kirchzell angekommen überqueren Sie die Flurstraße zu den Hausnummern 3-17 hin und auf die nächste Straße (Forsthausenstraße) stoßend begegnen Ihnen wieder das grüne N und der K5. Folgen Sie diesen Wegzeichen nach links für einen Abstecher zur Einkehr oder nach rechts, um zurück nach Buch zu kommen. Wenn Sie nach rechts gehen, halten Sie sich nach etwa einem halben Ki-

lometer am Ende der Forsthausenstraße weiter geradeaus in einen asphaltierten Landwirtschaftsweg. Nach knapp einem Kilometer erreichen Sie in Buch die bereits bekannte Abzweigung, wo es nach links im Verlauf über die Brücke und an der Kirche vorbei zur Bushaltestelle geht. Insgesamt ist die Route knapp 10 km lang.

Für eine Schlussrast bietet sich in Markt Kirchzell die 2019 neu eröffnete Pizzeria Fratelli an (Hauptstraße 81). Das Restaurant hat dienstags bis samstags von 17-23 Uhr sowie sonn- und feiertags von 10.30-21.00 Uhr geöffnet. Um dorthin zu gelangen folgen Sie den Wegzeichen auf der Forsthausenstraße nach links zur etwa 250 m entfernten Kirche, biegen auf der Hauptstraße abermals links ab und erreichen so nach weiteren ca. 400 m die Gaststätte. Zurück geht es auf demselben Wege zur Einmündung Flurstraße/Forsthausenstraße und ab dort folgen Sie geradeaus der obigen Wegbeschreibung. Der Rückweg von der Pizzeria zur Bushaltestelle in Buch ist knapp 2,5 km lang.

„Fränkischer Odenwald, Nr. 11“, hrsg. vom Geo-Naturpark Bergstraße-Odenwald und vom Naturpark Neckartal-Odenwald, 2018, 1:20.000, ISBN 978-3-947593-01-9.

TIPP

Im Waldmuseum im Watterbacher Haus in Preunschen, das im Sommerhalbjahr an den Wochenenden und feiertags von 11-17 Uhr sowie im Winterhalbjahr von 12-16 Uhr geöffnet ist, können Sie sich u.a. genauer über die Burgruine informieren (nähere Informationen unter *www.kirchzell.de*).

Quelle: Hofmann, Manfred, Klemens Scheuermann und Clemens Speth, „Burg Wildenberg: Adelssitz, Amtssitz, Ruine“, Mannheim: Verlag Waldkirch, 2015. 189 S.; Informationstafeln des Geo-Naturparks Bergstraße-Odenwald vor Ort; Webseite www.mudau.de.

32 Römischer Wachturm (Michelstadt-Vielbrunn)

Koordinaten (WGS84): 49° 43‘ 11,8“ N, 9° 05‘ 09,1“ O (49.719933°, 9.085848°)

Der Wachtposten 10/15 „Im oberen Haspel“ befindet sich am Rande des Segelflugplatzes Vielbrunn auf einem baumlosen Bergrücken in etwa 465 m Höhe. Die Rekonstruktion steht etwa 10 m nördlich des originalen Standorts, der als kreisrunder Hügel mit Ringgraben gut erkennbar ist.

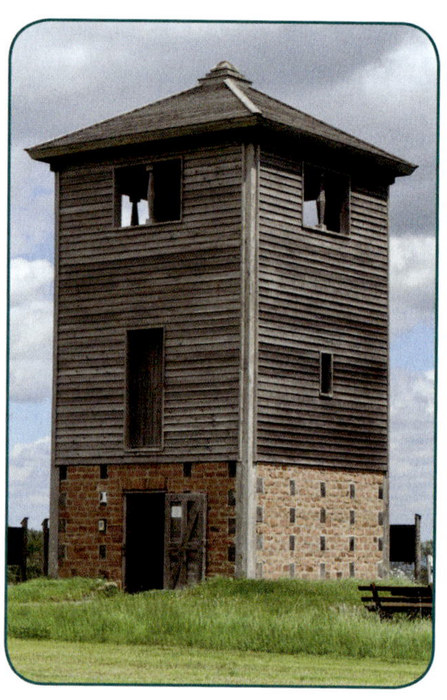

Als die Römer vor etwa 2.000 Jahren über den Rhein vordrangen, sicherten sie ihre eroberten Gebiete durch eine Grenzbefestigung, den Limes. Der mitten durch den Odenwald verlaufende sog. Odenwaldlimes wurde ca. 110 n. Chr. begonnen. Zunächst gab es nur einen Postenweg mit Wachtürmen und Limeskastellen, der etwa zehn Jahre später durch eine Palisade verstärkt wurde. In einer dritten Ausbauphase um 145 wurden dann die hölzernen Wachtürme durch Steinbauten ersetzt. Während der Jahre 155-159 gaben die Römer den Odenwaldlimes auf und bauten weiter östlich den Obergermanisch-Raetischen Limes. Nachdem sich im Laufe des 3. Jhds. die Einfälle germanischer Stämme häuften, wurde das rechtsrheinische Limesgebiet um 260/270 von den Römern geräumt.

Um das Interesse an den römischen Relikten im Odenwald zu wecken, wurde im Jahre 2010 der Limes-Wachturm nach archäologischen Erkenntnissen möglichst originalgetreu nachgebaut. Nur um die Lebensdauer der Rekonstruktion zu verlängern, wurden die Eckpfosten nicht wie damals ins Erdreich versenkt, sondern auf einem Betonfundamentsockel verschraubt. Der dreigeschossige Turm hat einen quadratischen Grundriss mit 5,50 m Außenlänge. Er besteht aus einem mit Sandsteinen gemauerten Sockelgeschoss und ist ansonsten in Holzfachwerk errichtet, wobei die vier Eckpfosten und der Rähm-Kranz aus Eiche und die restliche Konstruktion in Nadelholz hergestellt wurden. Die Gesamthöhe beträgt 11,50 m und die Standhöhe in der oberen Etage liegt bei 6,30 m, was damals eine ausreichende Sichtverbindung zu den benachbarten Türmen gewährleistete. Ursprünglich hatte der Turm keine Eingangstür im Erdgeschoss und auch keine Wendeltreppe. Um sich besser gegen Angreifer verteidigen zu können, gelangte die vier- bis achtköpfige Wachmannschaft mittels einer hochziehbaren Leiter in den Wohn- und Schlafraum im Mittelgeschoss. Über eine zweite Leiter kamen die Soldaten durch eine verschließbare Luke zur Wachstube ins Obergeschoss. Heute führt die hölzerne Wendeltreppe über 16 Stufen zunächst zum Mittelgeschoss und über 19 weitere Stufen bis ganz nach oben. Vier große Panoramafenster mit Mittelsäulen ermöglichen einen guten Ausblick in die Umgebung. Die Hauptaufgaben der Wachsoldaten bestanden neben der Grenzüberwachung im Unterhalt der Türme und der Sperranlagen. Im Ernstfall wurden die benachbarten Türme und das nächstgelegene Kastell mit optischen Zeichen (z.B. Flaggen, Rauchsignale) oder mittels Hornsignalen alarmiert. Das nächste Kastell für diesen Wachturm war das ca. 1,5 km nördlich gelegene Numerus-Kastell Hainhaus mit einer etwa 150 Mann starken Besatzung, das nur noch an Geländespuren erkennbar ist. Der Bau des Wachturms wurde finanziert durch den Europäischen Landwirtschaftsfonds für die Entwicklung des ländlichen Raums und das Land Hessen.

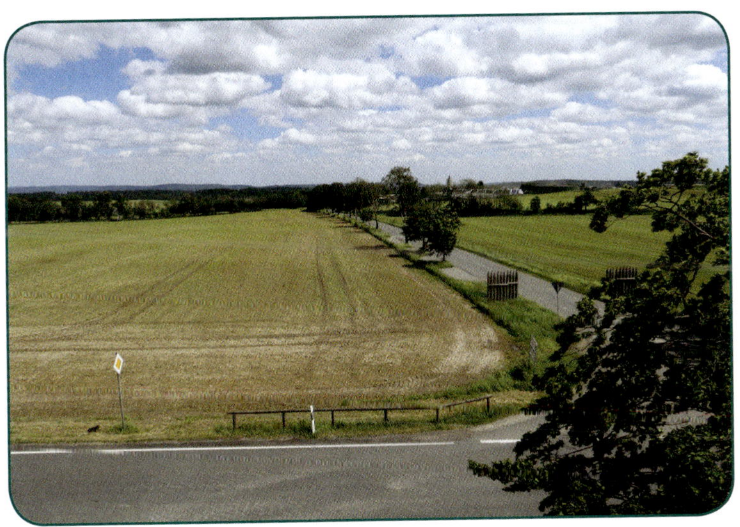

Vom Ausguck hat man aufgrund der umliegenden Bewaldung nur nach Osten hin einen richtigen Fernblick über Teile des östlichen Odenwalds bis hin zum Spessart. Nach Westen überblicken Sie die Rasenfläche des Segelflugplatzes und wenn Sie durch das nördliche Fenster schauen, sehen Sie linkerhand hinter einigen Bäumen den Flugplatztower und die Fliegerklause.

Der Turm kann samstags, sonntags und an Feiertagen von 10-18 Uhr begangen werden. **Bei schlechter Witterung bleibt der Turm geschlossen!**

Breitenbrunner Weg, 64720 Michelstadt-Vielbrunn: Der Wachturm befindet sich direkt an der Einmündung des Breitenbrunner Wegs in die Landstraße L3349; folgen Sie an der Kreuzung der beiden Landstraßen einfach der Beschilderung in Richtung Industriegebiet. Wenige Meter vom Turm entfernt gibt es im Breitenbrunner Weg einige Parkmöglichkeiten.

Bushaltestelle „Michelstadt-Vielbrunn, Kreuzung": Von der Haltestelle gehen Sie zur Kreuzung der beiden Landstraßen L3349 und L3918 und halten sich in Richtung Wörth/Main und Laudenbach. Am Straßenrand entlang ist es gut ein halber Kilometer zum Wachturm. **Es gibt einen Alternativweg, wenn Sie nicht an der schnell befahrenen Landstraße entlang gehen möchten**: Fahren Sie einfach eine Station weiter zur **Haltestelle „Römerstraße"** und gehen unmittelbar in die Römerstraße in Richtung Planetenweg; dabei können Sie dem grünen L des Westlichen Limeswegs folgen. Nach ca. 350 m weist der Planetenweg nach rechts, aber Sie bleiben noch gut 100 m geradeaus und biegen dann der Vorfahrtstraße folgend nach links in den Breitenbrunnerweg ab. Die Straße führt durch das kleine Industriegebiet von Vielbrunn und etwa 200 m hinter dem Ortsausgangsschild verlässt Sie das grüne L nach rechts in einen Schotterweg. Folgen Sie dem Hinweisschild zum Wachturm weiter auf dem Asphaltweg bis zur Landstraße L3349, an der Sie direkt auf den Turm treffen. Dieser längere Weg ist ungefähr 1,3 km weit. **Bitte beachten Sie**: An den Wochenenden und feiertags fährt nur ein Rufbus. Der Fahrtwunsch muss spätestens eine Stunde und bei Gruppen ab acht Personen spätestens 24 Stunden vorher unter der Telefonnummer 06061/9799-77 angemeldet werden.

Die Gaststätte mit Biergarten „Zur Fliegerklause" ist vom Turm aus bereits zu sehen. Sie hat freitags ab 17 Uhr, samstags ab 16 Uhr sowie sonn- und feiertags ab 11 Uhr geöffnet. Weitere Einkehrmöglichkeiten gibt es direkt in Vielbrunn, z.B. an der Limesstraße in der Nähe der **Bushaltestelle „Schwimmbad"**: die Speisegaststätte Limeshalle ist täglich ab 12 Uhr, aber samstags erst ab 14.30 Uhr geöffnet, und das Hotel-Restaurant Weyrich hat montags von 11-22 Uhr, dienstags bis freitags von 11.30-14.00 Uhr und 17-20 Uhr sowie an den Wochenenden von 11.30-22.00 Uhr geöffnet.

„Mittlerer Odenwald, Nr. 6", hrsg. vom Geo-Naturpark Bergstraße-Odenwald und vom Naturpark Neckartal-Odenwald, 2017, 1:20.000, ISBN 978-3-931273-88-0.

TIPP

Am und im Turm gibt es eine Reihe interessanter Informationstafeln und es liegt ein Faltblatt „Römischer Wachturm in Michelstadt-Vielbrunn" aus, das Sie auch auf der Webseite der Gemeinde Vielbrunn *www.vielbrunn.de* herunterladen können. Die Gästeinformation bietet außerdem Führungen an, zu denen Sie sich telefonisch unter 06061/9794110 oder per E-Mail *touristik@michelstadt.de* anmelden können.

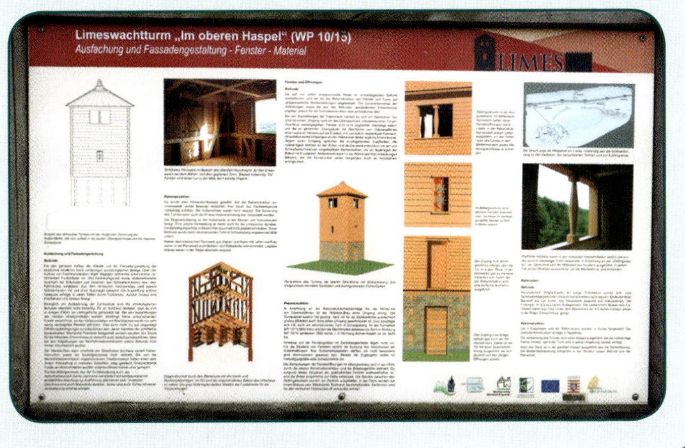

Quelle: Faltblatt „Römischer Wachturm in Michelstadt-Vielbrunn" (www.vielbrunn.de) und Informationstafeln vor Ort.

33 Burg Miltenberg (Miltenberg)

Koordinaten (WGS84): 49° 41‘ 54,1“ N, 9° 15‘ 00,5“ O (49.698360°, 9.250137°)

Wo der Main zwischen den bewaldeten Sandsteinbergen von Odenwald und Spessart in die offenere Landschaft austritt, liegt oberhalb von Miltenberg auf dem nördlichen Vorsprung des Greinbergs die auch als Mildenburg bezeichnete Burganlage.

Gegen Ende des 12. Jhds. erbauten die Erzbischöfe von Mainz die Burg, um ihre Macht am südwestlichen Mainviereck zu sichern. Erstmals urkundlich erwähnt wird die Burganlage im Jahre 1226 und zu dieser Zeit bestanden bereits die Ostgebäude, die Burgaußenmauer und der aus Buckelquadern gemauerte Bergfried im südwestlichen Teil der Kernburg. Der Burgturm ist beachtliche 27 m hoch, weist 2,5 m starke Außenmauern auf und hat eine Seitenlänge von 9,5 m. Nur wenige romanische Bergfriede sind noch in einer solchen Größe erhalten. In alter Baumanier wurde erst ein „Ausgleichssockel“ hergestellt, auf dem später der Turm errichtet werden konnte. Der Sockel besteht im unteren Teil aus einfachen Hand- oder Kleinquadern und erst im oberen, sichtbaren Teil wurden gut bearbeitete Buckelquader verwendet. An der Südecke endet der Sockel im anstehenden Fels, der auf das Sockelniveau abgearbeitet wurde. Der Einstieg befindet sich in 12 m Höhe und war ursprünglich nur über eine überdachte Holztreppe zu erreichen. Unterhalb des Zugangs befand sich im Inneren des Turms ein Verlies und auf der heutigen Aussichtsplattform existierte bis 1787 eine aus Fachwerk gebaute Türmerwohnung. Die Burg war Amtssitz adeliger Mainzer Burggrafen und nach 1541 von sogenannten Amtmännern. Um 1400 entstand wohl unter Erzbischof Konrad von Weinsberg der Palas und die anderen Bauten zur Stadtseite hin stammen im Wesentlichen aus der Folgezeit des 15. und 16. Jhds. Im Laufe des 15. Jhds. wurde die Burg durch eine Zwingeranlage und ein Vorwerk befestigt. Im

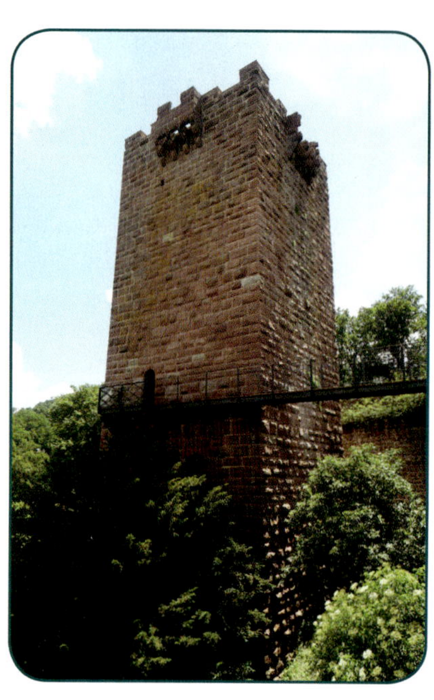

Dreißigjährigen Krieg kam es durch schwedische und hessische Truppen zu teilweise schweren Beschädigungen, die nach Kriegsende wieder ausgebessert wurden. Auf einen weiteren Ausbau der Verteidigungsanlagen wurde jedoch verzichtet und die Burg so zum reinen Verwaltungssitz. Als 1730 der Amtmann hinunter in die Stadt zog, begann die Burg zu verfallen und wurde sogar als Steinbruch genutzt. 1803 trat der Fürst von Leiningen infolge des Reichsdeputationshauptschlusses die Rechtsnachfolge der Mainzer Erzbischöfe an und verkaufte die Mildenburg fünf Jahre später an den Konsistorialrat Carl Gottlieb Horstig. Es folgten weitere Privatbesitzer, darunter der Kreisrichter Wilhelm Conrady, der 1884 die Wehrmauer über eine Eisenbrücke mit dem höher gelegenen Eingang des freistehenden Bergfrieds verband. Im Jahre 1979 kam die Burg schließlich an die Stadt Miltenberg und in den Folgejahren wurden umfangreiche Sicherungs- und Sanierungsmaßnahmen durchgeführt. Im Juli 2011 wurde die Burg mit einem neuen Museum wiedereröffnet.

Den Turmeingang erreicht man über die Burgmauer und einen Stahlsteg mit Holzbohlen: Eine kurze Steintreppe mit acht Stufen führt zunächst zur Burgmauer und auf der Mauer entlang geht es über 67 unterschiedlich hohe und tiefe Stufen bis zum Steg. Im Turminnern führt eine Holztreppe mit insgesamt 77 Stufen über zwei Zwischengeschosse hinauf zur Aussichtsplattform, die mit einer Metalltür verschlossen werden kann.

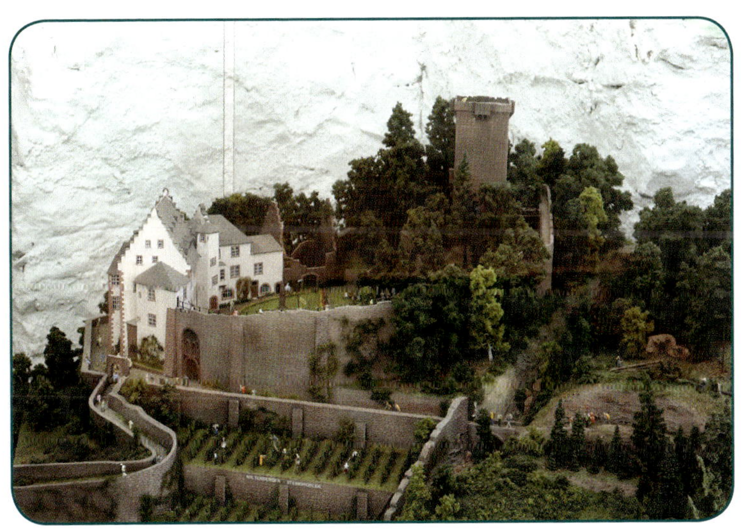

Der Blick schweift über die Stadt Miltenberg und das Maintal: linksseitig des Mains auf die Ausläufer des nördlichen Odenwalds und auf der rechten Mainseite in den Spessart.

Der Bergfried ist nur während der Öffnungszeiten des Burgmuseums begehbar: von Mitte März bis Ende Oktober dienstags bis sonntags von 11.00-17.30 Uhr. Der Eintritt kostet für Erwachsene 3,00 Euro und ermäßigt 2,00 Euro sowie für Familien 8,00 Euro.

Mainzer Straße, 63897 Miltenberg: Parken Sie beispielsweise auf dem großen Parkplatz an der Mainzer Straße; die Einfahrt in den Parkplatz ist gegenüber den Häusern Nr. 21 und 23. Gehen Sie am gut 100 m entfernten Jagdhotel Rose rechterhand in die Hauptstraße und durch das historische Schwarzviertel erreichen Sie nach gut einem halben Kilometer den Marktplatz mit Brunnen. Etwa 50 m nach rechts geht es in die Schloß-Gasse auf einem Treppenweg noch knapp 200 m hinauf zur Burg. Insgesamt ist der Weg gut 800 m weit.

Bahnhof Miltenberg: Vom Bahnhofsvorplatz (Berliner Platz) gehen Sie an der Brückenstraße entlang nach links und wechseln am besten bereits an der Fußgängerampel auf die andere Straßenseite. Nach gut einem halben Kilometer überqueren Sie die Mainbrücke; rechterhand haben Sie einen schönen Blick auf die Burg. Hinter dem Brückentor aus der Zeit des Historismus halten Sie sich nach rechts in die Einbahnstraße hinunter zur Staatsstraße 2310. Überqueren Sie an der Fußgängerampel die viel befahrene Straße und gehen Sie geradeaus durch die Tränkgasse in die Altstadt. Sobald Sie die Fußgängerzone erreichen, halten Sie sich in diese nach rechts. Im Verlauf am alten Rathaus vorbei erreichen Sie nach gut 200 m die St.-Jakobus-Kirche am Marktplatz. Etwa 20 m links vom Marktbrunnen führt schräg gegenüber dem Stadtmuseum ein Treppenweg mit Kopfsteinpflaster (Schloß-Gasse) knapp 200 m hinauf zur Burg. Insgesamt sind es knapp 1,5 km vom Bahnhof bis zur Kasse am Burgeingang.

Auf der Burg gibt es an der Kasse Getränke und kleine Speisen. In der Fußgängerzone (Hauptstraße) finden Sie eine Reihe von Einkehrmöglichkeiten: vom Café über das zünftige Bräustübl bis zum Asia-Restaurant.

„Maintal-Odenwald, Nr. 7", hrsg. vom Geo-Naturpark Bergstraße-Odenwald und vom Naturpark Neckartal-Odenwald, 2018, 1:20.000, ISBN 978-3-947593-00-2.

TIPP

Das Museum auf der Burg beherbergt eine beeindruckende Ausstellung zeitgenössischer Kunstwerke sowie russische, griechische und rumänische Ikonen aus den Beständen der Diözese Würzburg. Auch viel Interessantes zur Burggeschichte wird geboten. Ganzjährig findet jeden Montag um 14 Uhr eine öffentliche Führung statt; nach Voranmeldung sind weitere Führungen außerhalb der regulären Öffnungszeiten möglich. Es gibt ein Kombiticket, um neben dem Burgmuseum auch das Stadtmuseum am Marktplatz besuchen zu können. Nähere Informationen finden Sie unter *www.museen-miltenberg.de*.

Quellen: Antonow, Alexander, „Burgen im Main-Viereck", Frankfurt am Main 1987, S. 57-67; Biller, Thomas, „Burgen und Schlösser im Odenwald", Regensburg 2014, S. 182-185; Neubert, Hermann, „Kurzführer zur Mildenburg", Miltenberg/Regensburg 2015; Ausstellung zur Geschichte der Burg im Burgmuseum; Webseite www.museen-miltenberg.de und www.burgenarchiv.de.

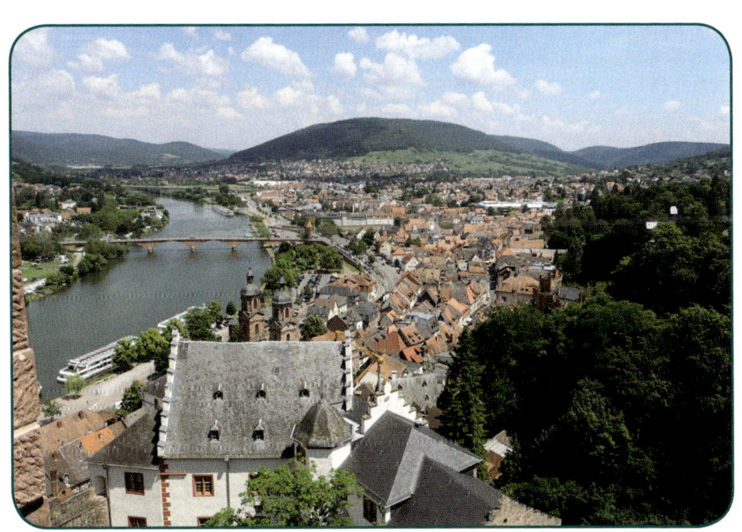

34 Bismarckturm (Mosbach)

Koordinaten (WGS84): 49° 20‘ 57,1“ N, 9° 07‘ 17,7“ O (49.349190°, 9.121571°)

Der Bismarckturm steht auf dem Hamberg am Waldrand und grenzt unmittelbar an den Segelflugplatz Schreckhof an. Der Turm befindet sich in 265 m Höhe gut zehn Höhenmeter unterhalb des höchsten Punktes dieser Erhebung.

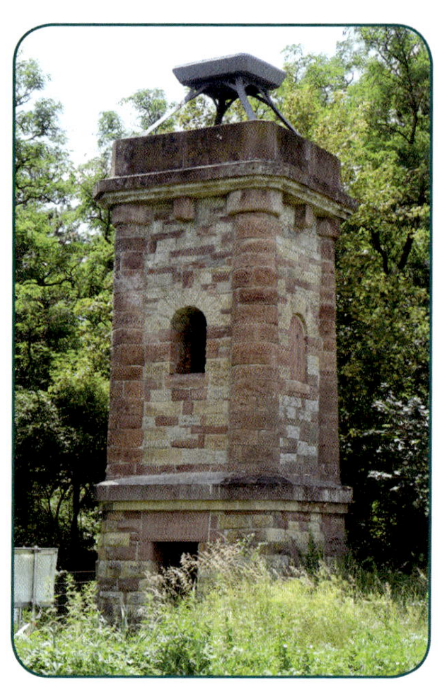

Auf Anregung des Odenwaldklubs wurde im Juni 1901 unter dem Vorsitz des Mosbacher Stadtrats Reinhard (später unter Bürgermeister Renz) ein „Comité zur Errichtung eines Denksteines für den 1. Reichskanzler Fürsten Otto von Bismarck“ gebildet. Neben dem Erlös eines Laienkonzerts trugen Spenden der Gemeinden Schefflenz und Haßmersheim, des Odenwaldklubs Mosbach und anderer örtlicher Vereine sowie der Bürgerschaft zur Finanzierung des Turmbaus bei. Bis Ende 1904 war der Baufonds soweit gefüllt, dass der Grundstein gelegt und mit dem Bau begonnen werden konnte. Zur Ausführung kam der Entwurf des Architekten Philip Fleischmann aus Mosbach für einen Aussichtsturm mit Feuerschale. Der Entwurf ähnelt dem preisgekrönten Entwurf „Götterdämmerung“ von Architekt Wilhelm Kreis (siehe Seite 69), ist aber weniger wuchtig ausgestaltet. Nach knapp vier Monaten Bauzeit konnte der Turm bereits am 02.04.1905 feierlich eingeweiht werden, einen Tag nach dem 90. Geburtstag des bereits verstorbenen Reichskanzlers Otto von Bismarck. Die Gesamtkosten betrugen nur knapp 2.650 Mark und waren damit im Vergleich zu anderen Bismarcktürmen sehr niedrig. Dies lag daran, dass ein Teil der Steine vor Ort gebrochen werden konnte, der Entwurf und die Bauleitung unberechnet blieben und das Baugrundstück eine Schenkung der damals noch selbständigen Gemeinde Schreckhof war.

Der quadratische Turm mit einer Seitenlänge von 3,80 m und einem sich nach oben verjüngenden Turmschaft war zum Zeitpunkt der Einweihung 9,50 m hoch. Als Baumaterial wurde roter und graugrüner Sandstein sowie an Ort und Stelle gebrochener blauer Kalkstein verwendet. Vor dem Turmeingang auf der Ostseite befand sich früher eine Steintreppe mit zwei Stufen, die jedoch nicht mehr sichtbar ist, weil nach 1985 das Erdreich um 0,85 m erhöht wurde. Dadurch beträgt die erkennbare Gesamthöhe des Bauwerks heute nur noch 8,65 m. Im Innern gelangt man über eine Wendeltreppe mit 38 Stufen zur Aussichtsplattform mit der aufgesetzten quadratischen Feuerpfanne. Im Jahr 2005 wurde das Bauwerk vom Städtischen Bauhof für 4.500 Euro saniert und ein Gittertor angebracht.

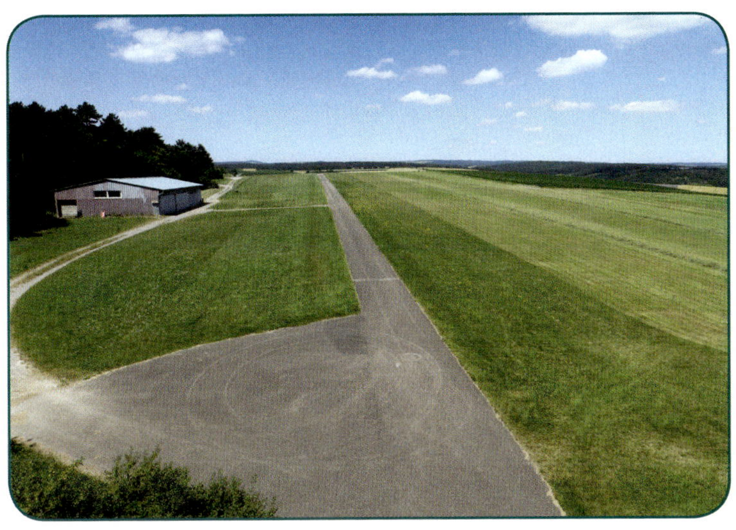

Der Blick schweift von Nordwesten bis Nordosten über den Flugplatz hinweg in den Odenwald; in die anderen Himmelsrichtungen ist die Aussicht durch hochgewachsene Bäume versperrt. Schaut man über das Rollfeld kann man in der Ferne den Katzenbuckel sehen, den höchsten Berg des Odenwalds.

Der Turm ist seit 2005 nicht mehr frei zugänglich. Ein Schlüssel für das Gittertor kann bei der Fliegergruppe Mosbach e.V. auf dem Segelflugplatz oder bei der Tourist-Information Mosbach (Marktplatz 4, 74821 Mosbach, Telefon 06261/9188-0) entliehen werden.* Die Kaution in Höhe von 50 Euro bekommt man bei der Rückgabe des Schlüssels zurück.

* Die Touristinfo erreichen Sie vom Bahnhof Mosbach aus, indem Sie sich in der Fußgängerunterführung in Richtung Stadtmitte halten. Über den Wilhelm-Kapferer-Platz hinweg gehen Sie in die Kesslergasse und an deren Ende auf der Hauptstraße nach rechts zum Marktplatz. Die Info befindet sich auf der anderen Seite des Platzes und ist vom Bahnhof ca. 250 m entfernt.

Segelflugplatz Schreckhof, Am Hamberg, 74821 Mosbach: Unmittelbar nachdem Sie von der Landstraße L527 (Steige) in die Straße Am Hamberg abgebogen sind, können Sie auf der Schotterfläche parken und der Wegbeschreibung für die Anfahrt mit dem Bus folgen.

Bushaltestelle „Diedesheim, Hamberg": am Wochenende fährt die Buslinie 830 samstags nur bis ca. 13 Uhr und sonntags nur einmal um die Mittagszeit: Von der Haltestelle gehen Sie ca. 50 m zur Straßenkurve, wo Sie dem Hinweisschild zum Segelflugplatz und dem blauen N des Neckarsteigs in Richtung Mosbach folgen. Nach gut 150 m führt die Straße Am Hamberg nach rechts und Sie halten sich in den für Kraftfahrzeuge gesperrten Asphaltweg. Sobald Sie den Waldrand erreichen, biegt das blaue N nach rechts ab und Sie halten sich auf nunmehr unmarkierter Strecke geradeaus zum noch ungefähr 400 m entfernten Flugfeld. Am Flugzeughangar vorbei sehen Sie bereits den Bismarckturm, den Sie nach insgesamt etwa einem Kilometer erreichen. Für den Rückweg können Sie vom Turmeingang aus dem Pfad in den Wald folgen. Sie befinden sich auf dem örtlichen Wanderweg M6, der im Verlauf hinter einem Hochsitz vorbeiführt. In einem Naturschutzgebiet treffen Sie auf einen anderen Pfad, in den Sie sich nach links halten. Bergab erreichen Sie nach knapp 100 m eine Schutzhütte, von der Sie eine schöne Aussicht auf Mosbach haben. Für den weiteren Weg gehen Sie von der Hütte wenige Meter zurück und halten sich auf dem bergab verlaufenden Pfad. Dieser Pfad führt teilweise recht steil bergab, sodass bei nassem Untergrund Vorsicht geboten ist. Nach einem Abstieg von knapp 300 m stoßen Sie auf eine Straße (Unterm Hamberg) und halten sich zur knapp 50 m entfernten Durchfahrtstraße (Hammerweg); Sie können vorübergehend zusätzlich wieder dem Neckarsteig-Symbol folgen. Auf dem Hammerweg nach links wechseln Sie nach etwa 250 m kurz vor einem Kreisverkehr die Straßenseite und halten sich nun weiter auf der Straße Am Henschelberg; an dieser Stelle führt der Neckarsteig nach links und Sie können sich für den Rest der Wegstrecke an der roten Raute orientieren. Nochmals ca. 250 m hinter dem Verkehrskreisel erreichen Sie einen kombinierten Fuß- und Radweg; zusätzlich stößt der Hauptwanderweg mit grünem Kreuz hinzu. Folgen Sie der Raute und dem Kreuz über den wenige Meter entfernten Männa Steg auf die andere Seite der Elz. Im weiteren Verlauf überqueren Sie die Eisenbahnstraße und bleiben weiter auf dem Fußweg am aufgestauten Bachlauf entlang. Sobald der Weg vom Bach wegführt, folgen Sie den Wanderzeichen weiter auf der Anwohnerstraße (Bertl-Bormann-Straße). Unweit des Feuerwehrgerätehauses treffen Sie auf eine Querstraße und nach rechts sehen Sie in ungefähr 100 m Entfernung bereits den **Bahnhof Mosbach (Baden)**. Insgesamt ist die Route ca. 3 km lang.

Alternativ können Sie vom Bahnhof Mosbach-Neckarelz loswandern: Vom Bahnhofsplatz gehen Sie zum Kreisverkehr und am Parkhaus linkerhand weiter in die Oststraße. Nach knapp 200 m biegen Sie rechts in einen

Fußweg ab und können sich am roten R des Rhein-Neckar-Wegs orientieren. Die Markierung führt auf die andere Seite der Bahnlinie. Überqueren Sie dort an der Ampel den Güterhalleweg und wechseln Sie auf den mit weißem V markierten Verbindungswanderweg in den Sandweg bergan. Am Ende einer Sackgasse geht es eine Treppe hinauf. Auf der Oberen Geisbergstraße halten Sie sich nach links und biegen nach knapp 100 m rechts in einen Treppenweg ab. Über die Straße Sonnenhalde hinweg wandern Sie am oberen Ende des Treppenwegs nach links. Sie befinden sich auf der Straße Am Hamberg, die nach gut 200 m aus dem Ort hinaus führt und kurz darauf auf einen Querweg trifft; von dieser Stelle ab können Sie dem blauen N des Neckarsteigs nach rechts bis zum Waldrand folgen und dann auf unmarkierter Strecke geradeaus (siehe Wegbeschreibung für Anfahrt mit dem Bus). Vom Bahnhof bis zum Erreichen des Neckarsteigs sind es etwa 1,2 km; bis zum Turm sind es gut 2 km.

Wenn Sie in die Mosbacher Altstadt kommen, finden Sie in der Fußgängerzone eine Reihe von Einkehrmöglichkeiten vom asiatischen Imbiss über Restaurants mit gutbürgerlicher Küche bis zum gemütlichen Café.
Für Autofahrer bietet sich etwa 1,2 km vom Parkplatz entfernt die saisonal geöffnete Besenwirtschaft Schreinerschenke auf dem Schreckhof an; nähere Informationen zu den genauen Öffnungstagen und Uhrzeiten finden Sie unter *www.schreckhof.de*. Sie erreichen die Gaststätte, indem Sie auf der Landstraße L527 (Steige) zur ca. 50 m entfernten Bushaltestelle wandern bzw. fahren und dort nach links in die Straße Am Schreckberg abbiegen. Auf diesem asphaltierten Feldweg, der anfangs an einem Wohngebiet entlang führt, kommen Sie zur Siedlung Schreckhof, wo sich zentral der Gasthof befindet.

„Südlicher Odenwald, Bauland, Nr. 18", hrsg. vom Geo-Naturpark Bergstraße-Odenwald und vom Naturpark Neckartal-Odenwald, 2016, 1:20.000, ISBN 978-3-931273-83-5.
„Neckartal-Stauferland, Nr. 21", hrsg. vom Geo-Naturpark Bergstraße-Odenwald und vom Naturpark Neckartal-Odenwald, 2018, 1:20.000, ISBN 978-3-931273-99-6.

TIPP

Beim jährlichen Fliegerfest der Fliegergruppe Mosbach e.V. gibt es die Möglichkeit zu kostenpflichtigen Rundflügen. Nähere Informationen finden Sie unter *www.fliegermosbach.de*. Der Flugbetrieb findet bei schönem Wetter samstags von 13-19 Uhr und sonntags von 10-19 Uhr statt.

Quellen: Messner, Werner, „2005 - 100 Jahre Bismarckturm auf dem Hamberg bei Mosbach", in: Mosbacher Jahresheft, Jg. 2005, S. 153-167; Informationstafel des Geo-Naturparks Bergstraße-Odenwald vor dem Turm; Webseite www.bismarcktuerme.de.

35 Burgruine Frankenstein (Mühltal, OT Nieder-Beerbach)

Koordinaten (WGS84) des Bergfrieds der Kernburg: 49° 47‘ 35,1“ N, 8° 40‘ 05,2“ O (49.793094°, 8.668115°)

Die einst stattliche Burganlage steht auf einem 370 m hohen, schmalen und langgestreckten Ausläufer des Langenbergs zwischen Nieder-Beerbach und Malchen.

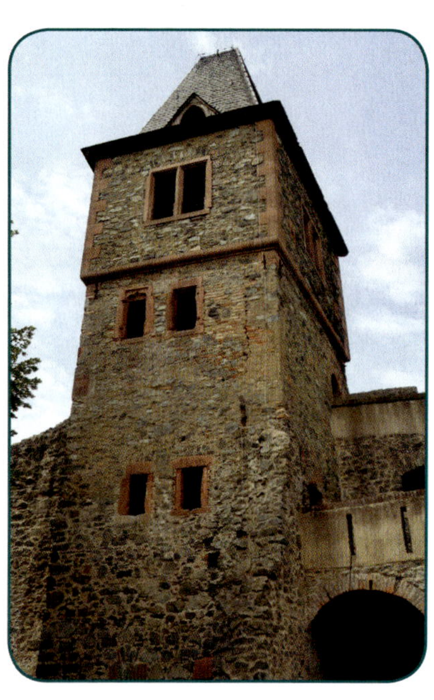

Die Burganlage wurde vermutlich zwischen 1220 und 1250 durch Konrad II., Reiz zu Breuberg, begonnen und 1252 erstmals urkundlich erwähnt. Seine Nachfahren legten sich den Geschlechtsnamen Frankenstein zu und bauten die Burg als Stammsitz im Laufe der Zeit immer weiter aus. Um ihren Besitz gegen die mächtigen Nachbarn zu sichern, räumten die Frankensteiner den Grafen von Katzenelnbogen ab 1292 für den Kriegsfall ein Öffnungsrecht an der Burg ein. Die Kernburg wurde ohne den sonst üblichen Bergfried gebaut und erst um 1400 entstanden rings um die Vorburg eine starke Wehrmauer und der Brücken- bzw. Torturm, dessen Innenseite wohl schon im Mittelalter offen war. Durch diese Erweiterung konnten Wirtschafts- und Gesindegebäude in den Vorhof verlegt und damit in der Kernburg mehr Wohnraum für die Frankensteiner geschaffen werden. In den folgenden Jahrzehnten kam es immer wieder zu Streitigkeiten zwischen den beiden Familienlinien und auch zu Auseinandersetzungen mit den Landgrafen von Hessen-Darmstadt. Die Landgrafen hatten nach dem Aussterben der Grafen von Katzenelnbogen deren Nachfolge angetreten und ihre Besitzungen lagen fast ringsum die Burg. Als nach dem Dreißigjährigen Krieg die Atmosphäre immer angespannter wurde, verkauften die Frankensteiner ihre Stammburg 1662 an die hessischen Landgrafen. Diese nutzten die Burg allerdings nur kurzzeitig als Invalidenunterkunft und Militärgefängnis. Aufgrund der strategischen Bedeutungslosigkeit wurde die Burg aufgegeben und war bereits um 1730 so verwahrlost, dass sie teilweise abgebrochen wurde. Erhalten geblieben sind die äußere Zwingermauer mit dem Torturm und die hohe, polygonale Ringmauer der mehreckigen Kernburg. Erst 1765 regte sich wieder neues Leben als auf alten Fundamenten eine Försterei errichtet wurde. Die Ruine avancierte zum beliebten Ausflugsziel und wurde u.a. von der aus Darmstadt stammenden späteren Königin Luise von Preußen geschätzt. Bei den Restaurierungen, die sich von 1835 bis 1893 hinzogen, wurden die aus der Gründungszeit stammenden Bauteile im romantisierenden Stil des 19. Jhds. ergänzt. 1965 mussten mehrere historische Gebäude dem Bau des modernen Restaurants weichen und in den Folgejahren wurde die im Besitz des Landes Hessen befindliche Burganlage weiter zum Naherholungsziel ausgebaut.

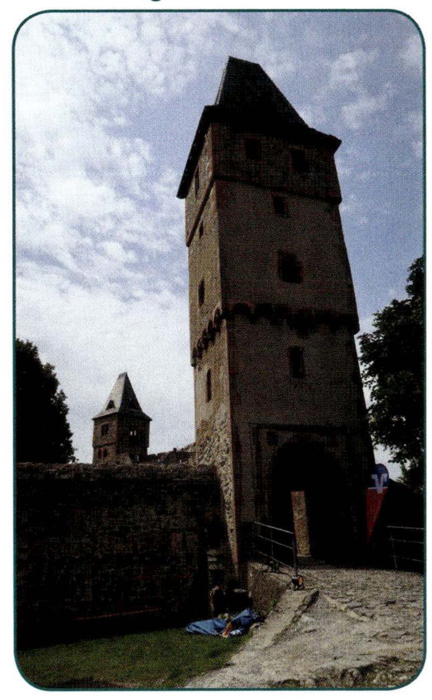

Der auffallende Torturm am Eingang zur Vorburg ist leider nicht begehbar. Er war auch einst niedriger und erst 1892/93 wurde im Zuge der Sanierungsarbeiten das oberste Geschoss mit Steildach aufgesetzt. Als Ausblick steht der im 19. Jhd. aufgestockte Turm der Kernburg zur Verfügung. Man erreicht die Aussichtsplattform etwas versteckt: Zunächst geht es über eine Steintreppe mit 22 Stufen zu einer niedrigeren Aussichtsmöglichkeit an der Ecke der Schildmauer, wo sich ein Münzfernrohr befindet. Weitere 18 Stufen führen hinauf zur Schildmauer über die man zum Turm gelangt und im Turminnern wartet noch eine Holztreppe mit 17 Stufen hinauf zur Aussichtsplattform. Die Familie der Herren von Franckenstein, die 1670 zu Reichsfreiherren ernannt wurden, wohnt übrigens heute noch in Franken.

Durch die vier Fenster des Bergfrieds hat man einen schönen Ausblick in alle Himmelsrichtungen: Nach Osten geht der Blick in den Odenwald, besonders augenfällig auf den Gabbro-Steinbruch der Gemeinde Mühltal-Waschenbach, und nach Süden hin sieht man den Melibokus. In westlicher Richtung kann man über die Rheinebene hinweg den Pfälzerwald und den Donnersberg sowie bei guter Sicht über das rheinhessische Hügelland hinweg die Ausläufer des Soonwalds erkennen. Nördlich fällt der Blick über Darmstadt hinweg nach Frankfurt und zum Taunus.

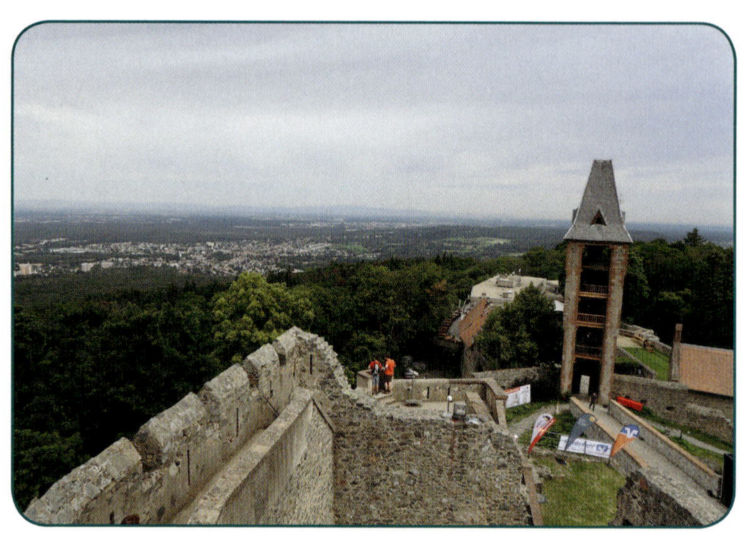

Die Burgruine ist ganzjährig von Sonnenauf- bis Sonnenuntergang zugänglich. **Von Mitte Juni bis Mitte August ist an den Veranstaltungstagen des Kulturfestivals der Zutritt zum Burggelände nur eingeschränkt möglich (siehe Tipp).** Für den Erhalt der Burg wird um eine Spende von einem Euro pro Person gebeten.

Burg Frankenstein, 64367 Mühltal (geben Sie im Navi „Darmstadt, Josephweg" oder „Darmstadt, Herrnweg" ein): Fahren Sie aus Richtung Darmstadt über die Bundesstraße B426 in Richtung Mühltal. Im Kühlen Grund biegen Sie auf die Landstraße L3098 nach Nieder-Beerbach ab und bereits nach ca. 500 m sehen Sie in einer Kurve die Bushaltestelle Frankenberger Mühle. Dort befindet sich der Anfang des Herrnwegs, der hinauf zur Burgruine führt. Am höchsten Punkt des Fahrwegs erreichen Sie den Parkplatz vor der Burg. Die weitere Zufahrt ist nicht gestattet, aber es sind nur noch gut 150 m zum Burgeingang; am Ende des Parkplatzes gibt es eine Treppe hinunter zur Burgauffahrt.

Straßenbahnhaltestelle „Seeheim-Jugenheim, Malchen": Von der Haltestelle folgen Sie dem gelben B des Blütenwegs und dem Hauptwanderweg mit dem grünen Doppelstrich in die Frankensteiner Straße bergan. Nach ca. 250 m biegt das gelbe B rechts ab und Sie bleiben weiter geradeaus und können dem grünen Doppelstrich bis zur Burg folgen. Sobald sich die Frankensteiner Straße gabelt, gehen Sie nach links und erreichen nach insgesamt gut 800 m den Waldrand. Dort folgen Sie dem Wanderzeichen in einen Forst- und Landwirtschaftsweg. Etwa 100 m nachdem Sie in ein Wasserschutzgebiet

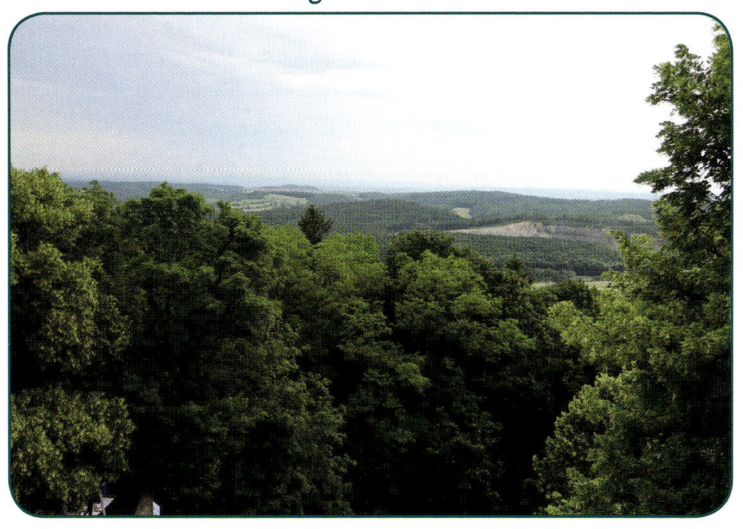

gekommen sind bleiben Sie an einer Gabelung auf dem rechten Weg und knapp 200 m darauf an einer Abzweigung geradeaus. Stets bergauf erreichen Sie einen Fahrweg (Josephweg), überqueren diesen und folgen weiterhin dem grünen Doppelstrich in einen breiten Pfad. An Abzweigungen stets geradeaus kommen Sie nach gut 600 m an eine Wegspinne. Halten Sie sich in gerader Richtung in den bergauf führenden Pfad, der neben dem grünen Doppelstrich zusätzlich mit der blauen Burg des Burgensteigs markiert ist. Nach ca. 100 m weisen die Wegzeichen nach links bergan; wobei Sie sich auch geradeaus auf dem etwas längeren, aber bequemeren Weg halten können, der in den Asphaltweg zur Burg mündet. Der Pfad und der Weg führen nach insgesamt etwa 2,8 km zum Burgeingang.

Alternativer Rückweg: Gehen Sie vom Burgtor die Auffahrt hinunter und folgen Sie dabei der blauen Burg, dem roten A des Alemannenwegs und dem roten Strich des Weitwanderwegs Odenwald-Vogesen. Im Verlauf halten Sie sich auf dem Asphaltweg unterhalb des Parkplatzes entlang bis zur Parkplatzeinfahrt, wo Sie auf einen Wanderwegweiser treffen.* Für den Weg zurück nach Malchen verlassen Sie die Wanderwege und gehen am Fahrweg (Herrnweg) entlang nach rechts bergab auf unmarkierter Strecke. Im Verlauf macht die Straße eine Linkskurve und nach knapp 400 m treffen Sie in der Rechtskurve auf zwei Waldwege. Gehen Sie in den zweiten Weg an der Leitplanke. Der geschotterte Weg verläuft erst leicht bergab und dann eben. Nach knapp einem Kilometer erreichen Sie eine Hütte und biegen dort scharf nach rechts in den abwärts führenden Weg ab. Nach ungefähr 250 m kommen Sie zu einer Linkskurve, wo zwei Pfade abzweigen: Folgen Sie dem linken der bei-

* Der blauen Burg folgend können Sie vom Parkplatz aus die folgenden Aussichtsmöglichkeiten erwandern: die Ruine Tannenberg in 5,9 km (siehe Seite 182), das Alsbacher Schloss in 14,1 km (siehe Seite 10) und das Auerbacher Schloss in 19,3 km (siehe Seite 22).

den Pfade, dem Geschichtspfad. Bereits nach ca. 300 m treffen Sie auf einen breiten Weg, auf dem Sie zu einem gut 50 m entfernten Haus (Am Dollacker 19) wandern. Am Haus vorbei folgen Sie dem Weg hinunter nach Malchen.

Sobald die Straße Am Dollacker auf eine Querstraße trifft, befinden Sie sich wieder auf dem Blütenweg. Dem gelben B folgen Sie nach rechts zur Frankensteiner Straße und auf dieser nach links zurück zur Haltestelle. Insgesamt ist die Route ca. 5,5 km lang.

Der Burgkiosk hat von April bis Oktober samstags bis dienstags von 10-17 Uhr geöffnet; die Öffnungszeiten können wetterbedingt geändert werden. Im Restaurant mit Panoramaterrasse werden Sie von März bis Dezember mittwochs bis sonntags von 11-22 Uhr bewirtet (nähere Informationen unter *www.frankenstein-restaurant.de*).

„Nördlicher Vorderer Odenwald, Nr. 2", vom Geonaturpark Bergstraße-Odenwald und vom Naturpark Neckartal-Odenwald, 2016, 1:20.000, ISBN 978-3-931273-81-1.

TIPP

In den Monaten Juni bis August findet an einigen Wochenenden auf der Burg das Frankenstein Kulturfestival statt. Zu diesen Zeiten ist die Burganlage nur eingeschränkt zugänglich. Beachten Sie auch, dass beim abendlichen Kulturfestival das Parken auf der Burg nur mit einem zuvor erworbenen Parkticket möglich ist. Nähere Informationen zu den einzelnen Veranstaltungen und zum kostenlosen Shuttle-Bus finden Sie unter *www.frankenstein-kulturfestival.de.*

Quellen: Biller, Thomas, „Burgen und Schlösser im Odenwald", Regensburg 2014, S. 69-72; Hessendienst der Staatskanzlei (Hrsg.), „Schlösser, Burgen, alte Mauern", Wiesbaden 1990, S. 258; Kirschner, Friedrich, „Die Burg Frankenstein", Schriftenreihe des Instituts für Natuschutz Darmstadt, 1962; Knappe, Rudolf, „Mittelalterliche Burgen in Hessen", Gudensberg-Gleichen 1994, S. 525 f; zwei Hinweistafeln der Hessischen Verwaltung der Staatlichen Schlösser und Gärten vor Ort; Webseite www.burg-frankenstein.de.

36 Burgfeste Dilsberg (Neckargemünd-Dilsberg)

Koordinaten (WSG84): 49° 23' 56,3" N, 8° 50' 13,4" O (49.398966°, 8.837062°)

An einer Flussschleife des Neckars befindet sich auf dem 288 m hohen Dilsberg die gleichnamige Stadtfestung mit Burgruine.

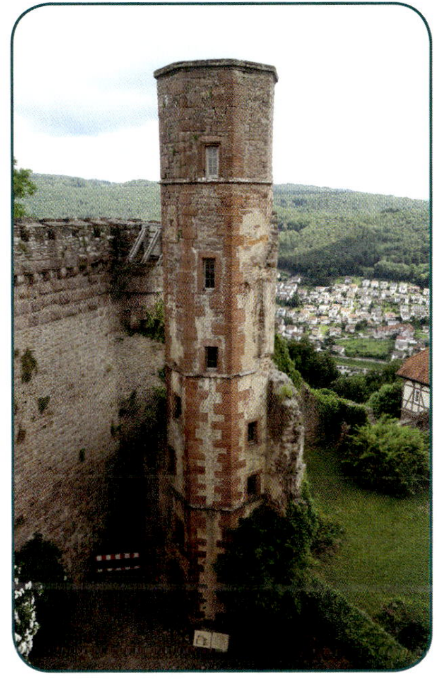

Etwa in der Mitte des 12. Jhds. erbauten die einflussreichen Grafen von Lauffen im Auftrag des Bistums Worms auf dem Dilsberg eine Burg. Diese ging um 1219 nach dem Aussterben der männlichen Nachfahren aus dem Lauffener Geschlecht an die Herren von Dürn über und wurde 1287/88 von König Rudolf von Habsburg für das Reich gekauft. Spätestens seit 1344 sind die Pfalzgrafen bei Rhein aus dem nahen Heidelberg die Besitzer der Burg, denn aufgrund ihrer Lage war sie hervorragend als Rückzugsort geeignet. Das ursprüngliche Aussehen kann leider nicht rekonstruiert werden, da Kurfürst Ruprecht I. von der Pfalz 1347 eine Siedlung auf dem Berg anlegen und die Befestigung erweitern ließ. Als Gegenleistung für die Stadtgründung und die damit verbundenen Privilegien hatten die Dilsberger Stadtbürger ihre Häuser dem Heidelberger Hof in Kriegszeiten und zu anderen Anlässen (z.B. Jagdaufenthalte) zu öffnen. Seit 1401 war die Burg Sitz eines Unteramtes des Kurfürstentums und wurde entsprechend als Verwaltungssitz ausgebaut. Im Dreißigjährigen Krieg belagerte und eroberte zunächst 1622 Feldherr von Tilly die Burg, 1633 kam sie in schwedischen Besitz und 1635 erfolgte die Rückeroberung durch kaiserliche Truppen. Im Westfälischen Frieden von 1648 kam die Burganlage wieder zur Kurpfalz und wurde als Garnison ausgebaut. Mit dem Fortschritt der Wehrtechnik verlor die Festung jedoch an Bedeutung und in ihren Mauern dienten zumeist nur noch pensionierte oder invalide Soldaten. Im Keller des Palas wurde 1757-1767 von der Universität Heidelberg ein Karzer, d.h. ein Arrest, für Studenten eingerichtet. Während des Pfälzischen Erbfolgekriegs besetzte 1690 der französische General de Mélac den Dilsberg, ohne die Burg nach seinem

Abzug zu zerstören. Eine letzte militärische Bedeutung erlangte die Burgfeste 1799 bei der Abwehr eines französischen Revolutionstrupps. Nach dem Ende der Kurpfalz durch die Napoleonische Länderneuordnung 1803 kam die Burg Dilsberg in den Besitz des Großherzogtums Baden und diente zunächst als militärische Arrestanstalt.

In der Folgezeit wurde die Burg von 1820-27 größtenteils abgetragen, um Baumaterial zu gewinnen, und im Laufe des 19. Jhds. kam es zu einer zunehmenden Verelendung der Stadt. Erst mit der aufkommenden Burgenromantik begann Ende des 19. Jhds. eine teilweise Restaurierung, die im 20. Jhd. fortgesetzt wurde und auch eine Sanierung des historischen Stadtkerns einbezog.

Erhalten geblieben sind u.a. die knapp 16 m hohe Mantelmauer und der Treppenturm aus einer Modernisierungsphase im 16. Jhd. An den Turm lehnte sich einst der fünf Stockwerke hohe Palas als Wohnbereich an, der bis auf den heute noch vorhandenen Keller abgebrochen wurde. Man betritt den schlanken, sechseckigen Turm vom Burginnenhof über zwei Eingangsstufen. Im Turminnern führt eine großzügige Steinwendeltreppe mit 69 Stufen hinauf und über einen kurzen Holzsteg erreicht man die ca. 40 m lange, halbkreisförmige Schildmauer. Die Mauer umschloss ursprünglich die gesamte Kernburg und war mit einem geschlossenen Wehrgang versehen; die Zinnen stammen aus der Zeit des Wiederaufbaus um 1895.

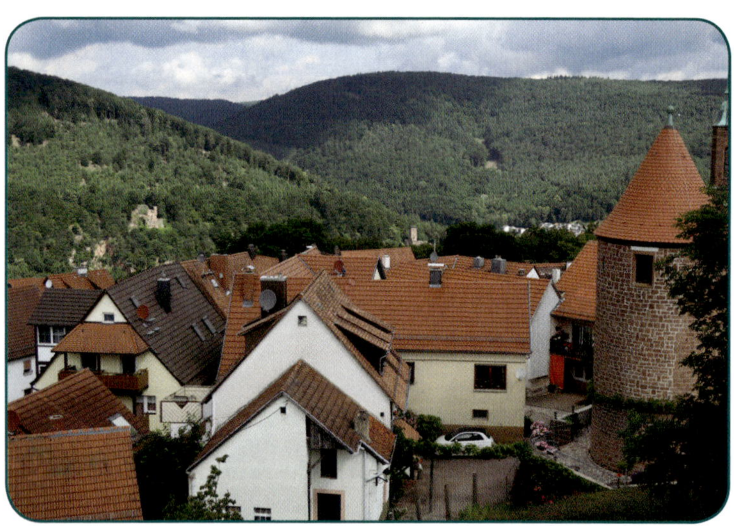

Von der Mantelmauer hat man einen herrlichen Panoramablick: in südlicher Richtung in den Kleinen Odenwald und über den Kraichgau hinweg bis zum Schwarzwald sowie nach Norden über das Neckartal in den Odenwald. Nach Nordwesten kann man über Dilsberg hinweg am gegenüberliegenden Berghang die Burg Schadeck (siehe Seite 159) und die Hinterburg (siehe Seite

155) sehen und nordöstlich geht der Blick hinunter auf Neckarsteinach mit dem Bahnhof.

Die Besteigung von Turm und Wehrmauer ist nur während der Öffnungszeiten zur Burg möglich: vom 01.04.-31.10. dienstags bis sonntags sowie an Feiertagen von 10.00-17.30 Uhr. Bei schlechtem Wetter kann vorzeitig geschlossen werden. Im Winterhalbjahr ist eine Besichtigung nach Voranmeldung bei der Tourist-Info Neckargemünd möglich (Neckarstraße 19-21, 69151 Neckargemünd, Telefon 06223/3553). Der Eintritt kostet für Erwachsene 2,00 Euro und ermäßigt 1,00 Euro.

Burghofweg 3a, 69151 Neckargemünd: Parkmöglichkeiten gibt es an der Außenmauer der Burgfeste, unmittelbar vor dem Torturm nach links. Von dort gehen Sie in die Stadt und folgen der Wegbeschreibung für die Anreise mit dem Bus.

Bushaltestelle „Dilsberg, Vor dem Tor": Gehen Sie auf der Straße Vor dem Tor ca. 100 m zum Stadttor. In der Stadt halten Sie sich nach rechts in die Obere Straße und folgen nach knapp 50 m der Beschilderung zur Burg nach rechts. Der Fußweg von der Haltestelle ist nur gut 250 m weit. Alternativ können Sie zur Bushaltestelle „Dilsberg, Abzweigung Mückenloch" fahren: von dort sind es knapp 400 m bergan zur Haltestelle Vor dem Tor.

Alternativer Rückweg: Wenn Sie nicht mit dem Bus zurückfahren möchten, können Sie zu Fuß nach Neckarsteinach wandern. Gehen Sie hierzu zunächst von der Burg zurück zur Oberen Straße und auf dieser nach rechts zur Katholischen Kirche. An der Kirche vorbei halten Sie sich nach ungefähr 20 m, dem örtlichen Wanderwegzeichen NS3 folgend, geradeaus auf einer kurzen Treppe hinunter. Am Fuße der Treppe stoßen Sie auf den Main-Stromberg-Weg (rotes Quadrat) und gehen nach rechts unter dem Haus mit dem Torbogen hindurch. Sobald Sie den Ort verlassen haben, wandern Sie nach rechts in einen Pfad bergab, wobei neben dem roten Quadrat auch das Neckarsteig-Symbol (blaues N) sowie das Symbol des Hugenotten- und Waldenserpfads (blauer Kreis mit grüner Welle) zu Ihren Begleitern werden. Nachdem Sie knapp einen halben Kilometer in Serpentinen teilweise recht steil abgestiegen sind, erreichen Sie eine Wegspinne, an der das gelbe R des linken Neckarrandwegs hinzustößt. Folgen Sie allen Wegzeichen auf den unteren der beiden Wege in Richtung Neckarsteinacher Bahnhof und Schleuse. Nach kurzer Zeit auf diesem leicht abfallenden Hangpfad hören und sehen Sie bereits das große Stauwehr mit der Schleusenanlage. Im weiteren Verlauf macht der Pfad eine Spitzkehre nach links und weiterhin bergab treffen Sie nach einem Gesamtabstieg von gut einem Kilometer auf einen Weg, an dem das gelbe R nach rechts verläuft und Sie nach links in Richtung Stauwehr und Schleuse wandern. Als Ersatz für das R gesellt sich das auf dem Kopf stehende grüne T hinzu. Auf dem Schleusensteg überqueren Sie den Neckar und auf der anderen Uferseite angekommen gehen Sie gleich links eine Treppe hinunter. Sie wandern unmittelbar am Neckar entlang mit Blick auf die Burgensilhouette von Neckarsteinach, wobei Sie sich an dem blauen N des Neckarsteigs und dem NS3 orientieren können. Nach knapp einem halben Kilometer folgen Sie nach rechts dem roten Quadrat sowie dem Hinweisschild zum Neckarsteinacher Bahnhof.* Gleich bei der nächsten Möglichkeit biegen Sie rechts ab, laufen ca. 150 m auf unmarkierter Strecke und gehen nach links einen Pfad hinauf zur Bundesstraße. Direkt auf der anderen Straßenseite befindet sich der **Bahnhof Neckarsteinach**, den Sie nach insgesamt ungefähr 2,5 km erreichen.

In Dilsberg finden Sie in der Oberen Straße zwei Einkehrmöglichkeiten: das Gasthaus Zur Sonne *www.zur-sonne-dilsberg.de* und die genussreiche Chocolaterie im ehemaligen Gasthaus Zur Burg *www.das-beste-zum-schluss.de.*

„Heidelberg – Neckartal-Odenwald, Nr. 12“, hrsg. vom Geo-Naturpark Bergstraße-Odenwald und vom Naturpark Neckartal-Odenwald, 2019, 1:20.000, ISBN 978-3-947593-10-1.
„Neckartal-Odenwald, Nr. 13“, hrsg. vom Geo-Naturpark Bergstraße-Odenwald und vom Naturpark Neckartal-Odenwald, 2017, 1:20.000, ISBN 978-3-931273-89-7.
„Kleiner Odenwald, Kraichgau mit Brunnenregion, Nr. 17“, hrsg. vom Geo-Naturpark Bergstraße-Odenwald und vom Naturpark Neckartal-Odenwald, 2018, 1:20.000, ISBN 978-3-931273-93-4.

TIPP

Besichtigen Sie von Anfang Mai bis Mitte Oktober auch den Burgbrunnen mit dem Brunnenstollen. Der 46 m tiefe Brunnen wurde in zwei Bauphasen angelegt. Um 1150 erfolgte zunächst eine Grabung in eine Tiefe von ca. 21,50 m. Die zweite Phase dauerte wahrscheinlich von 1650 bis 1680, da aufgrund des Ausbaus zur Garnison der Wasserbedarf stieg. Bei dem 78 m langen Stollen handelt es sich um einen Belüftungsstollen, der den Bergleuten das Graben im Brunnen ermöglichen sollte. Für die Besichtigung des Brunnenstollens beachten Sie, dass aus Gründen des Fledermausschutzes die Öffnungszeiten eingeschränkt werden können.

Quellen: Biller, Thomas, „Burgen und Schlösser im Odenwald“, Regensburg 2014, S. 156-159; Wiltschko, Stefan, „Burg und Gemeinde Dilsberg“, Dilsberg 1994; Informationstafeln des Geo-Naturparks Bergstraße-Odenwald bei der Hinterburg; Webseite www.burgfeste-dilsberg.de.

* Wenn Sie am Neckarufer entlang weiterwandern, können Sie direkt die Besichtigung der Burgruinen Hinterburg (siehe Seite 155) und Schadeck (siehe Seite 159) anschließen.

37 Ruine Hinterburg (Neckarsteinach)

Koordinaten (WSG84): 49° 24‘ 34,3“ N, 8° 49‘ 38,1“ O (49.409521°, 8.827260°)

Die Hinterburg ist mit ihrer gut erhalten gebliebenen Bausubstanz heute die eindrucksvollste der Neckarsteinacher Burgengruppe, die hoch über der Stadt auf einem schmalen Bergrücken zwischen Neckar und Steinach liegen. Die Mittelburg und die Vorderburg befinden sich im Privatbesitz und sind nicht zugänglich.

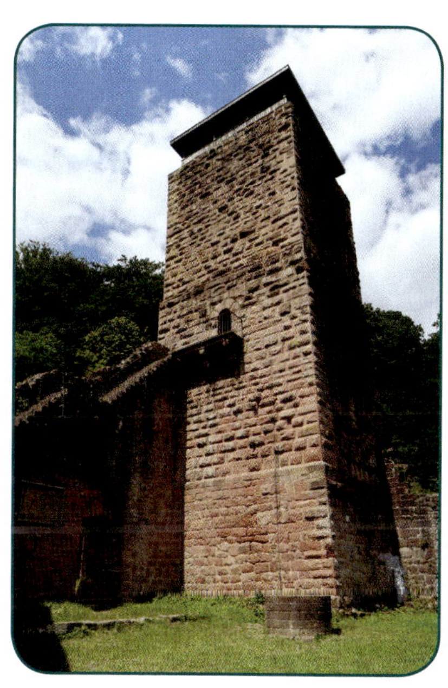

In der älteren Literatur nahm man zunächst an, dass die Burg um 1100 von Bligger I. von Steinach als Familienstammsitz erbaut wurde. Jedoch wurde sie wohl erst gegen 1220/1230 als dritte der vier Burgen durch Gerhard von Schauenburg, einem Erben der 1219 ausgestorbenen Adelslinie der Gaugrafen von Lauffen errichtet. Die Burg war, wie zur damaligen Zeit üblich, nur als Lehen vergeben und als Lehnsherr trat das Hochstift Worms auf. Da sich die Schauenburger beim Ausbau finanziell übernommen hatten, konnten zunächst nur der Bergfried und geringe Teile der Ringmauer fertiggestellt werden. Gegen 1250 wurden die Hinterburg und ein Teil der Vorderburg von Worms an den Speyerer Bischof Heinrich verkauft. Allerdings wurde erst unter Bischof Gerhard von Speyer ab 1344 der Weiterbau der Burg in Angriff genommen. Die wehrhafte Anlage hat einen fünfeckigen Grundriss und steht auf einem Felsdorn, der nach drei Seiten steil abfällt und zur vierten Seite mit einem Halsgraben vom Hang abgetrennt ist. Der Ausbau der Befestigungsanlagen zwischen 1426 und 1450 zu einem dreifachen Mauerring machte die Burg zu einer der am stärksten befestigten Burgen am Neckar. Von 1474 bis 1541 konnten die Landschad von Steinach, eine spätere Nebenlinie Steinacher, die Burganlage nach und nach erwerben. Bis 1653 blieb die Anlage, nur von kurzfristigen Erbstreitigkeiten unterbrochen, im Besitz der Landschaden. Im Dreißigjährigen Krieg wurde die Hinterburg um 1630 zerstört und verfiel. Im Jahre 1803 konnte die Burgruine von den Freiherren von Dorth erworben werden und 1903 schenkte diese Familie die Ruine dem Großherzogtum Hessen-Darmstadt, sodass sie sich heute im hessischen Staatsbesitz befindet. Neben Resten des Palas und eines Torturms sowie Teilen der Zwingermauern ist der über 20 m hohe Bergfried erhalten geblieben. Dieser aus Buckelquadern erbaute Burgturm mit einer Kantenlänge von acht mal acht Metern war ursprünglich nur über eine Leiter oder Strickleiter zugänglich. Die heutige Treppe wurde erst mit der Umwidmung zum Aussichtsturm angebaut und führt an der Mauer entlang über 48 Stufen hinauf und über einen Holzsteg zum Hocheingang in ca. 10 m Höhe. Im Turminnern folgt eine Treppenanlage aus Beton mit neun mal sieben Stufen und einer Extrastufe, also mit insgesamt 64 Stufen zur überdachten Aussichtsplattform.

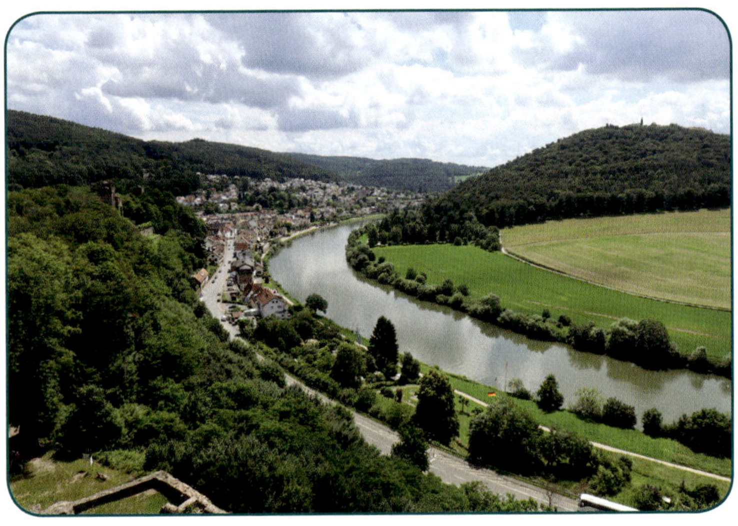

Von der Aussichtsplattform hat man einen schönen Blick ins Neckartal, auf Neckarsteinach und den gegenüber liegenden Dilsberg.

Der Turm ist ganzjährig frei zugänglich. **Im Mittelteil des Aufstiegs ist es recht dunkel und somit eine Taschenlampe empfehlenswert.**

Parken Sie am besten am **Bahnhof in 69239 Neckarsteinach (Bahnhofstr. 28)** und folgen Sie der Wegbeschreibung für die Anreise mit der Bahn.

Bahnhof Neckarsteinach: Überqueren Sie vor dem Bahnhofsgebäude an der Fußgängerampel die Bundesstraße B45 und gehen Sie wenige Meter nach rechts einen Fußweg hinunter zur Werftstraße. Auf dieser Straße halten Sie sich nach rechts und biegen bei der nächsten Möglichkeit links ab in Richtung Neckarufer. Sobald Sie das Ufer erreichen, können Sie dem Neckar nach rechts stromabwärts auf einem Fußweg folgen. Auf einer kleinen Fußgängerbrücke überqueren Sie die Steinach und halten sich weiterhin in Ufernähe. Von der Uferpromenade haben Sie einen guten Blick auf die Burgen der „Vier-Burgen-Stadt“: Sie sehen von rechts nach links die Vorderburg, die heute noch bewohnte Mittelburg sowie die beiden Ruinen Hinterburg und Schadeck. Auf der Promenade gehen Sie weiter bis zu den Schiffsanlegern der Weißen Flotte und halten sich ca. 50 m hinter dem Kartenverkaufsstand an einer Absperrung nach rechts die Auffahrt hinauf. Direkt vor dem Restaurant Schiff geht es hoch zur Bundesstraße; dabei können Sie dem örtlichen Wanderwegzeichen NS1 folgen. Überqueren Sie die Straße an der Ampel und halten Sie sich wenige Meter nach links in eine Sackgasse (Schloßsteige) zu den vier Burgen bergan; zusätzlich können Sie ab dort einem umgekehrten grünen T und dem Symbol des Hugenotten- und Waldenserpfads (blaue Scheibe mit grüner Welle) folgen. Bereits nach etwa 100 m stoßen Sie auf die 1170 erbaute Mittelburg. Gehen Sie rechts um die Burg herum und auf der nördlichen Seite treffen Sie auf den rechten Rhein-Neckar-Weg mit dem roten R. Folgen Sie allen Wegzeichen an der Mittelburg vorbei auf dem gut befestigten, ebenen Weg zur knapp 400 m entfernten Hinterburg. Insgesamt ist der Weg vom Bahnhof zur Ruine knapp 1,5 km lang.

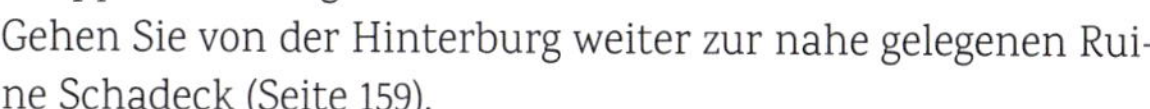

Gehen Sie von der Hinterburg weiter zur nahe gelegenen Ruine Schadeck (Seite 159).

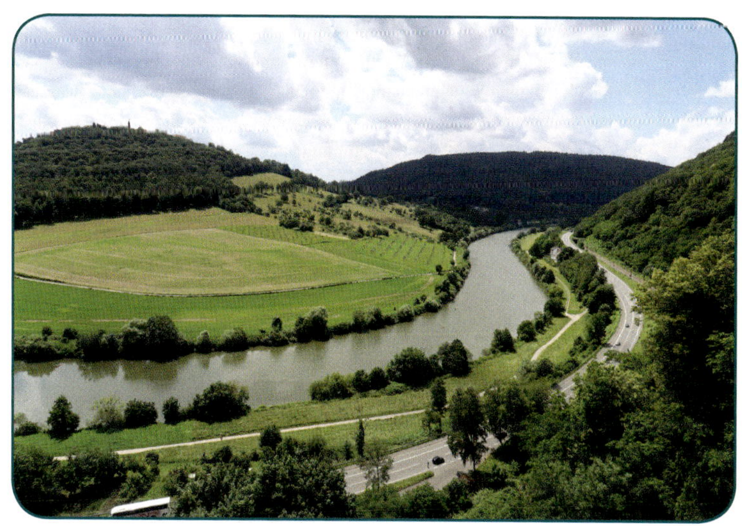

Zurück in Neckarsteinach gibt es eine Reihe von Einkehrmöglichkeiten. Die Wegbeschreibung führt zu Beginn am Restaurant Schiff mit schöner Aussichtsterrasse auf den Neckar vorbei (*www.zum-schiff.de*) und gegen Ende der Tour kommt man am Restaurant Zum Ambtman (*www.zum-ambtman.de*) und am Bürgerhaus Zum Schwanen (*www.schwanengarten.de*) vorbei.

„Heidelberg – Neckartal-Odenwald, Nr. 12", hrsg. vom Geo-Naturpark Bergstraße-Odenwald und vom Naturpark Neckartal-Odenwald, 2019, 1:20.000, ISBN 978-3-947593-10-1.
„Neckartal-Odenwald, Nr. 13", hrsg. vom Geo-Naturpark Bergstraße-Odenwald und vom Naturpark Neckartal-Odenwald, 2017, 1:20.000, ISBN 978-3-931273-89-7.
„Kleiner Odenwald, Kraichgau mit Brunnenregion, Nr. 17", hrsg. vom Geo-Naturpark Bergstraße-Odenwald und vom Naturpark Neckartal-Odenwald, 2018, 1:20.000, ISBN 978-3-931273-93-4.

TIPP

Im Geopark-Informationszentrum in der Neckarstraße 47 in Neckarsteinach gibt es ein Modell der Hinterburg, das den Bauzustand im späten 16. Jhd. darstellt. Das Informationszentrum ist von April bis Oktober täglich von 11-18 Uhr und im November, Dezember und März samstags und sonntags von 11-18 Uhr geöffnet. Im Januar und Februar bleibt das Infozentrum geschlossen.

Quelle: Knappe, Rudolf, „Mittelalterliche Burgen in Hessen", Gudensberg-Gleichen 1994, S. 567 f.; Steinmetz, Thomas, „Burgen im Odenwald", Brensbach 1998, S. 22 f., 61 f., 85 ff.; Informationstafeln des Geo-Naturpark Bergstraße-Odenwald vor Ort; Webseite www.neckarsteinach.com.

38 Ruine Schadeck (Neckarsteinach)

Koordinaten (WSG84) des Nordturms: 49° 24‘ 25,3“ N, 8° 49‘ 27,6“ O (49.407023°, 8.824344°)

Die Ruine Schadeck, früher auch Schadheck, wurde in 190 m Höhe an einem steil abfallenden Berghang gebaut. Der Name „Schad“ ist die mittelhochdeutsche Bezeichnung für Schwalbe und deutet auf die Lage der Burg hin, die sich wie ein Schwalbennest eng an den Fels schmiegt.

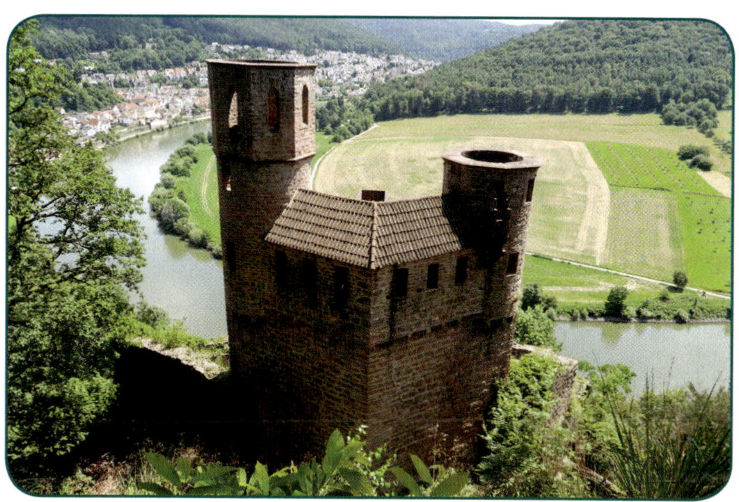

Die Hangburg ist die jüngste, aber auch interessanteste der vier Neckarsteinacher Burgen. Ihre Errichtung kann um das Jahr 1335 zurückgeführt werden, da der Bau zunächst auf fremdem Grund begonnen oder zumindest geplant war und der nachträgliche Grunderwerb urkundlich dokumentiert ist. Als Käufer des Bergs zu „Schadecke“ treten das Erzstift Mainz und das Hochstift Worms auf. Gebaut wurde die Burg von Balduin von Trier, der zu dieser Zeit in Personalunion als Erzbischof von Mainz sowie als Bischof von Speyer und Worms amtierte. Die Errichtung der Burg war äußerst aufwändig, da für den Bauplatz ein großer Teil der steilen Felswand herausgebrochen werden musste. Anstatt eines Bergfrieds verfügt die Burg über eine zweiflüglige Schildmauer, die mit der Spitze gegen das Felsmassiv zeigt. Die Burg blieb zunächst im Besitz des Erzstifts Mainz und wurde an Niederadelige verpfändet. Im Jahre 1428 ging die Burg schließlich an Dieter III. Landschad von Steinach über, der sie weiter ausbaute. Im Zuge dieser Erweiterungsarbeiten wurden die runden Erkertürme an den beiden Enden der Schildmauer gebaut, die über einen gedeckten Wehrgang miteinander verbunden sind. Ebenfalls aus dem 15. Jhd. stammen die heutigen Reste des Wohnbaus und das Burgtor.

Nach dem Tod des letzten Landschad verkaufte dessen Tochter die Burg 1658 an Wolfgang Heinrich Freiherr von Metternich. 1803 gelangte die Burg durch den Reichsdeputationshauptschluss ans Großherzogtum Hessen-Darmstadt und kam so letztlich ins Eigentum des Landes Hessen. Der achteckige Aufsatz des etwas höheren Nordturms stammt aus der Zeit der Romantik des 19. Jhds. als die Burg in hessisch-darmstädtischem Besitz war. Ursprünglich war die Burg talseitig über einen Serpentinenweg zugänglich, der jedoch durch Steinbrüche und den Bau der Neckartalbahn zerstört wurde.
Im Burghof geht es über 34 Steinstufen und eine Holztreppe mit 30 Stufen zum Hocheingang in die Schildmauer. Im Innern der Mauer führen 14 Stufen zum Wehrgang, der die beiden Ecktürme miteinander verbindet.

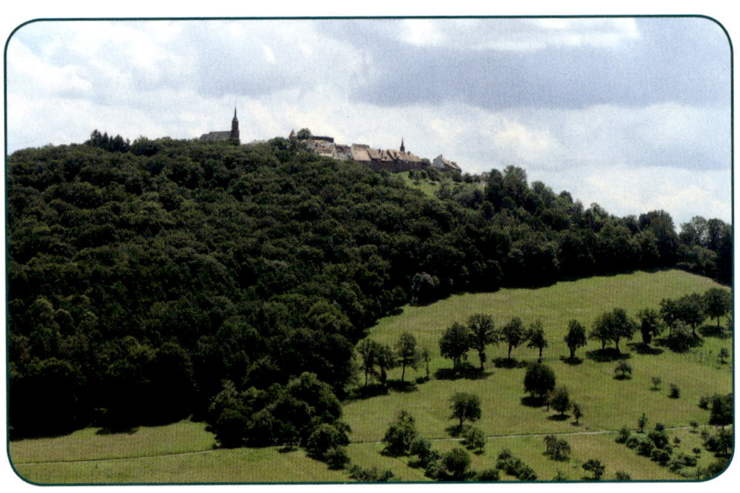

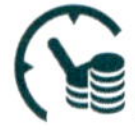 Von den beiden Türmen geht der Blick ins Neckartal, auf Neckarsteinach und zum gegenüberliegenden Dilsberg.

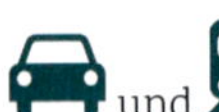 Der Turm ist ganzjährig frei zugänglich.

und

Siehe die Anfahrtshinweise und die Wegbeschreibung zur Ruine Hinterburg auf Seite 155: Von der Hinterburg aus folgen Sie weiter den Wanderwegzeichen zum Waldrand. Im Wald treffen Sie auf eine Wegverzweigung: Die Symbole des Neckarsteigs (blaues N) sowie des Hugenotten- und Waldenserpfads (blaue Scheibe mit grüner Welle) verlaufen geradeaus und das rote R sowie das auf dem Kopf stehende grüne T biegen links in einen Treppenpfad ab, der im Zickzack etwa 100 m bergauf führt. Am Ende dieses kurzen Pfads stoßen Sie auf den Gedenkstein für Prof. Dr. H. J. Fröhlich, Hessischer Landesforstmeister und Förderer der Burgen. Auf dem nunmehr ebenen Weg geht es nach links zur noch gut 300 m entfernten Burg; ca. 50 m vor der Burg weisen das R und das umgekehrte T nach rechts eine Treppe hinauf, aber Sie bleiben zunächst geradeaus auf dem ebenen Weg. Nach der Besichtigung können Sie den beiden Wandermarkierungen über die kurze Treppe noch knapp 100 m bergauf und oben nach links zu einem Aussichtspunkt folgen, wo das Turmfoto für dieses Buch gemacht wurde.

Zurück geht es zunächst auf demselben Wege an der Hinterburg vorbei zur Mittelburg. An der Mittelburg halten Sie sich nach links bergab und folgen dabei dem roten R und dem örtlichen NS4. Nach ca. 200 m erreichen Sie die Stadt und halten sich auf der Kirchenstraße nach rechts. Ungefähr 150 m weiter biegt das rote R nach links ab und Sie folgen nur noch dem NS4 geradeaus. Im Verlauf an der Katholischen Kirche vorbei überqueren Sie die Bundesstraße und halten sich geradeaus in die Hirschgasse. Nach ca. 50 m biegen Sie am Bürgerhaus Zum Schwanen links ab; nach rechts geht es zum Geopark-Informationszentrum (siehe Tipp auf Seite 158). Sobald Sie die Steinach überquert haben, geht es weiter nach rechts; Sie können sich erneut dem umgekehrten grünen T und dem Symbol des Hugenotten- und Waldenserpfads anvertrauen. Den Wegzeichen folgend kommen Sie hinauf zur Bundesstraße. An der Straße entlang sehen Sie bereits in ca. 150 m Entfernung das Bahnhofsgebäude, wo die Rundtour nach ungefähr 4 km endet.

Siehe die Einkehrhinweise für die Hinterburg auf Seite 158.

Siehe die Kartenhinweise für die Hinterburg auf Seite 158.

TIPP

Etwa 3 km von der Ruine entfernt befindet sich knapp unterhalb des 416 m hohen Schadeck ein offenes Stahlgerüst mit 20 Stufen. Von dort hat man durch eine Baumlücke einen interessanten Blick in südöstlicher Richtung auf den Dilsberg. Folgen Sie oberhalb der Ruine Schadeck weiter dem roten R für ca. 1,5 km bis zum nächsten Forstweg. Auf diesem halten Sie sich nach rechts bergan und biegen nach knapp 500 m in den zweiten Weg nach rechts ab. Dem Wegzeichen mit der eingekreisten gelben Drei folgend erreichen Sie nach ca. 800 m eine Abzweigung, wo ein Hinweisstein nach links noch ein kurzes Stück bergauf zum Aussichtsturm weist. Für den Rückweg können Sie vom Hinweisstein aus weiter der gelben Drei zurück zu den Burgen folgen.

Quellen: Biller, Thomas, „Burgen und Schlösser im Odenwald“, Regensburg 2014, S. 153, 155; Knappe, Rudolf, „Mittelalterliche Burgen in Hessen“, Gudensberg-Gleichen 1994, S. 570; Informationstafeln des Geo-Naturpark Bergstraße-Odenwald vor Ort; Webseiten www.neckarsteinach.com und www.burgenarchiv.de.

39 Burg Hornberg (Neckarzimmern)

Koordinaten (WGS84): 49° 18‘ 50,7“ N, 9° 08‘ 43,5“ O (49.314079°, 9.145412°)

Die imposante Burg erstreckt sich auf einem Sporn des Galgenbergs nach Nordwesten parallel zum Neckar, wobei das Terrain von der Unteren Burg bis zur Kernburg auf ca. 230 m Höhe ansteigt. Die ca. 170 m lange und bis zu 70 m breite Anlage wird von einem mächtigen Halsgraben vom überhöhten Bergmassiv im Norden abgetrennt.

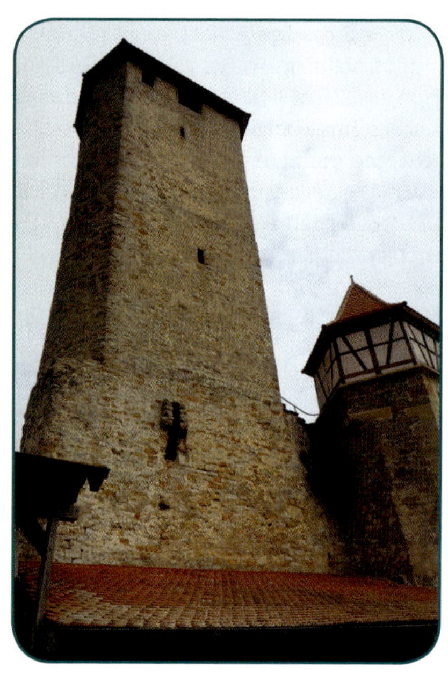

Der Sage nach soll an dieser Stelle bereits im 7. Jhd. eine burgähnliche Anlage existiert haben, von der allerdings keine Überreste mehr nachweisbar sind. Als erster Burgherr wird im Jahre 1184 Graf Boppo von Lauffen urkundlich erwähnt, der einen Vorgängerbau der Unteren Burg durch den mächtigen Turmpalas ersetzen ließ. Nach seinem Tod ging die Burg zunächst an die Herren von Dürn und ab 1259 in das Eigentum des Bistums Speyer über. Bischof Heinrich von Speyer ließ kurz nach dem Kauf die Obere Burg mit einer etwa sechs Meter starken Schildmauer zum Schutz der Unteren Burg errichten. Der weitere Ausbau der Oberen Burg erfolgte durch den Speyerer Bischof Gerhard von Ehrenberg in der Mitte des 14. Jhds. Neben einer neuen Ringmauer, einem neuen Palas und einem gotischen Tor entstand zu dieser Zeit der Bergfried mit seiner annähernd 30 m hohen Aussichtsplattform. Der Turm hat einen sehr individuellen Grundriss, da er nachträglich auf die ältere Schildmauer aufgesetzt wurde: zur Angriffsseite ist seine Außenmauer rund und zum Hof hin gerade. Durch diese Form eines abgeschnittenen Kreises konnte die Mauerdicke zur gefährdeten Neckarseite hin auf über 3 m verstärkt werden. Bis ins späte Mittelalter hinein wurde die Burg immer wieder verpfändet und zurückgekauft. Erst als Bischof Mathias von Speyer sie 1467 als Erblehen an den Ritter Lutz Schott verkaufte, begannen umfangreiche Renovierungs- und Erweiterungsarbeiten, u.a. der Kapellen-Neubau und ein neuer Zwinger auf der Ost- und Nordseite. 1474 eigneten

sich die Kurfürsten von der Pfalz die Burg widerrechtlich an, aber schon 1504 konnte Lutz Schotts Sohn Conrat sie zurückerobern. Von ihm stammen der starke äußere Bering mit Torturm, weitere Verstärkungen wie z.B. der Geschützturm sowie der neckarseitige Wohnbau. 1517 kaufte der Reichsritter Götz von Berlichingen die Burg und wohnte dort bis zu seinem Tode 1562; bekannt geworden ist Götz durch ein gleichnamiges Schauspiel von Goethe, in dem seine Rolle während des Deutschen Bauernkriegs 1525 thematisiert wird. Der Sohn von Götz, Hans Jakob von Berlichingen, begann dem Zeitgeist entsprechend mit einer Umgestaltung im Renaissance-Stil und sein Enkel, Philipp Ernst von Berlichingen, vollendete 1573 den sechseckigen Treppenturm. Dieser Turm erschloss die oberen Etagen des prächtigen Palas, zwei übereinanderliegende Räume oberhalb der Schildmauer, das Kapellen-Obergeschoss und den Bergfried. Seit 1612 befindet sich die Burg in Familienbesitz derer von Gemmingen-Hornberg. Während des Dreißigjährigen Kriegs und vor allem während des Pfälzischen Erbfolgekriegs wurde die Burg so stark zerstört, dass sie vorübergehend aufgegeben wurde. Erst gegen Ende des 18. Jhds. kam es zu einer Wiederbelebung des Burglebens u.a. durch den Bau von Wirtschaftsgebäuden für das Weingut und die Renovierung des Turmpalas der Unteren Burg. In der 2. Hälfte des 20. Jhds. fanden mit Unterstützung des Landesdenkmalamts Karlsruhe umfangreiche Renovierungs- und Konservierungsarbeiten statt, um die Burg der Öffentlichkeit zugänglich zu machen.
Den Eingang in den Bergfried erreicht man nur über den sechseckigen Treppenturm: nach einer Eingangsstufe geht es auf einer Wendeltreppe mit 58 Sandsteinstufen, acht Holzstufen und nochmals zwei Steinstufen zu einer kleinen Aussichtsterrasse mit Ruhebank. In den Bergfried gelangt man über eine fünfstufige Steintreppe und im Turminnern führt eine Holztreppe mit insgesamt 64 Stufen hinauf zum überdachten Aussichtsgeschoss. Ebenfalls begehbar sind der zum Neckartal hin vorgelagerte und vermutlich als Pulverturm genutzte Geschützturm sowie der südwestliche Eckturm, der nordöstliche Eckturm und der südöstliche Eckturm mit dem Burgverlies. Innerhalb des Burgzwingers wächst vor dem Flankierungsturm eine über 500 Jahre alte Eibe, an der schon Götz von Berlichingen vorbeigeschlendert ist.

Es bietet sich eine schöne Aussicht von Nordwesten nach Süden über das Neckartal hinweg zum Kleinen Odenwald und in den Kraichgau. In nördlicher und östlicher Richtung hat man nur Ausblick auf die benachbarten Berghänge, aber bei guter Sicht kann man bis zu den Löwensteiner Bergen südlich von Heilbronn schauen.

Der Zutritt zum Bergfried ist nur im Rahmen einer kostenpflichtigen Burgbesichtigung möglich. Die Eintrittsmarken erhält man beim Weinverkauf im ehemaligen Schafstall von April bis Oktober von 10-18 Uhr sowie von November bis März von 11-16 Uhr. Die Eintrittspreise betragen für Erwachsene 5,00 Euro und für Kinder und Jugendliche 3,50 Euro.

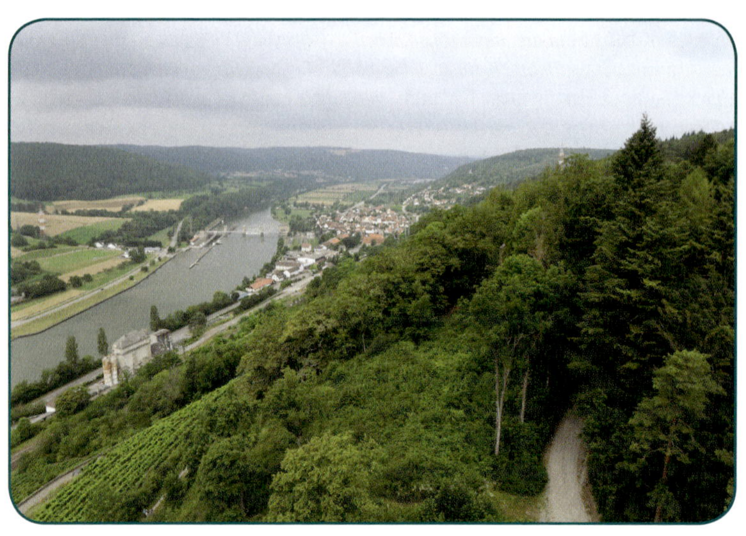

Burg Hornberg 3, 74865 Neckarzimmern: Der Hornberger Weg führt hinauf zur Burg und weiter auf das Burggelände. Fahren Sie auf der Straße durch die Burg und direkt nachdem Sie das Nordtor passiert haben, finden sich rechterhand etwa 15 Parkplätze.

Bahnhaltepunkt Neckarzimmern: Am Haltepunkt angekommen gehen Sie am nordwestlichen Ende des Bahnsteigs hinunter zur Unterführung. Wenige Meter von der Unterführung entfernt treffen Sie auf den Bahnhofsweg und folgen dem Wegweiser zur Burg Hornberg hinunter zur Bundesstraße B27. An dieser Straße entlang nach rechts biegen Sie nach ca. 150 m in den Hornberger Weg ab; diese kurze Wegstrecke werden Sie vom grünen L des Westlichen Limeswegs begleitet. Über den Bahnübergang hinweg verlassen Sie auf der kaum befahrenen Straße die Stadt auf unmarkierter Strecke in Richtung Sulzbach. Stets bergan erreichen Sie nach insgesamt gut 1,3 km den Eingang zum Burgareal.

Wenn Sie nicht denselben Weg zurückgehen möchten, verlassen Sie die Burg durch das Nordtor, wo Sie auf das blaue N des Neckarsteigs, das rote R des Rhein-Neckar-Wegs sowie auf den bereits bekannten Westlichen Limesweg treffen; dem grünen L des Limeswegs können Sie zurück bis zum Bahnhof folgen. Halten Sie sich direkt an der Burgmauer entlang auf dem Kapellenweg, der nach ca. 100 m bei guter Aussicht zunächst bequem in Hanglage und im weiteren Verlauf bergab führt. Gut einen Kilometer hinter der Burg biegt der Neckarsteig nach rechts in Richtung Tagungsstätte der evangelischen Jugend ab, während Sie weiter dem roten R und dem grünen L bergab folgen. Sobald Sie auf eine Straße treffen, folgen sie den beiden Wandermarkierungen nach links. Vor dem Bahnübergang verlässt Sie auch der Rhein-Neckar-Weg nach

rechts und Sie bleiben geradeaus über die Bahnlinie hinweg zur Bundesstraße. Nach links in Richtung Heilbronn erreichen Sie nach gut 200 m den Bahnhaltepunkt. Die gesamte Wegstrecke ist ungefähr 3 km lang.

Das Burgrestaurant „Im Alten Marstall" bietet gehobene Küche und von 14.30-18.00 Uhr hat auch das Terrassen-Café geöffnet.

„Südlicher Odenwald, Bauland, Nr. 18", hrsg. vom Geo-Naturpark Bergstraße-Odenwald und vom Naturpark Neckartal-Odenwald, 2016, 1:20.000, ISBN 978-3-931273-83-5.
„Neckartal-Stauferland, Nr. 21", hrsg. vom Geo-Naturpark Bergstraße-Odenwald und vom Naturpark Neckartal-Odenwald, 2018, 1:20.000, ISBN 978-3-931273-99-6.

TIPP

Nach Terminvereinbarung sind Führungen für Gruppen ab 10 Personen möglich. Die Führung dauert ca. 60 min und kostet 8,00 Euro für Erwachsene und 5,50 Euro für Kinder und Jugendliche (6-17 Jahre). Im ehemaligen Schafstall, wo sich heute der Weinverkauf befindet, gibt es ferner einen kleinen Museumsraum mit historischen Exponaten und der Rüstung des Götz von Berlichingen. Das Weingut Burg Hornberg ist das älteste Weingut Baden-Württembergs (nähere Informationen zur Burg und zum Weingut finden Sie unter *www.burg-hornberg.de*).

Quelle: Knauer, Nicolai, „2 Burgen Hornberg: eine Exkursion durch die Burgen und ihre Geschichte", Neckarzimmern 2002; Webseite www.burg-hornberg.de.

40 Weiße Rübe auf der Veste Otzberg (Otzberg-Hering)

Koordinaten (WSG84): 49° 49‘ 10,9“ N, 8° 54‘ 40,4“ O (49.819692°, 8.911226°)

Die Festung mit ihrem markanten Bergfried steht auf dem 368 m hohen Otzberg, einem Basaltkegel vulkanischen Ursprungs. Der Bergfried wird wegen seiner zylindrischen Form und seinem hellen Verputz im Volksmund auch „Weiße Rübe“ genannt.

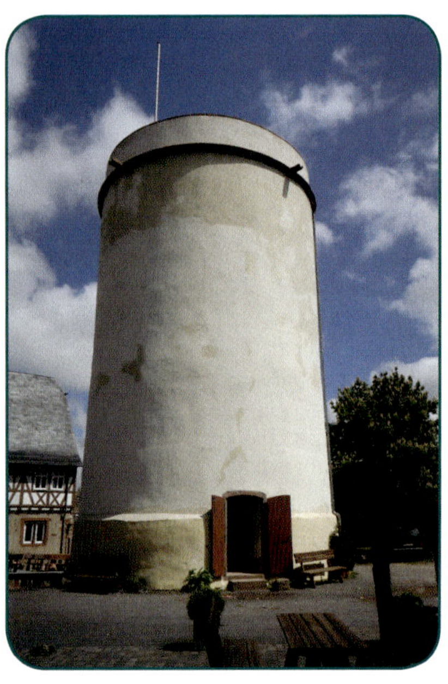

Schon zur Karolingerzeit befand sich auf dem strategisch wichtigen Berg ein befestigter Stützpunkt der Abtei Fulda. Der Name „Hering“ für die Burg und den darunter liegenden Ort stammt aus dem Frühmittelalter und bedeutet „Höhenring“. Im Jahre 1231 wurde in einer Vereinbarung zwischen dem Pfalzgrafen Otto II. und dem Erzbischof von Mainz erstmals ein „castrum Othesberg“ urkundlich erwähnt. Es wird vermutet, dass der Pfalzgraf die Burg widerrechtlich auf dem Grundbesitz des Fuldaer Reichsklosters errichtete und der Mainzer Erzbischof vom Kloster als Treuhänder eingeschaltet wurde. Es wurde ein Kompromiss ausgehandelt nach dem das Kloster die Burg als Besitz erhielt und die Pfalzgrafen mit der Burg und dem Ort Hering belehnt wurden. 1390 verkaufte Fulda das Lehen schließlich an Ruprecht I. von der Pfalz. Als Burgmannen, die den Besitz sowohl unter fuldischer als auch unter kurpfälzischer Lehnshoheit verwalteten, ist das Adelsgeschlecht der Gans von Otzberg belegt. Bis 1427 blieb der Besitz zunächst noch den Grafen von Hanau verpfändet, bevor die Pfälzer Kurfürsten das Pfand auslösen und die Burg fortan zum nördlichsten Stützpunkt ihres Herrschaftsgebiets machen konnten. Im Jahre 1504 verhängte der deutsche Kaiser Maximilian I. die Reichsacht über Ruprecht von der Pfalz (Freising), auch Ruprecht der Tugendhafte genannt, da dieser den Landshuter Erbfolgekrieg angezettelt hatte. Im Zuge der Auseinandersetzung wird die damals noch nicht als Festung ausgebaute Burg kampflos an den Anführer des gegnerischen Heeres, den Landgrafen Wilhelm II. von Hessen, übergeben.

Da Truppen des hessischen Landgrafen sogleich weiterzogen, wird die Veste nicht dauerhaft besetzt. Kurfürst Ludwig V. ließ ab 1511 die Burg mit einer bis zu 12 m hohen, doppelten Ringmauer und einem dazwischenliegenden Zwinger verstärken, der als allseitig umlaufende Kanonenplattform diente; es wurden zudem ein ca. 80 m tiefer Brunnen angelegt und die Stadt Hering in die Befestigungsanlage einbezogen. Gleich zu Beginn des Dreißigjährigen Kriegs im Jahre 1622 musste sich die belagerte Burg nach heftiger Gegenwehr dem Feldherrn Graf von Tilly ergeben und wurde daraufhin vom Kaiser dem Landgrafen von Hessen übergeben. Erst gegen Kriegsende im Jahre 1647 wurde die Veste durch Feldmarschall Henri de Turenne im Handstreich erneut eingenommen und im Westfälischen Frieden kam sie schließlich zurück in kurpfälzischen Besitz. Im Pfälzischen Erbfolgekrieg wurde die Festung nochmals Schauplatz kriegerischer Auseinandersetzungen mit dem französischen General de Mélac. Nach 1720 verlor die Festung an Bedeutung und etwa ab 1740 wurde sie als Invalidenkaserne genutzt. 1763 ziehen Verwaltung und Gericht des Amtes Otzberg nach Groß-Umstadt um. Durch den Frieden von Luneville im Jahr 1801 kam der gesamte Otzberg zur Landgrafschaft Hessen-Darmstadt, diente bis 1826 als Staatsgefängnis und wurde danach teilweise auf Abbruch versteigert.

Der in der Hofmitte freistehende romanische Bergfried mit einer Mauerdicke von nahezu 4 m ist das älteste heute noch erhaltene Bauwerk der Festungsanlage und wurde vermutlich im 14. oder frühen 15. Jhd. auf älteren Fundamenten errichtet. Im Dreißigjährigen Krieg wurde der wohl einst dreigeschossige Rundturm um ein Stockwerk gekürzt. Statt der ursprünglichen ca. 25 m ist er heute also nur noch 17 m hoch und hat einen Durchmesser von 10,5 m. Über zwei Steinstufen betritt man das Eingangsgeschoss: dieser Eingang wurde erst in der Neuzeit herausgebrochen und früher war ein Zugang nur auf halber Turmhöhe durch zwei fensterartige, breite Öffnungen möglich. Der einstige Hohlraum unterhalb des Hochzugangs war lediglich durch eine Falltür zugänglich und diente wohl dem Aufbewahren von Vorräten. Heute geht es im Turminnern über eine weitere steinerne Stufe und eine Holztreppe mit 38 Stufen zu einer ersten Aussichtsmöglichkeit in Höhe des früheren Einstiegs. Eine 39-stufige Steintreppe führt vom Kuppelgewölbe in der Mauerdicke hinauf zur Aussichtsplattform.

An schönen Tagen kann man in nördlicher und östlicher Richtung an Groß-Umstadt vorbei die Frankfurter Skyline sehen und bis zum Taunus schauen. In die anderen Richtungen schweift der Blick über die bewaldeten Berggipfel des Odenwalds, wobei man in südwestlicher Richtung den Felsberg und die Neunkircher Höhe erkennen kann. An der Turmbrüstung sind die vier Himmelsrichtungen markiert, was eine Orientierung erleichtert.

Aufgrund der Schließung der Burgschänke ist derzeit nur der Innenhof der Veste tagsüber frei zugänglich. Wann die Weiße Rübe für Besucher wieder zugänglich sein wird, ist derzeit nicht absehbar.

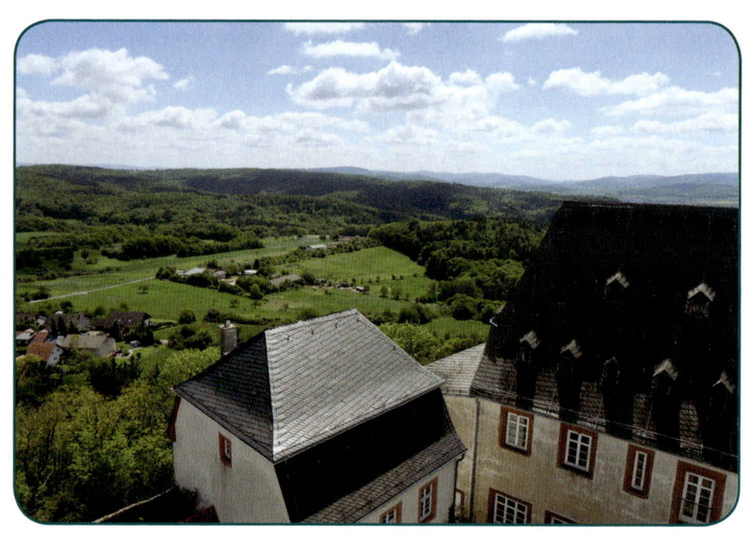

Im Finkenhäuschen, 64853 Otzberg: Folgen Sie im Ortsteil Hering dem Parkplatzschild und dem Hinweis auf den Aspenhof in die Waldstraße. Nach ca. 150 m biegen Sie rechts ab zum nur noch gut 100 m entfernten Parkplatz. Für den Weg zur Burg folgen Sie zu Fuß weiter der Straße Im Finkenhäuschen und halten sich auf der Straße Zum Bergfried nach rechts. So erreichen Sie die Bushaltestelle „Auf der Burg", wo es nach links in den Burgweg bergan geht. Insgesamt ist der Weg vom Parkplatz zur Burg gut einen halben Kilometer weit.

Bushaltestelle „Otzberg-Hering, Auf der Burg": An den Wochenenden und feiertags fährt ein Rufbus von den Bahnhöfen Höchst/Odenwald und Lengfeld zur Veste. Der Bus verkehrt auch zur Burg Breuberg (siehe Seite 35). Der Fahrtwunsch muss spätestens eine Stunde (bei Gruppen ab acht Personen spätestens 24 Stunden) vorher unter der Telefonnummer 06061/9799-77 angemeldet werden. Den Fahrplan finden Sie auf der Webseite *www.dadina.de* unter der Stichwortsuche nach „Burgenbus Fahrplan". Von der Haltestelle gehen Sie in den nur für Lieferverkehr freigegebenen Burgweg, der nach knapp 400 m vor dem Eingangstor zur Veste endet.
Unter der Woche gehen Sie von der **Bushaltestelle „Otzberg-Hering, Bernhardsrain"** auf der Odenwaldstraße ca. 400 m durch den Ort und biegen dann links in die Straße Zum Bergfried ab. Nach etwa 100 m halten Sie sich an der Bushaltestelle „Auf der Burg" rechterhand in den Burgweg, der Sie hinauf zur Veste führt.

Die Burgschänke im ehemaligen Kommandantenhaus wird seit Mitte 2019 aus gesundheitlichen Gründen der ehemaligen Pächter nicht mehr bewirtschaftet. Im Ort Hering finden Sie die Pizzeria La Trattoria Da Mario (Odenwaldstraße 88, *www.latrattoria-otzberg.de*) oder Bernie's Café & Bistro mit regionaler und saisonaler Küche aus dem Odenwald (Feldstraße 7, *www.berniesbistro.de*).

„Breuberger Land, Nr. 3", hrsg. vom Geonaturpark Bergstraße-Odenwald und vom Naturpark Neckartal-Odenwald, 2017, 1:20.000, ISBN 978-3-931273-91-0.

TIPP

Ungefähr 20 m von der Bushaltestelle „Auf der Burg" befindet sich ein markanter Basaltfelsen, der ein Beleg für den vulkanischen Ursprung des Otzbergs ist. Beim letzten Ausbruch vor ca. 22 Mio. Jahren kristallisierte das basaltische Magma im Schlot aus und bei der langsamen Abkühlung entstanden durch Schrumpfrisse die in der Regel sechseckigen Basaltsäulen.

Zudem finden Sie entlang des bequemen und gut gepflasterten Fußwegs von der Burg hinunter ins Dorf spannende Informationstafeln zur erdgeschichtlichen Entstehung des Vulkanbergs und zur Geschichte der Veste Otzberg.

Quellen: Biller, Thomas, „Burgen und Schlösser im Odenwald", Regensburg 2014, S. 217-220; Knappe, Rudolf, „Mittelalterliche Burgen in Hessen", Gudensberg-Gleichen 1994, S. 540-542; Reeg, Hildegard und Kloster, Gerd, „Die Veste Otzberg und ihre Geschichte", Otzberg-Hering, 1983; Steinmetz, Thomas, „Burgen im Odenwald", Brensbach 1998, S. 12, 69; Webseite www.otzberg.de und Hinweisschilder auf der Burg.

41 Ireneturm (Rimbach-Zotzenbach)

Koordinaten (WGS84): 49° 36‘ 16,1“ N, 8° 48‘ 09,6“ O (49.604476°, 8.802664°)

Der Turm befindet sich auf dem 577 m hohen Salzlackenbuckel, dem südwestlichen Gipfel auf dem langgezogenen Bergrücken der Hohen Tromm. Der Name Tromm stammt aus dem Keltischen und bedeutet Berg oder Bergrücken.

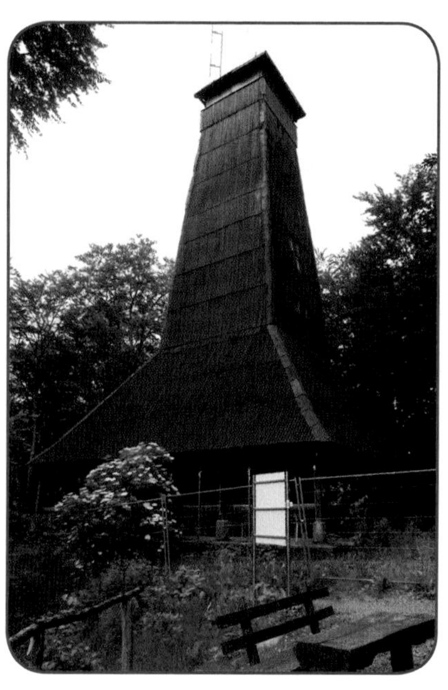

Im Jahre 1889 starteten die drei Odenwaldklub-Sektionen Fürth, Rimbach-Zotzenbach und Wald-Michelbach die gemeinsame Initiative zum Bau eines Aussichtsturms auf der Tromm. Bereits im Juni 1890 konnte der aus Fichtenstangen gebaute Turm eingeweiht und nach Prinzessin Irene von Preußen (1866-1953), Tochter von Großherzog Ludwig IV. von Hessen-Darmstadt und Gemahlin von Prinz Heinrich von Preußen, benannt werden. Das Bauwerk hatte auf zwei Drittel der Höhe eine überdachte Aussichtsplattform, von der aus vier Leitern zu einer zweiten Plattform in etwa 23 m Höhe führten. Dieser erste Holzturm musste bereits im Sommer 1905 wegen Baufälligkeit niedergelegt werden. Von den oben genannten Ortsgruppen wurde sogleich ein zweites, stabileres Exemplar ins Auge gefasst, das schließlich am 03.07.1910 eingeweiht wurde. Dieser noch heute existierende zweite Irene-Turm steht auf einem steinernen Fundament und auch das untere Stockwerk ist der längeren Haltbarkeit wegen aus Stein gebaut. Der anschließende Holzaufbau in Balken-Skelettbauweise ragt in 27 m Höhe hinauf und ist mit einer Außenhaut aus imprägnierten Hölzern als Wetterschutz verkleidet. Insgesamt 107 Stufen führen zu einer geschlossenen Aussichtsplattform, wo viereckige Öffnungen einen Blick auf die Landschaft freigaben. In den späteren Jahren ging der Turm in den alleinigen Verantwortungsbereich der OWK-Sektion Wald-Michelbach über. Anlässlich der Feierlichkeiten zum 100-jährigen Turmjubiläum stellte sich jedoch heraus, dass der Turm auf Zotzenbacher Gemarkung steht und damit nach der Eingemeindung zu

Rimbach gehört. In Gesprächen zwischen den Bürgermeistern der Gemeinden Rimbach, Wald-Michelbach, Grasellenbach und der OWK-Ortsgruppe Wald-Michelbach wurde beschlossen, den Turm zu einem symbolischen Preis der Gemeinde Rimbach zu übertragen. Allerdings hatte die Gemeinde nur kurze Zeit Freude an dem neu gewonnenen Bauwerk: Trotz der Außenverkleidung haben im Laufe der Zeit Borkenkäfer und Fäulnis der Konstruktion aus Weichhölzern dermaßen zugesetzt, dass der Turm Anfang Mai 2013 wegen Baufälligkeit geschlossen werden musste. Eine Sanierung ist aufgrund der starken Schädigung nicht mehr möglich, aber im Rahmen des Projekts „Geozentrum Tromm“ soll es einen Turmneubau geben. Bis zu seinem bevorstehenden Abriss ist der Ireneturm der letzte noch erhalten gebliebene Holzturm aus der Zeit um 1900. Das Holzbauwerk wird bis auf die Mauern abgetragen und in den steinernen Grundfesten ist die Einrichtung einer kleinen Gedenkstätte an den alten Turm geplant.

Der **neue**, etwa 33 m hohe Aussichtsturm hat eine Grundfläche von ungefähr 9,00 x 11,50 m und wird als außergewöhnliche Stahl-Fachwerk-Konstruktion errichtet. Das Bauwerk besteht aus korrosionsgeschütztem Stahl und ist seitlich mit einer nichttragenden, lamellenartigen Holzverkleidung versehen. Die Plattform in ca. 30 m Höhe bietet Platz für ungefähr 15 Personen und man erreicht sie über ungefähr 194 Stufen. Unten sehen Sie eine Visualisierung des geplanten Turms. Planer sind das Architekturbüro Pahl + Weber-Pahl Planungsgesellschaft GmbH + Co.KG und das Ingenieurbüro B+G Ingenieure Bollinger und Grohmann GmbH.

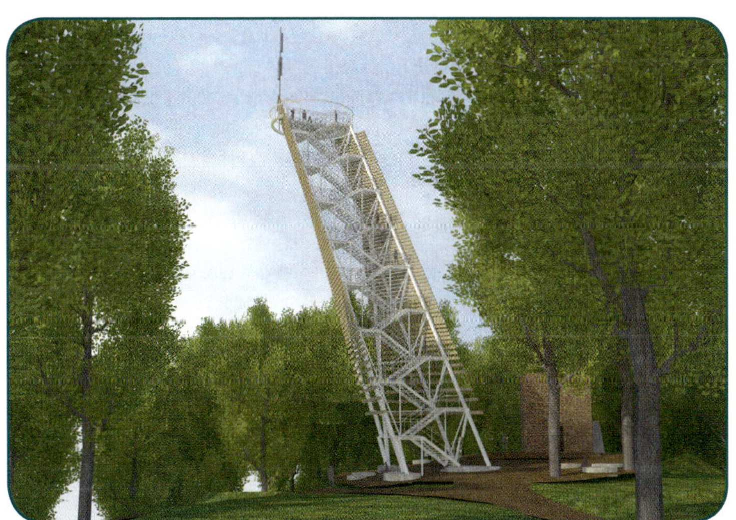

Von diesem Standort hat man einen weiten Blick ins Weschnitztal und kann fast den gesamten Überwald überblicken. Hinter den Grenzen des vorderen Odenwalds sieht man über die Rheinebene hinweg bis hin zum Pfälzerwald.

Der alte Ireneturm ist wegen Baufälligkeit geschlossen und kann nur noch von außen besichtigt werden. Ein Bauantrag für einen neuen Turm ist bereits eingereicht. Vorbehaltlich der Zustimmung der politischen Gremien und der Genehmigungsbehörde soll der Turm bis Ende 2020 fertiggestellt werden.

Odenwald-Institut der Karl-Kübel-Stiftung, Tromm 25, 69483 Wald-Michelbach: Unmittelbar neben dem Institut können Sie auf dem Naturparkplatz parken und dem roten Quadrat des Main-Stromberg-Wegs bis zum etwa 900 m entfernten Turm folgen (siehe auch die Wegbeschreibung für die Anfahrt mit dem Bus).

Die **Haltestelle „Auf der Tromm"** ist nur montags bis freitags per Ruftaxi zu erreichen. Am Wochenende und feiertags fahren Sie zur **Bushaltestelle „Grasellenbach, Scharbach Döll"**: Gehen Sie ca. 100-150 m an der Kreisstraße K27 entlang und biegen Sie hinter der Kurve bei der Hausnummer 76 nach links in einen Asphaltweg ab; dabei können Sie dem Tromm-Weg, der mit Wa2 markiert ist (Wa steht für Wahlen), bis auf den Bergrücken folgen. Schon nach wenigen Metern befinden Sie sich auf einem befestigten Landwirtschaftsweg mit begrüntem Mittelstreifen. Nach einem guten halben Kilometer kommen Sie zu einem Fichtenforst, den Sie stets in gerader Richtung durchqueren. Sobald Sie nach abermals gut 500 m aus dem Wald herauskommen, überqueren Sie einen asphaltierten Weg und halten sich geradeaus in einen Grasweg. An Wiesen entlang geht es stetig bergan und zusätzlich werden Sie vom Wanderwegzeichen G2 begleitet (G steht für Grasellenbach). Nach ca. 400 m überqueren Sie am nächsten Waldstück die Kreisstraße, die hinauf zur Tromm führt, und wandern geradeaus und weiter bergauf durch den Wald. Im Wald halten Sie sich an einer Kreuzung geradeaus und im weiteren Verlauf geht es über eine Wiese zu den ersten Wohnhäusern der Siedlung. Erneut auf die Kreisstraße treffend gehen Sie auf dieser wenige Meter nach rechts und biegen dann links in den Birkenweg (Auf der Tromm 8-10, 13, 14, 16) ab. Am Ende der Straße treffen Sie auf das **Odenwaldinstitut mit dem Naturparkplatz**. Wenn Sie nach rechts die Straße entlang schauen, sehen Sie in ca. 200 m Entfernung die Gaststätte Zur schönen Aussicht. Für den Weg zum Ireneturm verlassen Sie die beiden bisherigen Wegzeichen und gehen zum Wanderwegweiser am Parkplatz. Folgen Sie über den Parkplatz hinweg dem roten Quadrat des Main-Stromberg-Wegs sowie dem R5 (R steht für Rimbach) und dem W5 (Tromm-Weg von Wald-Michelbach) zum Turm. Bereits nach knapp 100 m begegnet Ihnen die erste Skulptur des Kunstwegs, vor der Sie sich nach links halten. Nachdem Sie in den Wald gekommen sind erreichen Sie nach gut 200 m eine Gabelung, wo die Wandermarkierungen vom Forstweg in den rechten Weg weisen. Bequem und an einer Abzweigung geradeaus erreichen Sie bei ungefähr drei Streckenkilometern den Turm.
Für die Fortsetzung der Route folgen Sie vom Turm aus weiter dem roten

Quadrat. Nach ungefähr 50 m biegen Sie vom breiten Weg links in einen Pfad ab, der etwa nach 100 m zurück in den ersten Forstweg mündet. Halten Sie sich auf dem Forstweg nach rechts und bleiben Sie auf diesem stets in gerader Richtung; durch die einfache Wegführung können Sie sich ganz den Kunstobjekten widmen. Sobald Sie nach knapp 1,5 km an der Skulptur „Denkanstoß (Toleranz)" nach rechts aus dem Wald herauskommen, bietet sich Ihnen ein toller Blick über den Vorderen Odenwald und über die Rheinebene hinweg bis zum Pfälzerwald. Folgen Sie weiterhin dem roten Quadrat auf dem breiten Weg an Abzweigungen geradeaus in Richtung Wald-Michelbach. Nach einem nahezu ebenen Abschnitt geht es im Verlauf bergab und nach einem kräftigen Anstieg durchqueren Sie ein kleines Gehölz. Sobald Sie auf einen Asphaltweg treffen, halten Sie sich in diesen nach rechts. Bereits nach knapp 100 m verlassen Sie an einem Wegweiser vorübergehend die Wanderwege und machen einen kleinen Umweg nach Stallenkandel zum Panorama-Restaurant Bergblick. Bergab biegen Sie nach ca. 350 m links in die Straße Stallenkandel ein. Etwa 150 m darauf folgen Sie dem Hinweisschild zum Bergblick nach rechts auf eine kurze Treppe in einen Pfad hinunter, der direkt an der Gaststätte endet.

Nach der Rast kehren Sie zunächst über den knapp 100 m langen Treppenpfad zur Straße Stallenkandel zurück und halten sich auf dieser nach rechts durch den Ort. Wenige Meter hinter dem letzten Haus stößt von links das rote Quadrat wieder hinzu, dem Sie nun bis zum Ende der Tour folgen können. Bleiben Sie geradeaus auf dem gut befestigten Weg bis zu einer ca. 400 m entfernten Parkmöglichkeit. Am Parkplatz rechterhand vorbei weisen die Wandermarkierungen in einen für Kraftfahrzeuge gesperrten Land- und Forstwirtschaftsweg. Im Verlauf noch an fünf Kunstwerken vorbei erreichen Sie nach ungefähr 1,2 km den Kreisverkehr auf der Kreidacher Höhe. Am Verkehrskreisel sind es nach links in Richtung Wald-Michelbach nur knapp 100 m zur Bushaltestelle **„Wald-Michelbach, Kreidacher Höhe"**. Insgesamt ist die Wegstrecke ungefähr 9 km lang.

Für Autofahrer empfiehlt sich eine Einkehr im Gasthaus Zur schönen Aussicht, das vom Naturparkplatz gut 200 m entfernt ist. Weitere Informationen gibt es auf der Webseite *www.schoene-aussicht-tromm.de.*

Für Wanderer, die mit dem öffentlichen Nahverkehr unterwegs sind, bietet sich bei etwa knapp sieben Streckenkilometern das Restaurant Bergblick mit schattiger Panoramaterrasse zum Einkehren an. Die Gaststätte hat täglich außer dienstags von 11.30 bis 20.30 Uhr geöffnet. In der Zeit zwischen 14.00-17.30 Uhr gibt es eine Vesperkarte mit kalten Gerichten und am Wochenende hausgemachten Kuchen. Nähere Informationen finden Sie auch auf der Webseite *www.gasthaus-bergblick.de.*

„Der Überwald, Nr. 9", hrsg. vom Geonaturpark Bergstraße-Odenwald und vom Naturpark Neckartal-Odenwald, 2016, 1:20.000, ISBN 978-3-931273-84-2.

TIPP

Das Wegstück vom Odenwaldinstitut bis zur Kreidacher Höhe ist gleichzeitig ein 2005 eröffneter und 2009 erweiterter Kunstweg mit fast 15 Kunstwerken. Es gibt noch weitere Kunstwanderwege in der Region, über die Sie sich auf der Webseite *www.ueberwald.eu* unter „Tourismus-Kultur-Kunst" informieren können.

Quellen: Morr, Hans-Günther, „Zur Geschichte der OWK-Aussichtstürme im Überwald, auf den Höhenrücken Hardberg, Schimmelberg, Tromm und Lärmfeuer", in: Geschichtsblätter Kreis Bergstraße, Jg. 2005, S. 124-130; Thomasberger, Georg: „Türme im Überwald: der Ireneturm auf der Tromm, der Turm auf dem Hardberg", in: Die Dorflinde, Heft 3/2004, S. 19-20; Ohne Verfasser, „Nach 100 Jahren ein Besitzerwechsel: Ireneturm nun Rimbacher Eigentum", in: Wandermagazin Die Dorflinde, Heft 4/2010, S. 30; Informationstafel des Geo-Naturparks Bergstraße-Odenwald vor Ort; Webseiten www.ueberwald.eu und www.wald-michelbach.de (Geozentrum Tromm).

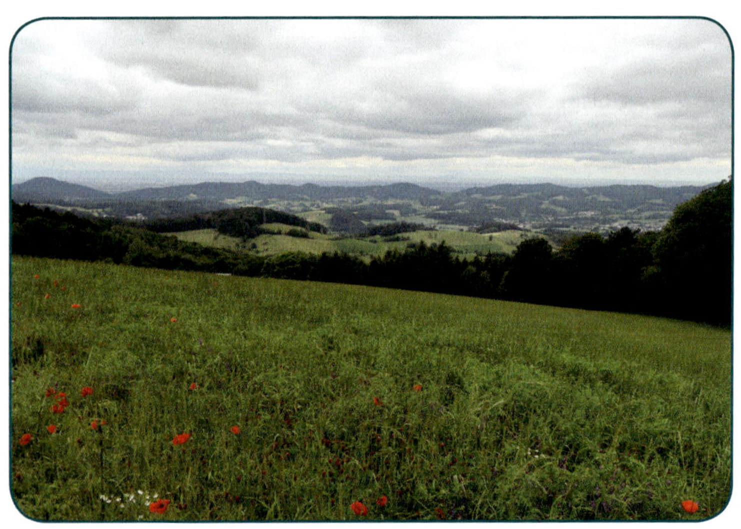

42 Wartturm (Schaafheim-Mosbach)

Koordinaten (WSG84): 49° 54’ 28,9” N, 9° 01’ 12,9” O (49.908028°, 9.020250°)

Die Schaafheimer Warte befindet sich auf dem Binselberg zwischen Schaafheim, Radheim und Mosbach auf einer Höhe von 216 m über dem Meeresspiegel. Die Gemeinde Schaafheim liegt geografisch gesehen nicht mehr im Odenwald, sondern im Bachgau. Da das Gebiet aber noch zum Geo-Naturpark Bergstraße-Odenwald gehört, wird der Turm hier vorgestellt.

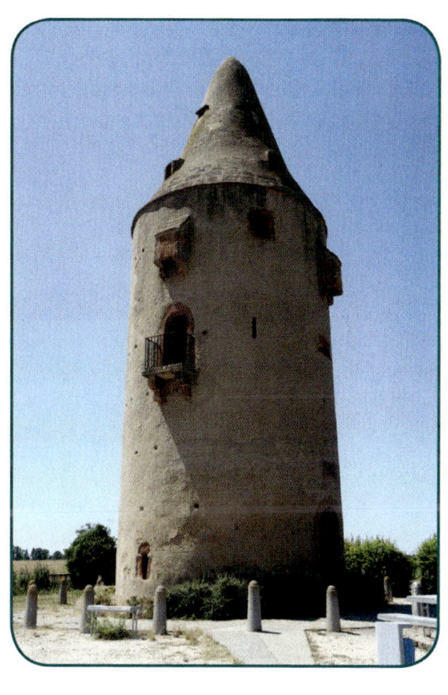

Der Wach-, Kontroll- und Beobachtungsturm wurde im Jahre 1492 als Teil einer Grenzsicherungsanlage gebaut, die von der Gersprenz bei Stockstadt bis zur Mümling bei Mömlingen reichte. Der Mainzer Erzbischof Berthold von Henneberg ließ die ca. 27 m breite Wallanlage sowohl zum Schutz gegen die Grafschaft Hanau-Lichtenberg und gegen das benachbarte kurpfälzisch-hessische Territorium als auch zur Überwachung der Verkehrswege errichten. Zur damaligen Zeit versuchten nämlich die Fuhr- und Kaufleute immer wieder, die Geleitschutzgebühren und Zollabgaben durch die Nutzung von Schleichwegen zu umgehen. Die Anlage machte ein solches Vorhaben unmöglich, da sie nur an wenigen bewachten „Schlägen“ passiert werden konnte. Nachdem im Laufe des 18. Jhds. der Landwehrstreifen zwischen den benachbarten Territorien aufgeteilt worden war, verfiel die Bachgauer Landwehr allmählich und auch der Turm wurde nicht mehr gebraucht. In den Jahren 1936/37 wurde das stark lädierte Bauwerk auf Drängen der Denkmalschutzbehörde von den umliegenden Gemeinden erstmals saniert und 1992 erfolgte eine weitere Sanierungsmaßnahme. Der 22 m hohe Rundturm hat einen Umfang von 21 m und eine Mauerstärke von 1,30 m. Sein Einstieg befand sich ursprünglich in 6 m Höhe im ersten Obergeschoss und war nur über eine Leiter zu erreichen. Heute betritt man den Turm über zwei Eingangsstufen durch eine nachträglich herausgebrochene Maueröffnung. Im Innern führt eine Holzwendeltreppe mit 29 Stufen zu einem Zwischengeschoss, wo sich ein kleiner Balkon befindet, den man auch auf dem Foto gut erkennen kann. Über 15 weitere Stufen gelangt man zum Aussichtsgeschoss und kann durch vier kleine Fenster einen Blick in die Umgebung werfen.

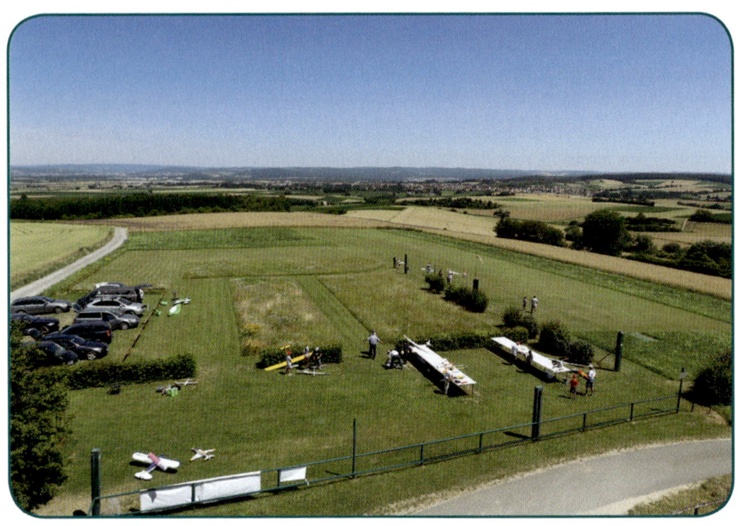

Obwohl der Turm frei auf der Bergkuppe steht, bieten die kleinen Fenster nur kleine Panoramaausschnitte: Nach Norden hin hat man eine schöne Aussicht in die Mainebene mit Frankfurt, Offenbach und Hanau sowie dem Taunus als Hintergrund; bei guter Sicht kann man in nordöstlicher Richtung den Vogelsberg erahnen. Gen Osten fällt der Blick auf den Spessart und in südlicher Richtung sieht man die Ausläufer des Odenwalds.

Der Turm ist ganzjährig frei zugänglich.

Kreisstraße K106 zwischen Schaafheim und Radheim: Ziemlich genau zwischen Schaafheim und Radheim weist etwa 50 m von einer Bushaltestelle entfernt ein grünes Schild mit der Aufschrift Wartturm in einen asphaltierten Feldweg. Dieser Weg führt direkt zum Turm, den Sie bereits nach wenigen hundert Metern sehen können. Am Turm befinden sich ausreichend Parkmöglichkeiten und auch Rastbänke für ein kleines Picknick.

Bushaltestelle „Wartturm, Schaafheim“: Von der Haltestelle gehen Sie etwa 50 m zur Straßenkurve und folgen dem Hinweisschild auf den Wartturm nach links in den Asphaltweg. Nach ca. 300 m stößt von rechts der

Hauptwanderweg mit dem roten Andreaskreuz hinzu, dem Sie sich bis zum Ende der Tour anvertrauen können. Den schon von weitem sichtbaren Wartturm erreichen Sie nach insgesamt ungefähr einem Kilometer.
Nach der Turmbesichtigung geht es für den weiteren Weg wenige Meter zurück zur Kreuzung und dort geradeaus in den ebenen, asphaltierten Weg in Richtung Schaafheim. Bereits nach knapp 100 m wandern Sie ein kurzes Stück über Bruchsteinpflaster und dann wieder auf einem normal asphaltierten Weg bergab. Dem Wegverlauf folgend erreichen Sie nach gut einem Kilometer eine Schutzhütte. Halten Sie sich geradeaus und etwa 600 m weiter kommen Sie in den Ort. Gehen Sie über die erste Kreuzung hinweg und biegen Sie nach knapp 50 m links in die Alte Schulgasse ab. Unterhalb der Kirche geht es in die Lutherstraße und danach über die Bachgasse hinweg etwas nach links versetzt in die Rathausstraße. Sobald Sie auf die Wilhelm-Leuschner-Straße treffen, sind es nach rechts nur wenige Meter zur **Bushaltestelle „Schaafheim, Rathaus“**. Insgesamt ist der Weg von Bushaltestelle zu Bushaltestelle gut 3 km weit.

In Schaafheim finden Sie einige Einkehrmöglichkeiten. Wenn Sie über die Wilhelm-Leuschner-Straße hinweg weiter in die Karl-Ulrich-Straße gehen, kommen Sie nach ca. 200 m rechterhand beispielsweise zur Ristorante-Pizzeria l'unico. Geöffnet ist dienstags bis samstags von 11-14 und 17-23 Uhr sowie sonntags durchgehend von 11.30-23.00 Uhr. Von der Pizzeria aus gehen Sie am besten zur **Bushaltestelle „Schaafheim, Ärztehaus“**; Sie erreichen die Haltestelle, indem Sie der Straße zum ca. 150 m entfernten Kreisverkehr folgen und sich dort geradeaus in die Babenhäuser Straße halten.

„Bachgau-Maintal, Nr. 1“, vom Geonaturpark Bergstraße-Odenwald und vom Naturpark Neckartal-Odenwald, 2017, 1:20.000, ISBN 978-3-931273-90-3.

Quellen: Dörr, Hans, „500 Jahre Wartturm: 1492 – 1992“, Babenhausen, 1992; Informationstafel des Geo-Naturparks Bergstraße-Odenwald vor dem Turm und Hinweistafel am Turm; Webseite www.warttürme.de.

43 Ruine Strahlenburg (Schriesheim)

Koordinaten (WSG84): 49° 28‘ 28,8“ N, 8° 40‘ 08,8“ O (49.474671°, 8.669098°)

Die Burg liegt oberhalb von Schriesheim auf gut 200 m Höhe am mäßig steilen Hang des Ölbergs.

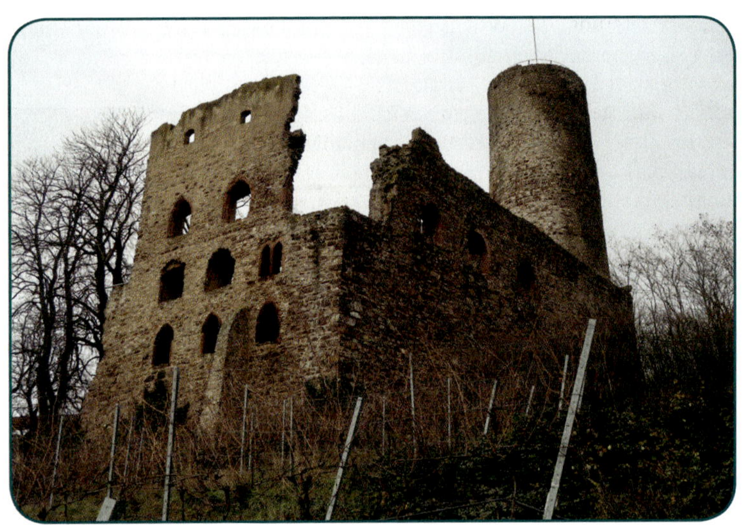

Mit der Errichtung der Strahlenburg wurde kurz vor 1237 durch Conrad I. von Strahlenberg begonnen, der Lehnsvogt der Klöster Lorsch und Ellwangen war. Da Conrad den Bau ohne die vorherige Erlaubnis des Klosters Ellwangen begonnen hatte, belegte Kaiser Friedrich II. ihn mit der Reichsacht. Allerdings hob der Kaiser den Bann bereits kurze Zeit später wieder auf, damit sich Conrad am Feldzug gegen die lombardischen Städte beteiligen konnte. Ihm wurde zur Auflage gemacht, nach Beendigung des Feldzugs binnen sechs Wochen einen Vergleich mit dem Abt von Ellwangen zu schließen. Infolge dessen wurden Burg und Grundbesitz an das Kloster Ellwangen übertragen und Conrad erhielt die vermutlich schon in großen Teilen fertiggestellte Strahlenburg als Lehen zurück. Aus der Gründungszeit stammen der mit 6,80 m Durchmesser ungewöhnlich schlanke runde Bergfried und die bis zu 3 m dicke Ringmauer. Von einem Wohnbau (Palas) in der Südwestecke sind heute lediglich die beiden feldseitigen Außenmauern vorhanden. Im Jahre 1329 verpfändete Rennewart von Strahlenberg die Stadt Schriesheim zusammen mit der Burg an seinen Schwager Hartmut von Kronberg, der Burggraf auf der mainzischen Starkenburg war. Hartmut entfaltete in den Folgejahren

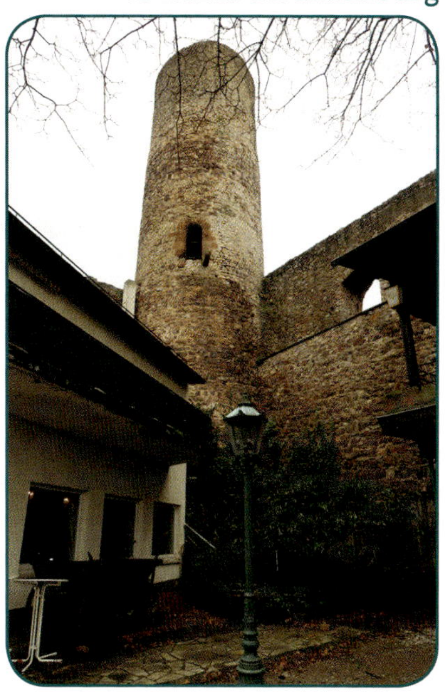

eine umfangreiche Bautätigkeit auf der Burg und durch seine selbstherrliche Amtsführung erhöhte sich die Pfandsumme bis 1346 von 8.000 auf 12.500 Pfund Heller. In diese Bauzeit fällt die vermutlich nachträgliche Aufstockung des einst etwa 20 m hohen Bergfrieds auf seine heutige Größe von 29 m und eine Erweiterung des Wohnbaus auf vier Geschosse. Pfalzgraf Ruprecht I. hatte ein Auge auf die Burg geworfen und gab Rennewart ein Darlehen, damit er das Pfand wieder auslösen konnte. Bereits 1347 verkaufte Rennewart Burg und Stadt verabredungsgemäß an Ruprecht weiter. Nach mehreren Veräußerungen und Verpfändungen gelangte der Besitz schließlich 1468 an den Pfalzgrafen Ludwig von Veldenz-Zweibrücken. In einer Auseinandersetzung mit dem Heidelberger Pfalzgrafen Friedrich I. wurde die Burg 1470 von diesem nach kurzer Belagerung erobert, entging jedoch der Zerstörung. Um 1500 brannte die Burg weitgehend aus und zurück blieb eine Ruine. Für das Jahr 1733 ist dokumentiert, dass mit dem Abbruch des vom Feuer verschonten Nordteils der Burg begonnen wurde. Bereits um 1900 richtete man einen Gastronomiebetrieb an der Ostflanke der Ringmauer ein, der bis heute betrieben wird. Bis heute sind nur die hohe Ringmauer auf der Südseite, der Bergfried und die Reste des Wohnbaus erhalten geblieben. Sonstige Gebäude und ein zweiter Rundturm an der Nordwestecke sind praktisch völlig verschwunden.

Von der Aussichtsterrasse geht der Blick über Schriesheim hinweg in die Rheinebene bis nach Mannheim und hinüber zum Pfälzerwald.

Der Bergfried ist baufällig und kann derzeit nicht bestiegen werden. Gleichwohl hat man von der Terrasse der Burggaststätte einen schönen Blick in die Rheinebene.

Strahlenberger Straße, 69198 Schriesheim: Die Burg befindet sich am Ende der Strahlenberger Straße und direkt vor der Ruine gibt es einen kleinen Parkplatz.

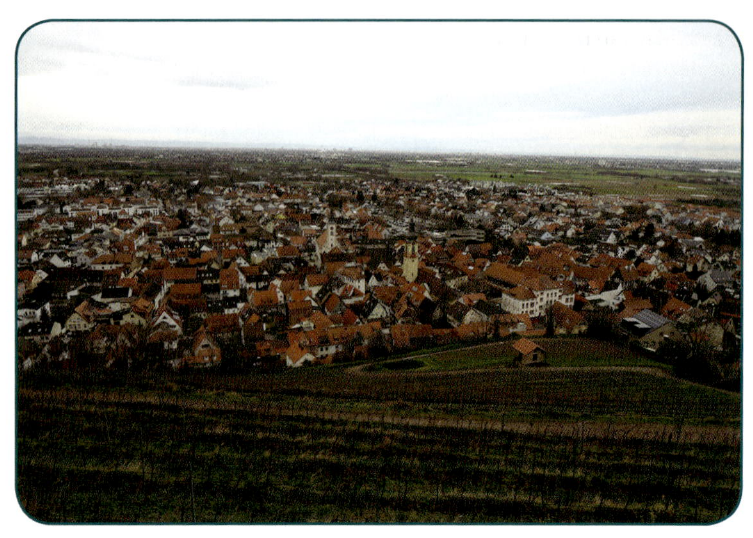

Straßenbahnhaltestelle „Schriesheim-Bahnhof" der Linie 5 (OEG): Von der Haltestelle aus gehen Sie knapp 200 m an den Schienen entlang in Richtung Weinheim und biegen vor der Fußgängerunterführung rechts ab. Nach wenigen Metern treffen Sie auf die Bahnhofstraße und folgen dieser geradeaus; Sie können sich dabei an dem Wandersymbol mit dem gelben Andreaskreuz orientieren. Etwa 350 m auf der Bahnhofstraße treffen Sie auf die Heidelberger Straße, die nach links direkt in die Altstadt führt.* Dort folgen Sie der gelben Wegmarkierung am Kaffeehaus nach rechts in die Oberstadt. Am Straßenende geht es ca. 50 m nach links zu einem Schulhof und an dessen anderen Ende nach rechts eine Treppe hinauf. Sobald die Treppe nach rechts führt, halten Sie sich geradeaus und nach wenigen Metern am Ende einer kurzen Treppe rechts in den Burgweg bergan; an dieser Stelle weist ein Schild zum Bergwerk in den Huberweg (siehe Tipp). Nach gut 100 m verlassen Sie das gelbe Andreaskreuz und folgen dem Hinweisschild zur Burg scharf nach rechts. Auf einem im Verlauf teilweise mit Rasengittersteinen befestigten und gegen Ende asphaltierten Weg erreichen Sie nach insgesamt gut 1,5 km den Parkplatz vor der Ruine.

Im historischen Burgsaal und auf der Aussichtsterrasse werden badische Gerichte und hausgemachte Kuchen serviert. Der Burggasthof hat dienstags bis sonntags ab 11 Uhr geöffnet; in der Winterzeit ist donnerstags

* An Schultagen ist der Schulhof gesperrt. Folgen Sie an diesen Tagen weiter der Bahnhofstraße bis am Ende zur Oberen Bergstraße; dort treffen Sie auf das gelbe B des Blütenwegs, das ebenfalls zur Burg hinaufführt. Gehen Sie auf der Oberen Bergstraße ca. 50 m nach rechts und in die nächste Straße nach links. Nach knapp 150 m biegen Sie links in einen Treppenweg ab und erreichen anschließend durch die Weinberge die Burg.

bis sonntags ab 12 Uhr geöffnet. Nähere Informationen finden Sie unter *www.strahlenburg-schriesheim.de.*

„Heidelberg – Neckartal-Odenwald, Nr. 12", hrsg. vom Geo-Naturpark Bergstraße-Odenwald und vom Naturpark Neckartal-Odenwald, 2019, 1:20.000, ISBN 978-3-947593-10-1.

TIPP

An der Talstraße 157 befindet sich das ehemalige Silber- und Vitriolbergwerk Anna-Elisabeth. Das 1473 erstmals urkundlich erwähnte Bergwerk war mit mehreren Unterbrechungen bis 1817 in Betrieb. Bis Mitte des 16. Jhds. diente es zunächst der Gewinnung von Silbererzen und etwa 150 Jahre später wurde Eisenvitriol (Melanterit) und Kupfervitriol (Chalkanthit) von hoher Qualität abgebaut und weiterverarbeitet. Seit 1985 sorgt der Bergwerksverein Schriesheim e.V. für den Erhalt und die Sicherung der ehemaligen Grube. Das Bergwerk ist von Mitte März bis Ende Oktober sonn- und feiertags von 11.00-16.30 Uhr (letzter Einlass) geöffnet. Die einfache Führung kostet für Erwachsene 5,50 € und für Kinder 4-14 Jahre 3,50 €;
eine Erlebnisführung, bei der man über Leitern in die 18 m tiefer liegenden Stollen klettern muss, kostet für Erwachsene 9,50 € und für Kinder 12-14 Jahre 6,50 €. Nähere Informationen finden Sie auf der Webseite *www.bergwerk-schriesheim.de.*

Quelle: Biller, Thomas, „Burgen und Schlösser im Odenwald", Regensburg 2014, S. 105-108; Steinmetz, Thomas, „Die Strahlenburg bei Schriesheim an der Bergstraße", in: Burgen und Schlösser: Zeitschrift für Burgenforschung und Denkmalpflege, 1990, S. 7-18; Informationstafel der Stadt Schriesheim und des Landratsamts Rhein-Neckar-Kreis in den Weinbergen unterhalb der Burg.

44 Burgruine Tannenberg (Seeheim-Jugenheim)

Koordinaten (WGS84) des aufgemauerten Bergfrieds: 49° 45‘ 23,2“ N, 8° 39‘ 24,8“ O (49.756447°, 8.656878°)

Die Burgruine liegt im Stettbacher Tal östlich von Jugenheim auf einem zurückgesetzten und spornartigen Gipfel, dem sogenannten Tannenberg in 335 m Höhe.

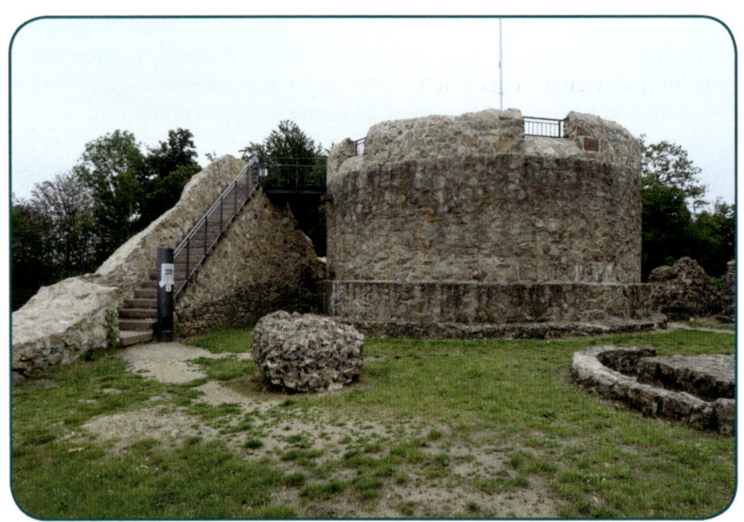

Um 1232 erbaute Ulrich I. von Münzenberg die „Burg Seeheim“ und als sein Sohn Ulrich II. im Jahre 1255 kinderlos verstarb, erbten seine sieben Schwestern die Burg. Im Laufe der Zeit wurde der Besitz durch Erbschaften und Verkäufe so zersplittert, dass gegen Ende des 14. Jhds. 19 Ganerben, d.h. gemeinschaftliche Mitbesitzer, genannt wurden. Einer dieser Eigentümer war Hartmut der Jüngere von Kronberg, der um 1395 seinen Wohnsitz auf den Tannenberg verlegte, obwohl er nur ein Achtel der Burg besaß. Von seinem neuen Domizil aus verübte er Plünderungen und überfiel Kaufmannszüge. Es bildete sich daher eine Allianz aus Städten und Fürstentümern und im Jahre 1399 zog ein Heer unter der Führung von Ruprecht von der Pfalz aus, um den Landfrieden wieder herzustellen. Es wurde mit der Belagerung von Burg Tannenberg begonnen, aber die Verteidiger setzten sich heftig zur Wehr. Neben Geschützen und Wurfmaschinen auf Seiten der Angreifer kam dabei auch die älteste bekannte Handfeuerwaffe zum Einsatz, die sogenannte „Tannenbergbüchse“. Zwei Wochen lang war die Belagerung erfolglos und erst mit der mühsam herbeigeschafften, 3.500 kg schweren „Großen Frankfurter Steinbüchse" konnte die Burg sturmreif geschossen und zur Aufgabe gezwungen werden. Nach ihrer Zerstörung diente die Ruine als Steinbruch für die umliegende Bevölkerung. Erhalten geblieben sind nur Teile der Ringmauer und der Zwingermauer, Gebäudefundamente mit Mauer- und Kellerresten sowie der Stumpf des runden Bergfrieds an der Ostseite. Bereits 1849 wurden auf Wunsch des Großherzogs Ludwig III. von Hessen-Darmstadt die Grundmauern der zerstörten Burg freigelegt und archäologisch dokumentiert. Ab 1972 legte ein Arbeitskreis des Heimat- und Verschönerungsvereins Seeheim mit ehrenamtlichen Helfern die wieder verwilderte Burgruine erneut frei und begann diese zu restaurieren. In den Jahren 2015 bis 2017 hat der Verein mit viel freiwilligem Engagement und Spenden den ehemals 20 m hohen Bergfried auf 6 m aufgemauert und begehbar gemacht. Um auf den Mini-Bergfried zu gelangen, müssen Sie erst zehn Stufen zum ehemaligen Burghof gehen. Von dort führt eine Steintreppe mit 21 Stufen entlang der nördlich verlaufenden Burgmauer zu einem Metallsteg mit Holzplanken und über diesen auf die neu gestaltete Aussichtsplattform.

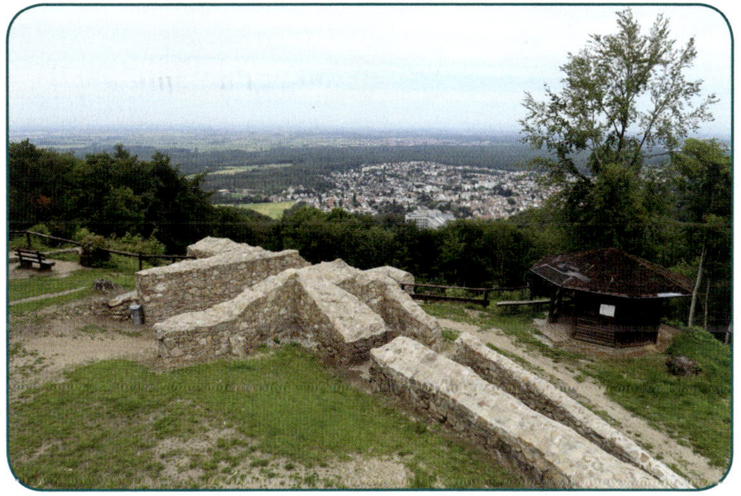

Aufgrund der hochgewachsenen Bäume gibt es für die Fernsicht nur den Blick in die Rheinebene: nach Norden hin kann man gerade noch die Frankfurter Skyline und den Taunus im Hintergrund sehen. Über die Rheinebene erkennt man im Westen den Donnersberg und bei sehr guter Sicht über das rheinhessische Hügelland hinweg die Ausläufer des Soonwalds sowie in südlicher Richtung den Pfälzerwald.

Der Turm ist ganzjährig frei zugänglich. Es wird um eine Spende von 0,50 Euro pro Person für den Erhalt der Burganlage gebeten. Informationen zum Engagement des Heimat- und Verschönerungsvereins finden Sie unter *www.hvv-seeheim.de*. Bei Gewitter ist die Besteigung des Bergfrieds verboten.

Lufthansaring, 64342 Seeheim-Jugenheim: Folgen Sie in Seeheim den grünen Schildern zur Burgruine Tannenberg in Richtung Ober-Beerbach. Nachdem Sie Seeheim verlassen haben, biegen Sie von der Kreisstraße K143 rechts ab in den Lufthansaring, der zum Tagungshotel der Lufthansa führt. Nach etwa einem halben Kilometer erreichen Sie hinter einer Linkskurve linkerhand den Parkplatz bei der Fünfschwesternlinde. Dort können Sie parken und der Wegbeschreibung für die Anfahrt mit dem öffentlichen Nahverkehr folgen. Der Weg vom Parkplatz bis zum Burggelände ist ungefähr einen Kilometer weit.

Straßenbahnhaltestelle „Seeheim-Jugenheim, Seeheim Neues Rathaus": Gehen Sie in die Straße Georg-Kaiser-Platz zwischen Sparkasse und Rathaus (ehemaliges Gemeindeschulhaus). Nach knapp 100 m halten Sie sich geradeaus in einen kombinierten Fuß- und Radweg, das Schulpädche. Sie befinden sich bereits auf dem mit einem gelben Kreuz markierten Saar-Rhein-Main-Weg, dem Sie bis zur Burgruine folgen können. An der Skulpturengruppe „Seeheimer Halbkreis" vorbei geht es zur Darmstädter Straße und auf dieser nach rechts. Etwa 150 m weiter biegen Sie am Gasthaus Darmstädter Hof rechts in die Bergstraße ab, die über einen kleinen Platz hinweg am Gasthaus Zum Löwen linkerhand vorbeiführt; als zusätzliches Wegzeichen kommt vorübergehend das gelbe B des Blütenwegs hinzu. Die beiden Wegzeichen biegen nach knapp 100 m an der Engel Apotheke links in einen Fußweg ab. Am Ende des Wegs verlässt das B die Route bereits wieder nach rechts und Sie bleiben weiter geradeaus auf der Villastraße in Richtung Burg. Nach gut 100 m weist das gelbe Kreuz nach links eine Treppe hinauf. Der Zick-Zack-Pfad führt bergan, an einem schönen Aussichtspunkt vorbei und über eine Wiese zum Waldrand. Dort befindet sich wenige Meter links ein Wanderwegweiser. Das gelbe Kreuz führt nun zusammen mit dem roten A des Alemannenwegs und der blauen Burg des Burgensteigs über eine Treppe und an einem Schutzpavillon vorbei bergauf. Eine Straße (Lufthansaring) überquerend finden Sie die Fortsetzung des Wanderwegs ca. 20 m nach rechts. Sie erreichen den **Parkplatz bei der Fünfschwesternlinde**, wo die Autofahrer zum Weg hinzustoßen können. Folgen Sie den drei Wandermarkierungen auf den Schotterweg, der bald darauf an einem Wasserhochbehälter in einen breiten Pfad übergeht. Immer dem Pfadverlauf folgend kommen Sie hinter einer Linkskurve zu einer Kreuzung, wo Sie nach links auf dem Alten Burgweg bergan wandern. Nach insgesamt gut 2 km erreichen Sie über eine Holzbrücke mit Metallgeländer den Eingang zum Burggelände.

Alternativer Rückweg: Folgen Sie zunächst weiter den drei Wegmarkierungen auf der anderen Bergseite hinab. Nach gut 50 m treffen Sie auf einen Wanderwegweiser: das gelbe Kreuz führt nach links und Sie halten sich nach rechts in Richtung Jugenheim (rotes A und blaue Burg). Wie es sich für den

Burgensteig gehört, verläuft der Pfad teilweise recht steil bergab und trifft nach knapp einem halben Kilometer auf einen Weg. Folgen Sie den beiden Wegzeichen nach links und nach etwa 300 m auf dem Forstweg biegen Sie links in einen Pfad ab. Nach knapp 200 m trifft der Pfad kurz hinter einer Schutzhütte wieder mit dem Forstweg zusammen. Halten Sie sich wenige Meter nach links und wandern Sie dann den beiden Markierungen folgend scharf nach rechts weiterhin bergab. Schon nach gut 200 m mündet der Pfad erneut in einen Forstweg und auf diesem geht es weiter nach links. Nach ungefähr 150 m halten Sie sich an einer Abzweigung geradeaus und knapp 100 m darauf erreichen Sie rechterhand eine Treppe. Dort verlassen Sie die beiden regionalen Wanderwege und gehen auf dem örtlichen Wanderweg SJ3 die Treppe und anschließend den Kopfsteinpflasterweg hinunter in die Stadt. Sobald Sie im Ort auf die Straße Am Schwimmbad treffen befinden Sie sich auf dem bereits bekannten Blütenweg. Folgen Sie dem gelben B nach links zur abknickenden Vorfahrt und noch ein paar Meter geradeaus bis Sie rechterhand die Burkhardtstraße erreichen. An dieser Stelle verlassen Sie schon wieder den Blütenweg und am Ende der Burkhardtstraße stoßen Sie direkt auf die Straßenbahnlinie. Nach links sehen Sie an der Ampelanlage die nur noch ungefähr 150 m entfernte **Straßenbahnhaltestelle „Seeheim-Jugenheim, Jugenheim Ludwigstraße“**. Insgesamt ist die Wegstrecke gut 4,5 km lang.

Auf dem Weg durch Seeheim kommen Sie zu Beginn der Tour an einigen Einkehrmöglichkeiten vorbei, wo Sie auf dem Rückweg einkehren können: z.B. im Darmstädter Hof (*www.darmstaedterhof-seeheim.de*) oder im Restaurant Zum Löwen (*www.zum-loewen-seeheim.de*). Wenn Sie den alternativen Rückweg nehmen, können Sie mit der Straßenbahn zwei Stationen zurück nach Seeheim fahren.

„Nördlicher Vorderer Odenwald, Nr. 2“, vom Geonaturpark Bergstraße-Odenwald und vom Naturpark Neckartal-Odenwald, 2016, 1:20.000, ISBN 978-3-931273-81-1.

TIPP

Folgen Sie dem ausgeschilderten Rundweg durch den Burggraben, um die Ruine von allen Seiten in Augenschein zu nehmen.

Quellen: Biller, Thomas, „Burgen und Schlösser im Odenwald“, Regensburg 2014, S. 73 ff.; Hessendienst der Staatskanzlei (Hrsg.), „Schlösser, Burgen, alte Mauern“, Wiesbaden 1990, S. 328 f; Knappe, Rudolf, „Mittelalterliche Burgen in Hessen“, Gudensberg-Gleichen 1994, S. 528 f.; Hinweistafel des Geo-Naturparks Bergstraße-Odenwald vor Ort; Webseite www.echo-online.de.

45 Katzenbuckelturm (Waldbrunn-Waldkatzenbach)

Koordinaten (WSG84): 49° 28‘ 15,2“ N, 9° 02‘ 30,3“ O (49.470878°, 9.041747°)

Der Turm befindet sich auf dem höchsten Berg des Odenwalds, dem 626 m hohen Katzenbuckel. Es handelt sich um einen ehemaligen Vulkan, der im Alttertiär vor etwa 65 Millionen Jahren aktiv war. Im Laufe der Zeit erodierte das umliegende Gestein und übrig blieb der harte Vulkanschlot, überwiegend aus Sanidinnephelinit, einem speziellen Ergussgestein, das den heutigen Bergkegel bildet.

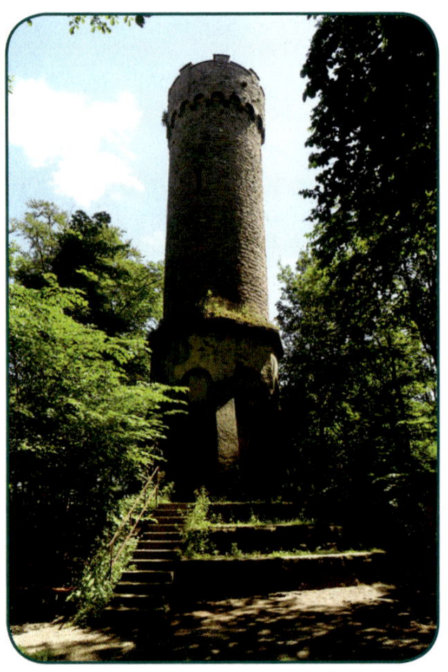

Im Jahre 1808 kaufte Großherzog Karl Friedrich von Baden die Burg Zwingenberg zu deren Herrschaftsbereich auch die Gegend um den Katzenbuckel gehörte. Kurz darauf vermachte er diesen Besitz seinen drei Söhnen aus zweiter Ehe, den Markgrafen Leopold, Wilhelm und Maximilian. Diese drei ließen auf dem Berggipfel in den Jahren 1820/21 einen Rundturm aus Buntsandsteinquadern errichten, nach dem ersten Melibokus-Turm der zweitälteste Aussichtsturm im Odenwald. Der 18 m hohe Turm steht auf einem achteckigen Sockel und man erreicht den Eingang über eine zwölfstufige Treppe. Nach einer Eingangsstufe führt im Innern eine Wendeltreppe mit 99 Stufen hinauf zur Aussichtsplattform. Im unteren Teil hat das Bauwerk Seitenstreben und auf der zinnenartig ummauerten Plattform ist das badische Landeswappen zu sehen. Am 28.04.1954 ging der Katzenbuckel mitsamt dem Turm auf dem Wege eines Tauschgeschäfts in den Besitz der damals noch selbstständigen Gemeinde Waldkatzenbach über.

Der Turm bietet einen herrlichen Rundumblick, der nur in südwestlicher Richtung durch hochgewachsene Bäume versperrt wird: Nach Nordwesten sieht man über die Tromm und die Neunkircher Höhe hinweg bis zum Taunus und nach Nordosten in Richtung des knapp 150 m hohen Reisenba-

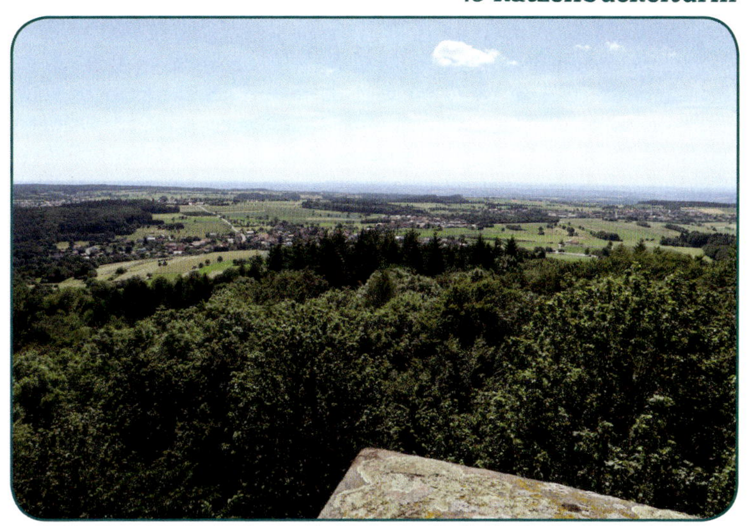

cher Fernsehturms bis zum Spessart. Östlich liegt das Bauland und in südlicher Richtung befindet der Kraichgau, wobei man bei sehr guter Sicht bis zur Schwäbischen Alb und zum Schwarzwald schauen kann. Nach Westen geht der Blick hinüber zur Pfalz mit dem Donnersberg als höchster Erhebung. Auf der Brüstung sind fünf Schilder mit Sichtzielen angebracht; der Hinweis auf die Langwellenanlage bei Mudau-Donebach ist jedoch nicht mehr aktuell.*

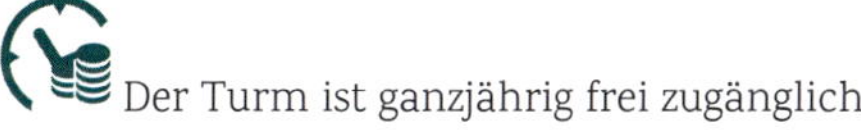

Der Turm ist ganzjährig frei zugänglich.

Katzenbuckelstraße 28, 69429 Waldbrunn: An der Einfahrt zur Turmschenke gehen Sie auf dem breiten Fußweg bergan; Sie befinden sich auf dem Hauptwanderweg mit dem gelben Andreaskreuz. Nach ca. 300 m erreichen Sie beim Beginn des Landschaftsschutzgebiets eine Abzweigung, wo es nach links zum Fernblick geht, Sie sich aber weiter geradeaus halten. Stets in gerader Richtung erreichen Sie nach gut einem halben Kilometer den Gipfel mit Turm. Insgesamt ist die Strecke von der Turmschenke bis zum Turm ca. 800 m weit.

---

* Die beiden Sendetürme der Langwellenanlage waren mit einer beachtlichen Höhe von 363 m nur fünf Meter niedriger als der Berliner Fernsehturm. Die Türme wurden am 21.02.2018 gesprengt, da der Langwellenrundfunk nicht mehr benötigt wird. Näheres zur Geschichte und zur Sprengung berichtet Thomas Müller in seinen beiden Aufsätzen „Die Donebacher Sendetürme" (in: Unser Land: Heimatkalender für Neckartal, Odenwald, Bauland und Kraichgau, Jg. 2017, S. 239-243) und „Die Sprengung der Donebacher Sendemasten" (in: Unser Land: Heimatkalender für Neckartal, Odenwald, Bauland und Kraichgau, Jg. 2019, S. 313-317).

Bushaltestelle „Waldkatzenbach, Ort“: Von der Haltestelle gehen Sie in die wenige Meter entfernte Rathausstraße in Richtung Katzenbuckel. Nach gut 500 m biegen Sie nach rechts auf die Katzenbuckelstraße ab, die direkt zur Turmschenke führt. Bis zur Wanderwegetafel bei der Einfahrt zum Parkplatz sind es von der Haltestelle aus etwa ein Kilometer. Ab hier folgen Sie der Wegbeschreibung für Autofahrer, sodass Sie nach insgesamt ca. 1,8 km den Turm erreichen.

Das Restaurant-Café Turmschenke mit Biergarten liegt in schöner Panoramalage auf 545 m Höhe am Fuße des Katzenbuckels. Ein vielseitiges Angebot an Speisen mit regionalem Schwerpunkt wartet auf Sie in den Sommermonaten mittwochs bis sonntags von 10-22 Uhr; in den Wintermonaten ist nur freitags bis sonntags geöffnet. Nähere Informationen finden Sie unter *www.turmschenke.de.*

„Oberzent, Nr. 10“, hrsg. vom Geo-Naturpark Bergstraße-Odenwald und vom Naturpark Neckartal-Odenwald, 2018, 1:20.000, ISBN 978-3-947593-05-7. „Neckartal-Odenwald, Nr. 13“, hrsg. vom Geo-Naturpark Bergstraße-Odenwald und vom Naturpark Neckartal-Odenwald, 2017, 1:20.000, ISBN 978-3-931273-89-7.

TIPP

Auf dem Parkplatz knapp 100 m von der Einfahrt zur Turmschenke entfernt beginnt der „Weg der Kristalle“. Dieser geologisch-mineralogische Lehrpfad ist durchgängig mit einem gelben L in einem Kreis sowie zusätzlich mit kleinen Holzschildern markiert und endet am Katzenbuckelturm. An zehn Stationen informiert der Pfad über die Entstehungsgeschichte sowie über Mineralien, Vulkangesteine und Fossilien des Katzenbuckels. Kostenpflichtige eineinhalb- bis zweistündige Führungen sind ganzjährig bei der Tourist-Information Waldbrunn buchbar (Zu den Kuranlagen 18, 69429 Waldbrunn, Telefon 06274/928590). Insgesamt ist dieser lohnenswerte Rundweg über den Katzenbuckelturm ungefähr 2 km weit.

Quellen: Glaser, Otmar, „Der Aussichtsturm auf dem Katzenbuckel: drei Markgrafen ließen ihn 1820 errichten“, in: Unser Land: Heimatkalender für Neckartal, Odenwald, Bauland und Kraichgau, Jg. 2003, S. 103-105; für die Ausführungen zur vulkanischen Geschichte des Katzenbuckels siehe www.uni-giessen.de (Institut für Geographie).

46 Burgruine Windeck (Weinheim)

Koordinaten (WSG84): 49° 32‘ 47,1“ N, 8° 40‘ 39,3“ O (49.546406°, 8.677584°)

Die heute nur noch als Ruine erhaltene Höhenburg ist nach der Heppenheimer Starkenburg die zweitälteste Burg an der Bergstraße und befindet sich in gut 220 m Höhe auf dem Schlossberg. Die Umbenennung der ursprünglich Burg Weinheim genannten Burg in Windeck setzte sich erst ab dem 14. Jhd. allmählich durch.

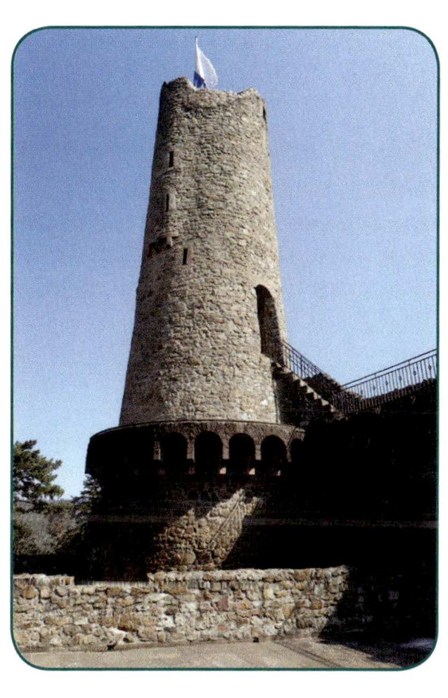

Der Lorscher Abt Benno gründete Anfang des 12. Jhds. eine erste Burg, um den wachsenden Landbesitz des Klosters zu sichern. Da der Schlossberg damals zur Propstei Michelstadt gehörte, wurde die Burg auf kaiserlichen Befehl hin im Jahre 1114 geschleift. Aufgrund der geografischen Lage jedoch, die vortrefflich zur Errichtung einer Schutzburg geeignet war, richtete Abt Diemo nach 1125 das sog. castrum Winenheim wieder auf und entschädigte die Michelstädter Probstei mit dem Ort Mumbach. Der weitere Ausbau der Burg wurde unterbrochen als die Reichsabtei Lorsch 1232 durch Kaiser Friedrich II. aufgelöst wurde und es zu Besitzstreitigkeiten zwischen den beiden Rechtsnachfolgern, der Pfalzgrafschaft und dem Erzstift Mainz, kam. Die Burg verfiel und erst als sie 1344 endgültig der Kurpfalz zugeschrieben wurde, begannen umfangreiche Baumaßnahmen. Der romanische Torbau wurde als Wohnturm erneuert und aufgestockt und anschließend die gesamte Burg neu aufgebaut. Lediglich die beiden unteren Geschosse des Südturms dürften auf die erste Hälfte des 12. Jhds. zurückgehen und zum Torbau der frühen Burg gehören. Eine hohe Ringmauer mit Wehrgangbögen führt vom Wohnbau zum runden Bergfried an der Nordostecke. Der bemerkenswerte Turm ist vermutlich ein Bau des 14. Jhds. Er ist 36 m hoch und läuft nach oben konisch zu. Er ist in drei Höhen gewölbt: zunächst über dem 14 m hohen Verlies, dann über dem Eingangsgeschoss, in der sich heute eine moderne Treppe befindet, und über dem dritten gewölbten Geschoss befindet sich die

ehemalige Wächterkammer mit fünf Fenstern. Eine architektonische Besonderheit ist die in die Mauerdicke des Bergfrieds eingelassene Wendeltreppe. Der südliche Wohnturm und das dreischiffig über Säulen gewölbte Stallgebäude, in dem sich heute die Gaststätte befindet, stammen aus dem 15. Jhd. Im Dreißigjährigen Krieg war die Burg heftig umkämpft und abwechselnd von Spaniern, Bayern, Schweden, Franzosen und Kroaten besetzt. Am Ende des Kriegs war die von bayerischen Truppen besetzte Burg schwer beschädigt und wurde nur notdürftig wieder aufgebaut. Im Jahre 1674 wurde die Windeck im Zuge des niederländisch-französischen Kriegs durch französische Soldaten unter Marschall Turenne abermals zerstört. Die Burg wurde zuletzt in den 1690er Jahren von pfälzischen Truppen wieder verteidigungsfähig gemacht, aber bis ins 18. Jhd. war sie dann vollends zur Ruine verfallen und diente als Steinbruch für die Weinheimer Bürger. Durch Napoleon wurde die Burg 1803 dem Großherzogtum Baden zugesprochen und 1900 erfolgte der Verkauf an den Grafen Sigismund von Berckheim, dessen Vater den Weinheimer Exotenwald begründet hatte. Die Berckheimer bewahrten die Burg vor weiterem Verfall und begannen sie teilweise wieder aufzubauen. 1978 kaufte die Stadt Weinheim die Burg der Grafenfamilie für 300.000 DM ab und führte bis 1982 umfangreiche Sanierungs- und Renovierungsarbeiten durch. Die Erhaltungsarbeiten werden auch in heutiger Zeit fortgesetzt.
Der Bergfried kann als Aussichtsturm bestiegen werden. Vom Burghof nahe dem Brunnen führen 16 Stufen zu einer Terrasse und 20 weitere Stufen zur östlichen Schildmauer hinauf. Von dort geht es über eine Steintreppe mit 14 Stufen zum Turmeingang. Im Turminnern sind es nochmals 61 Stufen über eine in die Mauerdicke des Bergfrieds eingelassene Wendeltreppe zur Aussichtsplattform. Über eine etwa einen Meter breite Brüstung und durch vier Fensternischen im Mauerwerk hat man einen Ausblick in die Umgebung.

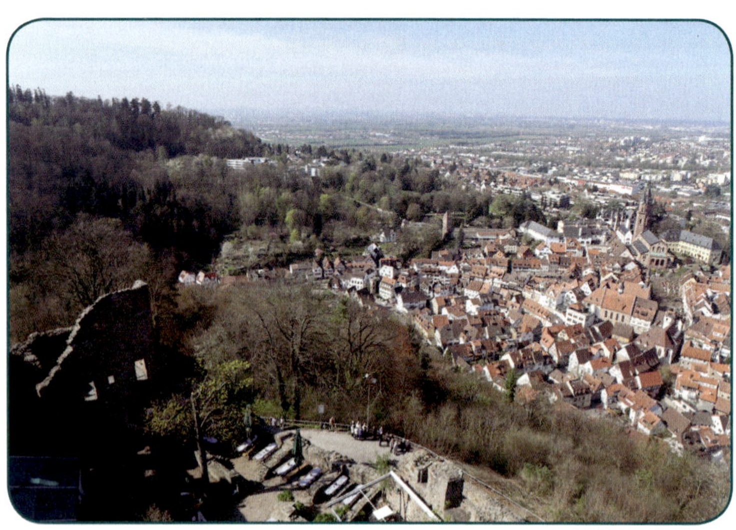

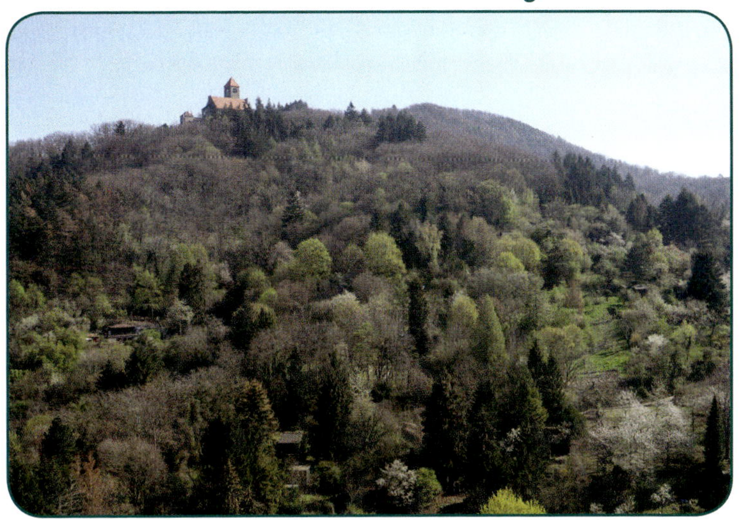

Der Turm bietet eine schöne Aussicht auf die Stadt Weinheim, auf die Bergstraße mit dem Vorderen Odenwald und über die Rheinebene hinweg zum Pfälzerwald und bei guter Sicht zum Donnersberg. Einen schönen Blick hat man auch auf die benachbarte Wachenburg, einen historisierenden Neubau aus den Jahren 1907-1913.*

Der Burghof ist in der Regel tagsüber ab 10 Uhr bis zum Einbruch der Dämmerung geöffnet, auch wenn die Gastronomie geschlossen hat. Die Turmbesteigung kostet 0,50 Euro für Erwachsene und 0,20 Euro für Kinder. **Bei geschlossenen Veranstaltungen ist der Zutritt nicht möglich (siehe Einkehr)**.

Alter Burgweg 2, 69469 Weinheim: Fahren Sie bis hinauf zur Burg und parken Sie hinter der Burgruine.

Bahnhof Weinheim: Von den Bushaltestellen neben dem Bahnhofsgebäude gehen Sie auf der Bahnhofstraße in Richtung Altstadt; Sie können der Wanderwegmarkierung mit dem grünen Quadrat bis fast zur Ruine folgen. Nach ungefähr 600 m halten Sie sich am Einkaufszentrum Weinheim Galerie linkerhand entlang über den Dürreplatz hinweg und folgen dem Wegzeichen auf der anderen Seite des Platzes die Treppen hinunter zu einem Kreisverkehr. Überqueren Sie den Kreisel und gehen Sie in die Straße Am Schloßberg.

---

* Erbaut wurde diese Burg von der „Weinheimer Altherren Vereinigung" (heute Verband Alter Corpsstudenten) als Mahnmal für die im deutsch-französischen Krieg von 1870-71 gefallenen Mitglieder und als Versammlungsstätte.

Nach ca. 100 m biegen Sie rechts in den Fußweg zur Burg ein. Etwa 800 m weiter erreichen Sie eine Gabelung, wo Sie den Wanderweg nach links hinauf zur Burg verlassen. Insgesamt sind es knapp zwei Kilometer Fußweg vom Bahnhof zur Burg.

Das rustikale Burgrestaurant mit seinen schönen alten Tonnengewölben und die überdachte Terrasse mit Biergarten laden zur Einkehr ein. In der Sommerzeit (etwa Mai bis September) ist mittwochs bis samstags ab 17 Uhr sowie sonn- und feiertags bereits ab 11 Uhr geöffnet. Die Burgschänke bzw. die gesamte Burganlage ist ein beliebtes Ausflugsziel und an Wochenenden häufig für Familienfeiern, Firmenevents oder Kulturveranstaltungen reserviert (Anfragen telefonisch unter 06201/12481 oder per E-Mail *info@rohewo.de*). Zusätzliche Informationen finden Sie unter *www.rohewo.de*.

„Bergstraße-Weschnitztal, Nr. 8", hrsg. vom Geo-Naturpark Bergstraße-Odenwald und vom Naturpark Neckartal-Odenwald, 2016, 1:20.000, ISBN 978-3-931273-82-8.

TIPP

Die Stadt Weinheim bietet einstündige Burgführungen an. Eine Führung kostet für Gruppen bis zehn Personen pauschal 40 Euro und für jede weitere Person 4 Euro. Es ist auch möglich, die Burgführung gegen Aufpreis mit Spaziergang zur Burg zu buchen (insgesamt etwa zwei Stunden). Nähere Informationen erhalten Sie bei der Tourist Information Weinheim telefonisch unter 06201/82-610 oder per E-Mail *tourismus@weinheim.de*.

Quellen: Biller, Thomas, „Burgen und Schlösser im Odenwald", Regensburg 2014, S. 98-101; Keller, Heinz, „Weinheim einst und jetzt: ein Bilderbuch der Erinnerungen (2)", Weinheim 1982, S. 9-15; Steinmetz, Thomas, „Burgen im Odenwald", Brensbach 1998, S. 19, 102, 132; Beschilderung des Geo-Naturpark Bergstraße-Odenwald an der Ruine; Webseiten www.weinheim.de und www.burgenreich.de.

47 Hirschkopfturm (Weinheim)

Koordinaten (WSG84): 49° 33‘ 57,3“ N, 8° 40‘ 52,6“ O (49.565929°, 8.681272°)

Der Turm steht oberhalb der Bergstraße am Westrand des Odenwalds in 345 m Höhe auf der Südseite des Hirschkopfs.

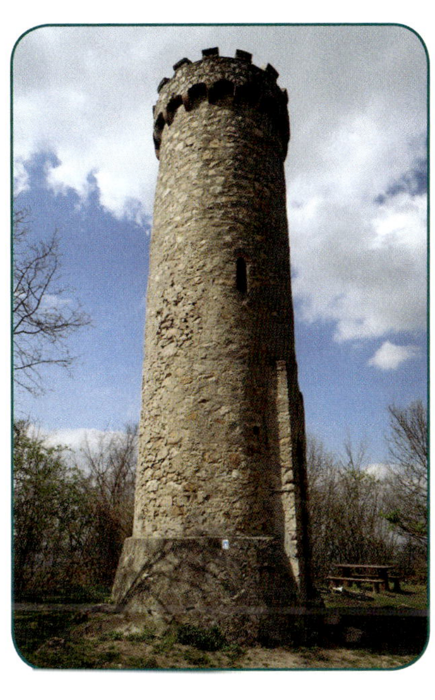

Der steinerne Turm wurde 1870 mutmaßlich von der Stadt Weinheim erbaut, nachdem ein hölzerner Vorgängerturm zusammengefallen war. Er hatte ursprünglich eine Höhe von nur 10 m. Aufgrund der hochgewachsenen Bäume wurde die Plattform im Jahre 1906 um drei Meter und der Turm insgesamt um fünf Meter auf nunmehr 15 m erhöht. Die Baukosten für die Erhöhung betrugen knapp 2.000 Mark, wobei die Sektion Weinheim des Odenwaldklubs 800 Mark und der Weinheimer „Gemeinnützige Verein“ 400 Mark beisteuerten. Die 1934 von einer Bürgerinitiative geplante weitere Erhöhung wurde abgelehnt. Im Zweiten Weltkrieg war beim Turm in einer Blockhütte die Flugwache Weinheim stationiert und nach Kriegsende haben die amerikanischen Besatzer im Turm eine Funkstation eingerichtet. Später diente der Hirschkopfturm einer Polizeitruppe als Quartier und erst im Mai 1952 konnte er wieder zur Besteigung freigegeben werden. Im Jahre 1951 gab es einen letzten Anlauf zur Turmaufstockung, der jedoch in den Folgejahren aus Kostengründen verworfen wurde. Stattdessen wurde 1953 eine Zone von 200 m Durchmesser um den Turm herum abgeholzt, mit niedrig wachsenden Gehölzen bepflanzt und aus dem Waldwirtschaftsplan herausgenommen. 1964 wurde der Turm saniert und der umliegende Baumbestand erneut gestutzt. Die letzte Abholzungsaktion fand im Jahre 2005 statt. Den Turmeingang erreicht man über fünf Stufen. Im Innern führt eine immer schmäler werdende Wendeltreppe aus Sandsteinen über 56 Stufen hinauf zur Aussichtsplattform.

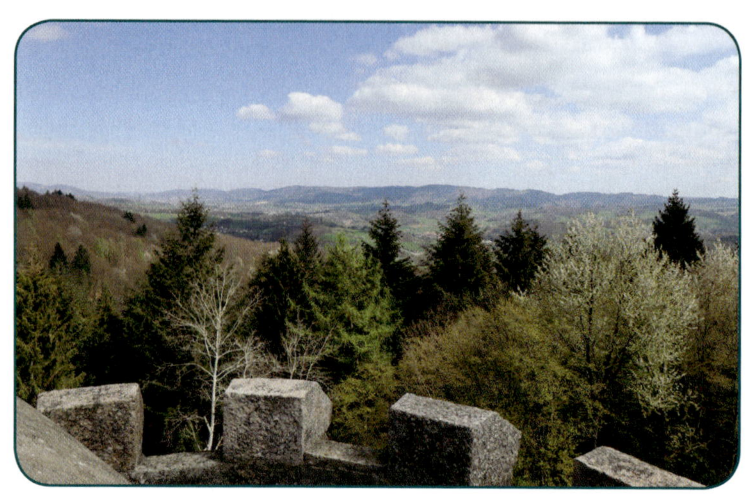

Nach Osten fällt der Blick ins Weschnitztal und weiter in die Ferne bis in den Mittleren Odenwald. In westlicher Richtung sieht man über die Rheinebene hinweg bis zum Pfälzerwald und zum Donnersberg. Wenn man den Blick entlang der Bergstraße schweifen lässt, kann man im Norden die Silhouette der Starkenburg und im Süden den Sendeturm auf dem Weißen Stein erkennen. Bei gutem Wetter sieht man nach Norden hin bis zum Taunus.

Der Turm ist ganzjährig frei zugänglich.

Wanderparkplatz Hirschkopf, 69469 Weinheim-Nächstenbach: Fahren Sie durch den Weiler Nächstenbach und gut 100 m nachdem Sie das letzte Haus hinter sich gelassen haben, erreichen Sie den Wanderparkplatz am Waldrand. Wählen Sie den örtlichen Rundwanderweg Nr. 1 (Hirschkopfturm-Weg), der mit einer in Gelb gehaltenen Ziffer in einem geschlossenen Kreis gut markiert ist. Der Weg führt am Ende des Parkplatzes in einen für Kraftfahrzeuge gesperrten Forstweg. Dem Verlauf des breiten Wegs folgend kommen Sie nach ca. 900 m an eine Abzweigung: Folgen Sie der gelben Eins sowie zusätzlich dem roten Strich des Weitwanderwegs Odenwald-Vogesen nach rechts. Nach ca. 50 m an einer Hütte vorbei bleiben Sie auf dem Asphaltweg. Etwa einen halben Kilometer darauf halten Sie sich vor der Roth-Schutzhütte nach rechts bergan in den gut befestigten Forstweg. Bereits nach etwa 100 m stößt von rechts der Burgensteig-Wanderweg hinzu und kurz darauf erreichen Sie eine Wegspinne. An dieser Stelle verlassen Sie vorübergehend die gelbe Eins und folgen dem roten Strich und der blauen Burg geradeaus in den gegen Ende etwas steilen Weg, der nach ca. 150 m am Turm vorbeiführt.

Für den weiteren Weg gehen Sie zunächst die ca. 150 m zurück und wandern dann auf dem Hirschkopfweg mit der Nr. 1 nach links. Ungefähr 300 m darauf biegen Sie vom bequemen Forstweg scharf nach rechts in einen bergab führenden Forstweg ein. Nach knapp 700 m stößt an einem alten Steinwegweiser von links der örtliche Wanderweg Nr. 2 hinzu. Bleiben Sie weiter geradeaus zum lediglich ca. 400 m entfernten Parkplatz. Die Rundwanderung ist einschließlich des Abstechers zum Turm etwa 3,3 km lang.

Bahnhof Weinheim: Von den Bushaltestellen neben dem Bahnhofsgebäude gehen Sie auf der Bahnhofstraße in Richtung Altstadt; Sie können der Wandermarkierung mit dem grünen Quadrat für ca. 600 m bis zur Kreuzung vor dem Einkaufszentrum Weinheim Galerie folgen. Dort wechseln Sie auf den Weitwanderweg Odenwald-Vogesen mit dem roten Strich, der bis zum Hirschkopfturm führt. Es geht also nach links in die Hauptstraße, die sich im Verlauf nach rechts und kurz darauf an einem Brunnen nach links durch die nördliche Altstadt schlängelt. Sobald Sie auf die Gundelbachstraße stoßen, überqueren Sie diese und halten sich nach links. Über die Weschnitz und die Birkenauer Talstraße hinweg gehen Sie weiter in die Nördliche Hauptstraße. Als zusätzliches Wegzeichen kommt das gelbe B des Blütenwegs hinzu. Nach ca. 250 m folgen Sie den beiden Wandermarkierungen nach rechts in den Bennweg, überqueren im Verlauf die Bahnlinie und gehen auf einem asphaltierten Fußweg bergan. Auf einen Fahrweg stoßend wandern Sie auf diesem nach rechts für etwa 200 m bis die Markierungen nach links erneut in einen asphaltierten Fußweg weisen. Nur gut 100 m weiter erreichen Sie einen Querweg, auf dem Sie sich zunächst bequem in Hanglage nach links halten und dann leicht ansteigend an Schrebergärten entlang wandern. Im Wald geht es an einer Gabelung nach links weiter auf dem asphaltieren Weg. Etwa 250 m darauf erreichen Sie eine Schutzhütte mit der Aufschrift „deham is deham" mit schöner Aussicht in die Rheinebene. Hinter der Hütte verlassen Sie an einem Wegweiser das gelbe B und folgen weiter dem roten Strich sowie neu dem blauen B des Burgensteigs in einen Waldpfad zum nur noch 1,2 km entfernten Hirschkopfturm: Nach einem guten halben Kilometer stößt der Pfad auf einen Forstweg, wo sich ein steinerner Wegweiser befindet, der geradeaus in Richtung Hirschkopf weist. Es empfiehlt sich allerdings den etwas längeren Weg zu wählen und den beiden Wandermarkierungen nach links zu folgen. Gut 300 m weiter führt in einer Rechtskurve ein steiler Pfad nach rechts bergan. Sobald der Anstieg flacher wird, haben Sie bereits Ihr Ziel vor Augen. Noch ein letztes Stück aufwärts und Sie erreichen nach insgesamt knapp vier Kilometern den Turm.

Um nicht denselben Weg zurückzugehen folgen Sie dem roten Strich und der blauen Burg noch für ca. 150 m auf der anderen Bergseite hinunter. Sobald Sie an eine Wegspinne kommen, verlassen Sie die bisherigen Wegzeichen und gehen nach links in einen bequemen Forstweg, der mit einer gelben Eins in einem Kreis markiert ist. Ungefähr 300 m darauf folgen Sie der Nr. 1 vom bequemen Forstweg scharf nach rechts in einen bergab führenden Forstweg.

Nach knapp 700 m biegen Sie an einem alten Steinwegweiser nach links ab: an dieser Stelle verlassen Sie die Eins und folgen nun dem örtlichen Wanderweg mit der Nr. 2. Auf dem nahezu ebenen Forstweg passieren Sie nach gut 800 m einen großen Funkmast und etwa 400 m weiter kommt von rechts der Blütenweg hinzu. Nur gut 50 m nachdem das gelbe B des Blütenwegs hinzugestoßen ist, halten Sie sich in einer Linkskurve in einen relativ steil bergab führenden Waldweg: das gelbe B und die Nr. 2 bleiben auf dem ebenen Forstweg und Sie wandern in den unmarkierten Weg nach rechts bergab. Stetig abwärts kommen Sie durch einen alten Hohlweg und im Verlauf an einem Bolzplatz vorbei direkt nach Weinheim. Im Wohngebiet treffen Sie auf einen kleinen Kreisverkehr, halten sich geradeaus in die Fortsetzung der Gunterstraße und biegen vor dem Bahnübergang nach rechts in die Nibelungenstraße ab. An der Bahnlinie entlang überqueren Sie nach ungefähr 250 m die Bundesstraße B3 und halten sich weiter geradeaus in die Hopfenstraße. An deren Ende geht es auf der Alten Landstraße nach links über die Bahnlinie und unmittelbar dahinter nach rechts in die Kapellenstraße. Dieser Straße folgen Sie nunmehr auf der anderen Seite der Bahnstrecke entlang zum etwa einen halben Kilometer entfernten Bahnhof. Insgesamt ist die Route gut 8 km lang.

In der Weinheimer Altstadt gibt es vielfältige Einkehrmöglichkeiten. Eine Übersicht finden Sie im Internet auf der Webseite der Stadt Weinheim *www.weinheim.de* unter „Tourismus – Gastronomie".

„Bergstraße-Weschnitztal, Nr. 8", hrsg. vom Geo-Naturpark Bergstraße-Odenwald und vom Naturpark Neckartal-Odenwald, 2016, 1:20.000, ISBN 978-3-931273-82-8.

TIPP

Der Waldnerturm bei Hemsbach ist nur etwa 3,2 km entfernt und Sie erreichen ihn, indem Sie dem Weitwanderweg Odenwald-Vogesen mit dem roten Strich und dem mit einer blauen Burg markierten Burgensteig in nördlicher Richtung folgen. Der Burgensteig nimmt unterwegs einen Umweg und stößt aber vor dem Hirschbergturm wieder zum roten Strich hinzu.

Quelle: Keller, Heinz, „Weinheim einst und jetzt. Ein Bilderbuch der Erinnerungen (2)", Weinheim 1982, S. 164 f.; Stadtarchiv Weinheim, Akten zum Hirschkopfturm (Rep. 15 Fach 3 Heft 15 und Stadtverwaltung Weinheim Stehende Registratur 4128). Für freundliche Unterstützung danke ich Frau Andrea Rößler vom Stadtarchiv Weinheim.

48 Eichelbergturm (Weinheim-Oberflockenbach)

Koordinaten (WGS84): 49° 29‘ 57,5“ N, 8° 44‘ 38,6“ O (49.499301°, 8.744048°)

Der auch als „Mannheimer Hütte“ bekannte Turm steht auf dem knapp 525 m hohen Eichelberg südöstlich von Oberflockenbach.

Aufgrund der Beliebtheit des Eichelbergs als Ausflugsziel entstand durch Initiative des Odenwaldklubs Weinheim und mit Unterstützung der Stadt Weinheim bereits 1893 auf dem Gipfel ein Holzgerüst mit einer ca. 8 m hohen Aussichtsplattform. Nachdem das Gerüst 1905 zusammengebrochen war, plante ab 1908 die OWK-Sektion Mannheim-Ludwigshafen, aus eigenen finanziellen Mitteln an gleicher Stelle ein festes Bauwerk zu errichten. Hierfür

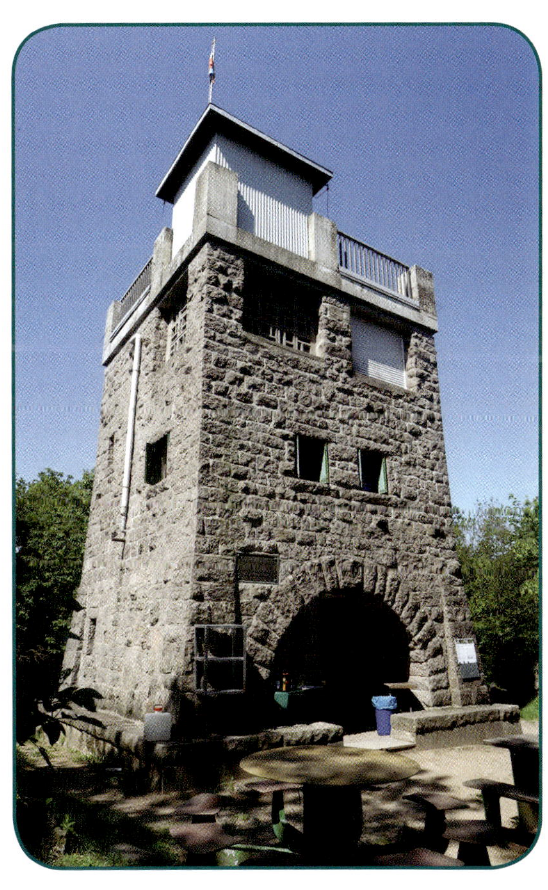

wurde nach dreijährigen Verhandlungen von der dortigen Waldeigentümergenossenschaft ein Gelände mit 1.004 m² erworben. Nach dem Anlegen eines Fahrwegs auf den Berg konnte mit dem Bau begonnen werden. Die Kosten für den massigen Granitbau mit quadratischem Grundriss und einer Kantenlänge von 6 m lagen bei 8.500 Mark. Nach der Grundsteinlegung an Himmelfahrt 1911 wurde der Turm bereits am 24. September des gleichen Jahres als „Mannheimer Hütte" eingeweiht. Im Jahre 1932 wurde weiteres Gelände hinzugekauft, sodass nun der gesamte Kuppenbereich mit 6.254 m² im Eigentum des OWK Mannheim ist. Nach Kriegsende 1945 musste die beschädigte und geplünderte Hütte mit Sachspenden und Arbeitseinsatz der Vereinsmitglieder instandgesetzt werden. Bereits im August 1949 konnte die Hütte wieder eingeweiht und die Bewirtung aufgenommen werden. 1964 wurden einige Renovierungsarbeiten vorgenommen, aber schon bald darauf machte das morsche Dachgebälk und eindringende Feuchtigkeit eine weitergehende Sanierung erforderlich. Obwohl auch ein Verkauf des maroden Bauwerks zur Diskussion stand, nutzte der Wanderverein die Situation und begann 1970 mit der Sanierung und einer Erhöhung der „Hütte" auf 12 m. Die Aufstockung war ein schon 1930 geäußerter Wunsch, da zum einen die Sicht durch heranwachsende Bäume immer wieder beeinträchtigt war und zum anderen bei schlechter Wetterlage der bisherige Aufenthaltsraum zur Unterbringung der Wanderer nicht ausreichte. Die Finanzierung des 52.000 DM teuren Projekts erfolgte zu knapp 40 Prozent aus dem Vermögen der Mannheimer Ortsgruppe und der Restbetrag wurde aus Spenden sowie durch Zuschüsse der Stadt Mannheim, des ehemaligen Landkreises Mannheim und des Vereins Naturpark Bergstraße-Odenwald finanziert. Seit Juli 1971 besteht die Mannheimer Hütte in ihrer heutigen Gestalt: aus einer Turmstube mit Gastraum im ersten Stock und einer darüber liegender Aussichtsplattform. Vom Turmeingang geht es zunächst 14 Steinstufen bis zur Stube und weitere 14 Steinstufen sowie eine Stahlwendeltreppe mit 15 Stufen bis hinauf zur Plattform.

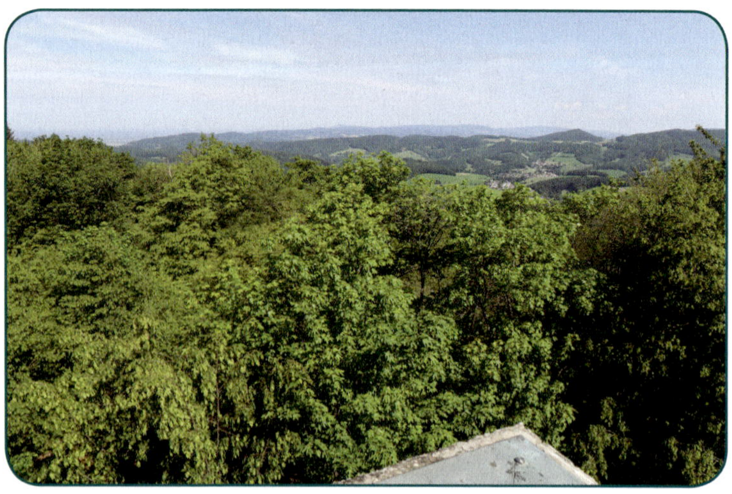

Nach Süden kann man den Weißen Stein, den Königstuhl bei Heidelberg und bei sehr guter Sicht die Vogesen sehen. In nördlicher bzw. nordöstlicher Richtung erkennt man die Wachenburg bei Weinheim, den Melibokus, die Tromm und den Sendemast auf dem Hard-Berg. Die Ausblicke nach Westen über die Rheinebene hinweg zum Pfälzerwald und nach Osten in Richtung Katzenbuckel sind leider durch hochgewachsene Bäume eingeschränkt. Auf der Plattform befinden sich an den Ecken drei Tafeln mit Sichtzielen.

Der Turm kann lediglich zwischen April und November sonn- und feiertags bestiegen werden, wenn die Turmstube geöffnet ist.

Der Eichelbergturm ist nur zu Fuß oder mit dem Mountainbike erreichbar: Parken Sie z.B. in Oberflockenbach (69469 Weinheim-Oberflockenbach) in der Nähe des Eichelbergwegs bei der kleinen Postfiliale und folgen Sie der Wegbeschreibung für die Anfahrt mit dem Bus.

Bushaltestelle „Oberflockenbach, Post": Wenige Meter von der Haltestelle entfernt befindet sich eine Kreuzung, wo Sie sich in den Eichelbergweg halten; für den gesamten Weg zum Turm können Sie sich am roten Strich des Weitwanderwegs Odenwald-Vogesen orientieren. Bereits nach ca. 200 m verlassen Sie den Ort und gehen weiter auf einem Land- und Fortwirtschaftsweg bergan. Bleiben Sie auf dem asphaltierten Weg bis Sie nach gut 800 m an eine Gabelung kommen. Dort befindet sich ein alter steinerner Wegweiser, der nach links zum Eichelberg weist, aber Sie folgen stattdessen weiterhin dem roten Strich in den rechten Asphaltweg. Dieser Weg geht kurz darauf in einen gut befestigten Forstweg über und knapp 50 m weiter biegen Sie links in einen breiten Pfad ab. Stetig bergan überqueren Sie nach ca. 250 m einen Forstweg und halten sich weiter bergauf. Sobald Sie nach einem teilweise recht steilen Anstieg auf eine versetzte Wegkreuzung stoßen, folgen Sie dem alten Hinweisstein und der Wandermarkierung die letzten etwa 250 m hinauf zum Turm. Insgesamt ist der Hinweg ziemlich genau 2 km lang.
Alternativer Rückweg: Der Weg führt am sehenswerten Wildeleutestein vorbei nach Steinklingen; für Autofahrer gibt es die Möglichkeit, von der Bushaltestelle in Steinklingen zwei Haltestellen zurück nach Oberflockenbach zu fahren. Folgen Sie hinter dem Turm zunächst weiter dem roten Strich. Der Pfad führt im Verlauf im Zickzack bergab und nach ca. 100 m wandern Sie an einem Abzweig nach links. Sobald Sie auf einen Forstweg treffen, halten Sie sich ein kurzes Stück auf diesem Weg bis der rote Strich der Rechtskurve folgt. An dieser Stelle wechseln Sie auf die beiden gelben Wandermarkierungen mit einer eingekreisten Eins und einem eingekreisten L die geradeaus zum Wildeleutestein führen. Auf dem Pfad geht es im Verlauf eine kleine Anhöhe hinauf noch etwa 300 m bis zum Steinmonument. Hinter den Steinen auf der anderen Hangseite bergab münden die beiden Wander-

wegzeichen nach knapp 300 m am Waldrand in einen Weg. Es handelt sich um den Europäischen Fernwanderweg Nr. 1 mit grünem Andreaskreuz, der Sie nach links in den Wald führt und dem Sie bis zum Ziel folgen können. Bequem wandern Sie erst flach und dann bergab. Nach gut 800 m überqueren Sie eine Wegspinne und folgen weiterhin dem grünen Andreaskreuz. Nur etwa 200 m darauf erreichen Sie den Georg-Sauer-Pavillon und halten sich an diesem vorbei nach rechts in Richtung Gorxheimer Tal. Ein Stück an einer Wiese entlang geht es wieder in den Wald und dort bleiben Sie nach knapp 50 m an einer Abzweigung nach rechts. Im Verlauf bergab erreichen Sie Steinklingen und gehen die Ortsstraße hinunter zum Ortskern. Am Landgasthaus Zur Suppenschüssel stoßen Sie auf die Kreisstraße, der Sie nach links zur nur knapp 200 m entfernten Bushaltestelle folgen. Der Rückweg ist aufgrund des Umwegs über den Wildeleutestein ungefähr 3 km lang.

Der Eichelbergturm ist zwischen April und November sonn- und feiertags bewirtschaftet. In der Turmstube werden einfache Gerichte und Kuchen angeboten und um den Turm herum gibt es mehrere Rasttische zum Verweilen.
Am Ende des alternativen Rückwegs besteht die Möglichkeit zu einer Schlussrast im Landgasthaus Zur Suppenschüssel, das montags und mittwochs bis freitags ab 16 Uhr sowie samstags, sonn- und feiertags ab 10 Uhr geöffnet hat (*www.zur-suppenschuessel.de*).

„Heidelberg – Neckartal-Odenwald, Nr. 12", hrsg. vom Geo-Naturpark Bergstraße-Odenwald und vom Naturpark Neckartal-Odenwald, 2019, 1:20.000, ISBN 978-3-947593-10-1.

TIPP

Auf der Webseite *www.eichelbergturm.12hp.de/touren.html* finden Sie vier weitere Tourenvorschläge, wie Sie den Turm zu Fuß erreichen können.

Quellen: Keller, Helga, „Der Turm auf dem Eichelberg", in: Die Dorflinde, Heft 1/2006, S. 13; Morr, Rudolf, „ Entwicklung und Geschehen der Mannheimer Hütte auf dem Eichelberg", Manuskript, Ilvesheim 1972; Webseite www.eichelbergturm.12hp.de.

49 Burg Wertheim (Wertheim)

Koordinaten (WGS84): 49° 45‘ 31,6“ N, 9° 31‘ 12,5“ O (49.758789°, 9.520133°)

Die im Dreieck zwischen Wertheim, Freudenberg und Külsheim liegende Wertheimer Hochfläche gehört naturräumlich zwar zum Spessart, wird jedoch landläufig auch dem Odenwald zugerechnet. Am Zusammenfluss von Main und Tauber liegt die Burg Wertheim auf einer hohen, schmalen Bergzunge. Als eine der größten Steinburgruinen in Deutschland ist sie ein lohnendes Ausflugsziel.

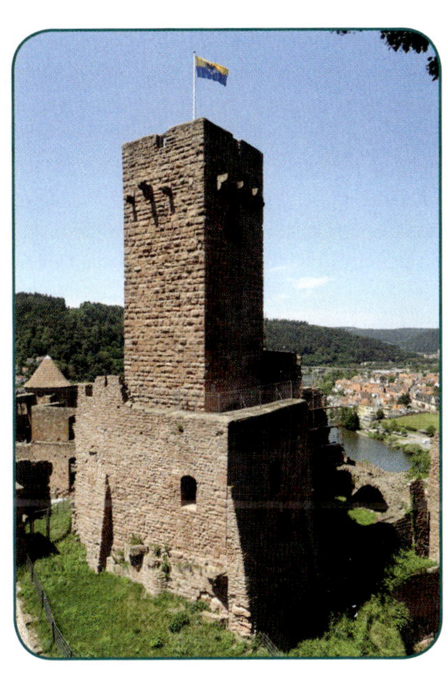

Mit dem Bau des repräsentativen Stammsitzes der Grafen von Wertheim wurde schon vor der ersten urkundlichen Erwähnung im Jahre 1183 begonnen. Aus dieser Zeit stammen der quadratische Bergfried mit Buckelquadermantel, ein charakteristisches Element staufischer Burgenarchitektur, sowie Reste des Palas, die Fundamente weiterer Nutzbauten und der befestigte Burggraben. Die strategisch günstig gelegene Burg wurde für das reichsunmittelbare Grafengeschlecht zum Ausgangspunkt einer erfolgreichen Territorialbildung in Konkurrenz zu den benachbarten geistlichen Landesherrn, den kurfürstlichen Erzbischöfen von Mainz sowie den Würzburger Fürstbischöfen. Ein Zeichen für die Bedeutung der Wertheimer Grafen kann man in ihrer Erwähnung im Parzifal-Roman des Wolfram von Eschenbach erkennen. Graf Popo III. von Wertheim lies gegen Mitte des 13. Jhds. eine zweite Ringmauer zum besseren Schutz der Repräsentationsbauten errichten. Im späten 14. Jhd. erfolgte die Erweiterung um eine dritte Ringmauer mit Burgtor und die Errichtung des imposanten Oberen Bollwerks. Unter Graf Johann III. wurde im 15. Jhd. die Untere Burg durch den repräsentativen Johannsbaus mit seinem markanten Treppenturm ergänzt. Mit dem Aussterben des Grafengeschlechts im Jahre 1556 ließ der neue Besitzer, Graf Ludwig von Stolberg, umfangreiche Umbaumaßnahmen vornehmen und aus seiner Zeit stammt der Achteckturm mit dem bis heute erhaltenen schönen Renaissanceportal. Seine drei Schwiegersöhne teilten die Burg unter sich auf und unter diesen war Ludwig zu Löwenstein bis zu seinem Tod im Jahre 1611 für die letzte große Bauphase auf der Burg verantwortlich; es entstand u.a. ein neuer Wohn- und Repräsentationstrakt, der Löwensteiner Bau. Zu Beginn des Dreißigjährigen Kriegs wurde die Burg durch eine Pulverexplosion und ein Feuer schwer beschädigt, aber wieder aufgebaut. Im Jahre 1634 erfolgte der Beschuss der Burg, um sie von der dort noch verbliebenen schwedischen Besatzung zu befreien. Nach erneuten Reparaturen beschossen dann bayerische Truppen die Burg 1648 ein zweites Mal. Die Beschädigungen waren so schwer, dass eine Nutzung zu repräsentativen Zwecken nicht mehr möglich war und die noch erhalten gebliebene Gebäudesubstanz dem Verfall preisgegeben wurde. Seit dem ausgehenden 17. Jhd. lebte nur noch ein Türmer oder Kastellan auf der Burg im Weißen Turm. Erst im 18. Jhd. baute Fürst Carl Thomas zu Löwenstein-Wertheim-Rochefort wieder auf der Burg: es entstand u.a. das Neue Archiv und die Rundtürme erhielten glockenförmig geschweifte Dachhauben. Seit 1815/16 wurde die Burganlage ein Teil des ca. 50 ha großen englischen Landschaftsparks, der sogenannten Birkenanlage, und zu einem beliebten Objekt der Burgenromantik des 19. Jhds. Spätestens seit Anfang des 20. Jhds. betrieb der Kastellan eine Wirtschaft auf der Burg und führte Besichtigungen durch die Anlage und auf den Bergfried durch. Anfang der 1980er Jahre wurde die Burg durch das Land Baden-Württemberg saniert und befindet sich seit 1995 im Besitz der Stadt Wertheim.

Der Aufstieg zum Bergfried erfolgt gegen Ende des Burgrundgangs kurz vor dem Ausgang zum Restaurant über ein hölzernes Treppengestell mit 43 Stufen. Weiter über einen Weg mit 49 unregelmäßig geformten Steinstufen und eine zweite Holztreppe mit 24 Stufen erreicht man eine Plattform auf der Rückseite des Bergfrieds. Eine Stahltreppe mit 12 Stufen führt zum niedrigen Turmeingang. Innen geht es über eine hölzerne Wendeltreppe mit 58 Stufen hinauf zur Aussichtsplattform.

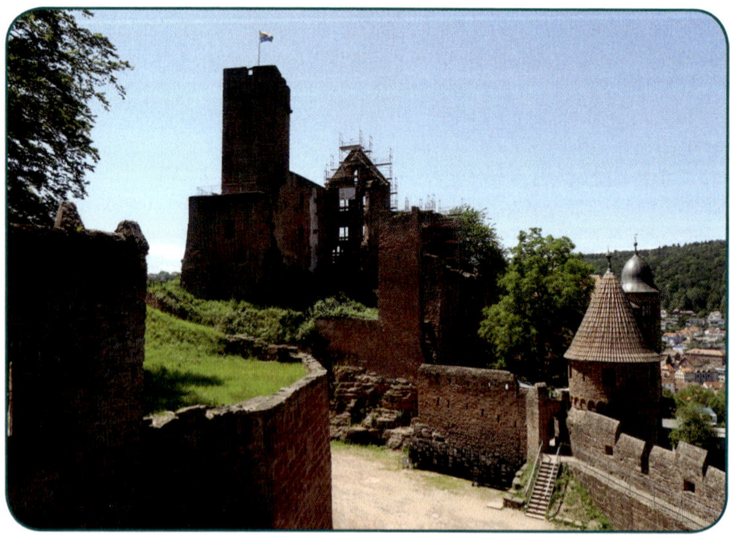

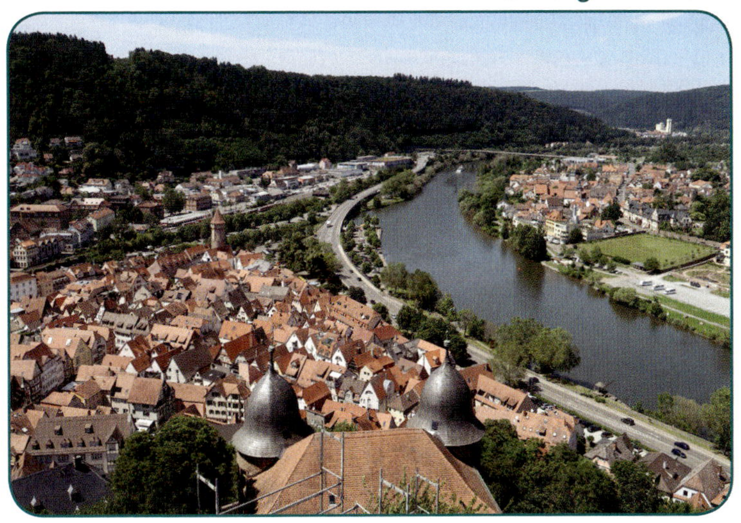

Die Plattform ist von einer hohen Brüstung umgeben und an zwei Ecken gibt es jeweils drei Trittstufen, um den Ausblick zu erleichtern. Der Blick schweift über das Maintal hinweg in den Spessart und nach Südosten ins Taubertal. In westlicher und südwestlicher Richtung liegt die Wertheimer Hochfläche und es besteht Sichtkontakt zum Wertheimer Wartturm, der in einer Waldschneise vom Bergrücken aufragt. Der Wartturm besitzt nur einen Hocheingang und eine Besteigung ist nicht möglich.

Die Burgruine ist ab 9 Uhr bis zum Einbruch der Dämmerung zugänglich. Die Besichtigung der Burg kostet pro Person 2 Euro. Der Eingang erfolgt über ein Drehkreuz und beim Neuen Archiv gibt es einen Geldwechselautomaten.

Das Parken direkt bei der Burg ist nicht möglich. Folgen Sie den Hinweisschildern auf Parkplätze und Parkhäuser in der Altstadt; vom zentralen **Altstadt-Parkhaus** (P7, zu erreichen über die Mühlenstraße) gibt es einen direkten Ausgang zur Stiftskirche. Gebührenfrei können Sie beispielsweise auf dem **Parkplatz Tauber im hinteren Bereich** (P13) unter der Odenwaldbrücke parken (Zufahrt über die Bahnhofstraße, 97877 Wertheim). Gehen Sie von dort knapp einen halben Kilometer flussaufwärts und beim kleinen Motoryachthafen zur Tauberbrücke hinauf. Folgen Sie von dort aus weiter der Wegbeschreibung für die Anreise mit der Bahn.

Bahnhof Wertheim: Das Bahnhofsgebäude im Rücken halten Sie sich auf der Bahnhofstraße nach links. Nach ungefähr 100 m unterqueren Sie die Bahnlinie und halten sich nach rechts hinauf zur **Tauberbrücke**. Auf der anderen Uferseite überqueren Sie die Lindenstraße und gehen geradeaus in die Brückengasse. Sobald Sie nach gut 50 m den historischen Marktplatz erreichen, überqueren Sie diesen nach rechts zur **Stiftskirche** hin. Unmittelbar vor der Kirche halten Sie sich nach links und an der wenige Meter entfernten Kilianskapelle geht es einen Treppenweg hinauf. Am Ende der Treppen auf eine Straße (Schlossgasse) stoßend gehen Sie auf dieser nach rechts zur Burg. Den Eingang erreichen Sie nach insgesamt etwa 800 m.

Das Burgrestaurant lädt mit regionaler Küche zur Einkehr ein und bietet von der Sonnenterrasse aus einen schönen Blick über die Altstadt. Geöffnet ist von April bis Oktober täglich von 11-23 Uhr und im November und Dezember freitags, samstags und sonntags von 11-23 Uhr. Zur Saisoneröffnung ist ab Mitte März ebenfalls freitags, samstags und sonntags ab 11 Uhr geöffnet.

„Marktheidenfeld, Nr. 4", hrsg. vom Main-Echo Verlag (Aschaffenburg) in Kooperation mit dem Naturpark Spessart und dem Spessartbund, vergriffen (eine Neuauflage befindet sich in Bearbeitung).
„Südspessart, Nr. 17", hrsg. vom Main-Echo Verlag (Aschaffenburg) in Kooperation mit dem Naturpark Spessart und dem Spessartbund, 2017, 1:25.000.

TIPP

Von April bis Oktober werden immer sonntags um 14.30 Uhr interessante Burgführungen angeboten, zu denen man auch ohne Anmeldung kommen kann; der Treffpunkt ist an der Stiftskirche. Außerdem dient die Burg im Sommer als Kulisse für zahlreiche Open-Air-Veranstaltungen (nähere Informationen finden Sie unter *www.tourismus-wertheim.de*).

Quellen: Kleinehagenbrock, Frank und Latocha, Norbert, „Burg Wertheim", Regensburg: Schnell + Steiner, 2013. Webseite www.burgwertheim.com

50 Teltschikturm (Wilhelmsfeld)

Koordinaten (WGS84): 49° 27‘ 57,1“ N, 8° 45‘ 14,8“ O (49.465855°, 8.754123°)

Der beeindruckende Turm aus Holz und Stahl steht auf dem Schriesheimer Kopf auf einer Höhe von knapp 530 m.

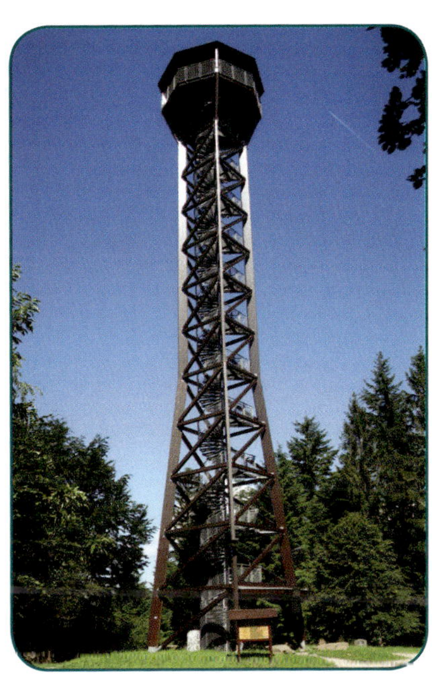

Der Turm wurde von Dr. Walter Teltschik und seiner Ehefrau Karin in Erinnerung an die alte Heimat der Teltschik-Familie im Sudetenland gestiftet. Er soll aber auch ein weithin sichtbares Wahrzeichen für die Gemeinde Wilhelmsfeld sein, in der die Teltschiks nun zu Hause sind. Der Entwurf für die elegante Turmkonstruktion stammt vom Architekten Robert Teltschik. Das ca. 41 m hohe Bauwerk besteht aus witterungsbeständig verleimtem Lärchen-Brettschichtholz; die horizontalen und schräg stehenden Verstrebungen wurden ebenfalls aus Lärchenholz gefertigt. Insgesamt wurden etwa 40 Lärchenstämme benötigt. Die Verbindungsteile der Konstruktion sind in feuerverzinktem Stahl ausgeführt. Die achteckige, überdachte Aussichtsplattform in 36 m Höhe hat einen Eichenholzboden und ist über eine innenliegende Stahl-Spindeltreppe zu erreichen. Hinauf zur schönen Aussicht sind es insgesamt 192 Stufen, wobei sich zwischen jeweils 16 Stufen eine Aufstiegsplattform zum Ausruhen befindet. Das Gesamtgewicht des Turms beträgt ohne das 65 m³ Stahlbeton-Fundament etwa 44 Tonnen. Die Grundsteinlegung erfolgte am 4. April 2001 und die Einweihung fand nach kurzer Bauzeit am 17. Juni 2001 statt.

Damit der Holzturm möglichst lange den Wettereinflüssen standhält, wurde bereits bei der Planung dem konstruktiven Holzschutz besondere Aufmerksamkeit gewidmet: So wurden z.B. die Schlitzungen auf der Oberseite nicht durchgeschlitzt und die horizontalen Oberflächen wurden abgegratet, um den Wasserablauf zu beschleunigen. Alle Bauteile können vom Wind umweht werden, um Feuchtigkeitsnester zu vermeiden. Zusätzlich geschützt ist das Holz mit Holzschutzmitteln und einer Farblasur. Im Sommer 2003 wurde der Turmanstrich nachbehandelt, was durch den Verkaufserlös des Bildbands „Wilhelmsfeld – Blick ins weite Land" finanziert wurde. Zur optimalen Pflege der Holzbauteile ist auch weiterhin eine regelmäßige Nachbehandlung erforderlich.

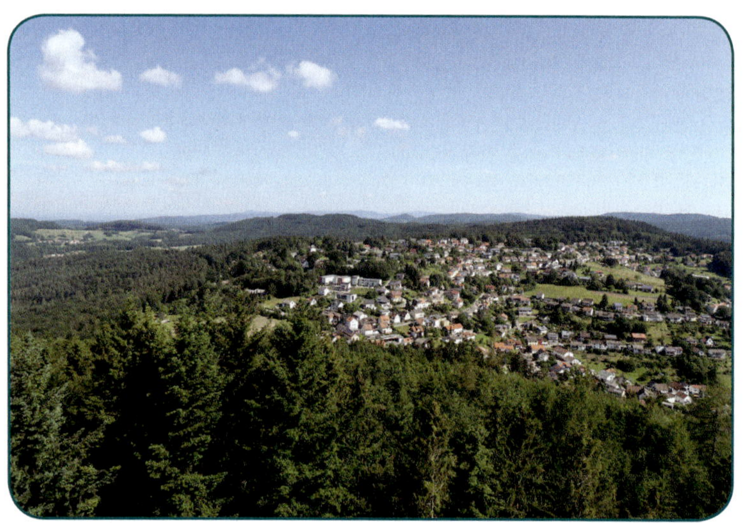

Aufgrund seiner Höhe bietet der Turm einen außergewöhnlichen Panoramablick: Im Bereich des Odenwalds erkennt man z.B. im Norden die Neunkircher Höhe, im Osten den Katzenbuckel und südwestlich den Königstuhl bei Heidelberg und den Weißen Stein mit dem gut sichtbaren Fernmeldeturm. Bei sehr guter Wetterlage sieht man in der Ferne im Norden die höchste Erhebung des Taunus, den Großen Feldberg, im Süden mit der Hornisgrinde den höchsten Berg des Nordschwarzwalds und in westlicher Richtung über den Oberrheingraben hinweg den Pfälzerwald und das Nordpfälzer Bergland mit dem Donnersberg. In der Mitte der Aussichtsplattform befindet sich eine kreisförmige Tafel mit Sichtzielen.

Der Turm ist ganzjährig frei zugänglich. Für die Besteigung sollte man einigermaßen schwindelfrei sein, da der Blick durch die Stahlroste der Trittstufen bis nach unten fällt. Die Erbauer freuen sich über eine Spende zum Erhalt des Turms.

Heidelberger Straße, 69259 Wilhelmsfeld: Die Heidelberger Straße (Landstraße L596) setzt sich in eine Sackgasse fort, die in einer Kurve abzweigt. Fahren Sie in die Sackgasse und halten Sie sich nach knapp 100 m an einer

Gabelung nach rechts zum **Waldparkplatz Hinterbergweg**. Folgen Sie vom Parkplatz aus dem grünen Andreaskreuz des Europäischen Fernwanderwegs Nr. 1 (siehe Wegbeschreibung für die Anreise mit dem öffentlichen Nahverkehr). Der Weg zum Turm ist ca. 900 m weit.

Bushaltestelle „Wilhelmsfeld, Schriesheimer Hof": Von der Haltestelle gehen Sie zur nahe gelegenen Einmündung der Landstraße L596 in die Landstraße L536. Halten Sie sich direkt an der Einmündung gegenüber dem Schriesheimer Hof in einen Fußweg, der zu einer Anwohnerstraße (Heidelberger Straße) führt; folgen Sie dem grünen Andreaskreuz des Europäischen Fernwanderwegs Nr. 1. Am Ende dieser Straße halten Sie sich nach links und gut 30 m weiter nach rechts kommen Sie am **Wanderparkplatz Hinterbergweg** auf einen Waldweg. Nur wenige Meter auf diesem Schotterweg zeigt die Wegmarkierung nach rechts in einen breiten Pfad bergauf. Nach einem kräftigen Anstieg von etwa 350 m stoßen Sie auf einen Forstweg. Halten Sie sich nach links und knapp 150 m weiter an der Gabelung nach rechts noch ein kleines Stück bergauf. Insgesamt ist der Weg von der Haltestelle zum Turm ca. 900 m weit. Gehen Sie denselben Weg zurück nach Wilhelmsfeld oder machen Sie noch einen kleinen Abstecher zum Weißen Stein mit Einkehrmöglichkeit (siehe Seite 51).

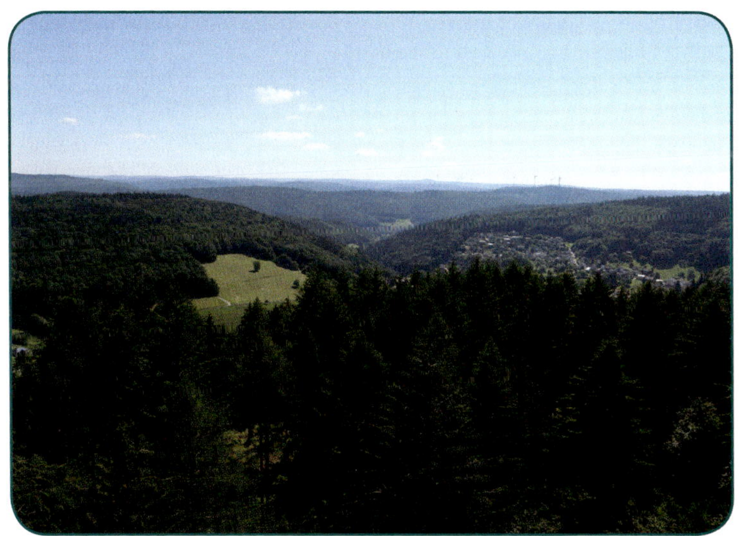

Auf dem Rückweg erreichen Sie an der Einmündung der beiden Landstraßen das Landgasthaus Schriesheimer Hof und nur wenige Meter nach links die Pizzeria La Dolce Vita. Der Gasthof ist montags bis freitags von 11.30-14.00 Uhr, freitags und samstags von 17-22 Uhr sowie sonn- und feiertags durchgehend von 10-15 Uhr geöffnet (nähere Informationen unter *www.schriesheimerhof.de*). Die Öffnungszeiten der Pizzeria sind montags und mittwochs bis samstags von 17.30-22.00 Uhr sowie montags und samstags zusätzlich von 11.30-14.30 Uhr; sonntags ist durchgehend von 11.30-21.00 Uhr geöffnet (nähere Informationen unter *www.ladolcevita-wilhelmsfeld.de*).

„Heidelberg – Neckartal-Odenwald, Nr. 12", hrsg. vom Geo-Naturpark Bergstraße-Odenwald und vom Naturpark Neckartal-Odenwald, 2019, 1:20.000, ISBN 978-3-947593-10-1.

TIPP

Anlässlich des jährlichen Teltschikturm-Festes findet seit 2008 am Festsonntag ein Treppenlauf für Jedermann statt, bei dem die Teilnehmer und Teilnehmerinnen als Einzelstarter oder im Team möglichst schnell die 192 Stufen zur Plattform erklimmen müssen. Besonders herausfordernd ist der „Firefighter Stairrun", der seit 2013 bereits am Vortag stattfindet. Die Feuerwehrleute laufen in kompletter Ausrüstung, also mit Einsatzstiefeln, Einsatzhose und -jacke, Einsatzhandschuhen, Feuerwehrschutzhelm und angeschlossenem Atemschutzgerät. Der bisherige Rekordhalter, Ken Stüker, hat den Turm im Jahre 2018 in 40,338 Sekunden bestiegen! Nähere Informationen zu dieser Veranstaltung finden Sie unter *www.stairrun-wilhelmsfeld.de*.

Quellen: Webseite www.teltschik.de und Informationstafel am Turm; für Details zur Bauausführung siehe auch „Knappe 40 m Wahrzeichen: neuer Aussichtsturm am Schriesheimer Kopf", in: Bauen mit Holz, Heft 7/2001, S. 8-10.

Nachwort: Ehemalige Aussichtstürme im inneren Odenwald

Als sich in der zweiten Hälfte des 19. Jhds. die durchschnittliche Wochenarbeitszeit von 85 auf etwa 60 Stunden reduzierte, stand der Bevölkerung zunehmend freie Zeit zur Erholung zur Verfügung. Die Menschen entdeckten das Naturerlebnis in Wald und Flur und es entstand eine regelrechte Wanderbewegung, die sich in Wander- und Verschönerungsvereinen organisierte. Zu den Aufgaben dieser Vereine gehörten beispielsweise das Anlegen von Wanderwegen und der Bau von Schutzhütten und Wanderheimen. Zunehmend kam aber auch der Wunsch auf, die Landschaft von höherer Warte aus zu genießen und sich einen Eindruck von der Landschaftsstruktur zu verschaffen. So widmete sich in unserer Region insbesondere der 1882 gegründete Odenwaldklub in den ersten Jahrzehnten seines Vereinslebens unter anderem dem Bau von Aussichtstürmen, Aussichtsgerüsten und Aussichtstempeln.* Die Besteigung eines Aussichtsturms wurde zu einem beliebten Ziel des sonntäglichen Familienausflugs.
Während viele Türme noch heute existieren, gibt es eine Reihe von Bauwerken, die fast alle aus Holz gefertigt waren und daher recht bald dem Zahn der Zeit zum Opfer fielen. Dies betraf vor allem die Aussichtsmöglichkeiten im inneren Odenwald, sodass sich die Aussichtstürme heute überwiegend an den Rändern des Odenwalds befinden. Für die historisch interessierten Leserinnen und Leser werden nachfolgend einige ehemalige Turmstandorte aufgeführt:

- Auf dem Knörschhügel (536 m) nahe Knoden stand von 1886 bis 1923 ein nach Großherzog Ernst-Ludwig benannter etwa 20 m hoher Aussichtsturm. Die eiserne Konstruktion wurde von der Dresdener Central-Heizungs-Fabrik Louis Kühne errichtet. Als die Mittel für den Unterhalt fehlten wurde der Turm 1922 versteigert und abgerissen. Die Reste des Fundaments sind noch auf dem Berg zu finden.
Quelle: „Der Ernst-Ludwig-Turm von 1886", in: Unter der Dorflinde im Odenwald, Heft 4/1987, S. 84 f.

- Bei der Ruine Schnellerts auf dem Schnellertsberg (350 m) wurde 1891 ein erster Ohly-Turm aus Holzbalken errichtet. Der ca. 12 m hohe Turm musste bereits 1902 wegen Baufälligkeit wieder abgerissen werden. Es handelt sich um einen Vorläufer des Ohly-Turms auf dem Felsberg, der auf Seite 117 beschrieben wird.
Quelle: „Der Ohly-Turm von 1891 auf dem Schnellerts", in: Unter der Dorflinde im Odenwald, Heft 4/1987, S. 85.

---

* Eine tabellarische Übersicht der Aussichtstürme, Aussichtstempel und Schutzhütten, die in den ersten 25 Jahren des Odenwaldklubs errichtet wurden, finden Sie in: Joneleit, Siegfried, „Hundert Jahre Odenwaldklub: 1882-1982", Mosbach/Baden, 1982, S. 34 f.

- Auf dem Schimmelberg (493 m) im Westen von Wald-Michelbach gab es von 1883 bis 1894 ein niedriges Aussichtsgerüst und von 1896 bis 1909 einen ersten 12 m hohen Holzturm mit einer Plattform in etwa 8 m Höhe. Als Nachfolger wurde auf Initiative des Wald-Michelbacher Oberamtsrichters und Odenwaldklubmitglieds Rudolf Wünzer ein 15 m hoher Turm ebenfalls in Holzstangenbauweise errichtet und in Rudi-Wünzer-Turm benannt. Dieser Turm stand von 1909 an auf steinernem Fundament und musste etwa 1933 wiederum wegen Baufälligkeit abgerissen werden. Mit einem dritten Holzturm wurde noch 1933 begonnen und bereits im Folgejahr konnte das bis zur Dachspitze 23 m hohe Bauwerk mit seiner Aussichtsplattform in 19 m Höhe eingeweiht werden. Dieser Turm war bis 1966 begehbar und wurde 1968 aus Sicherheitsgründen niedergelegt. Ein vierter Turm wurde als kombinierter Aussichtsturm mit Wasserhochbehälter anvisiert, aber aufgrund der hohen Kosten nicht ausgeführt.
Quelle: Thomasberger, Georg, „Der Rudi-Wünzer-Turm in Wald-Michelbach", in: Die Dorflinde, Heft 4/2004, S. 12. und Morr, Hans-Günther, „Zur Geschichte der OWK-Aussichtstürme im Überwald, auf den Höhenrücken Hardberg, Schimmelberg, Tromm und Lärmfeuer", in: Geschichtsblätter Kreis Bergstraße, Jg. 2005, S. 112-123.

- Auf dem Falkenberg (546 m) bei Obersensbach stand von 1893 bis 1901 ein hölzernes Aussichtsgerüst. Mit Kosten von nur 55 Mark war es der billigste „Aussichtsturm" im Odenwald. Ein Ersatzbau überdauerte ebenfalls nur wenige Jahre.
Quelle: Joneleit, Siegfried: „Von Türmen, Warten und Aussichtsgerüsten im Odenwald", in: Unter der Dorflinde im Odenwald, Heft 4/1987, S. 83 f. und Sattler, Peter W. und Lehmann, Dieter, „Der Überwald: unsere Heimat", Wald-Michelbach 1984, S. 364.

- Auf dem Lärmfeuer (501 m) bei Ober-Mossau entstanden nacheinander drei Ihrig-Türme: der erste von 1885 bis 1900, der zweite von 1902 bis 1919 und der dritte von 1931 bis 1950. Benannt wurden die Aussichtstürme nach Forstmeister Georg Friedrich Wilhelm Ihrig, der von 1882 bis zu seinem Tode 1888 erster Vorsitzender des Odenwaldklubs war. Alle drei Türme fielen aufgrund ihrer Holzbauweise der rauhen Witterung zum Opfer. Die 1951 geplante Errichtung eines vierten Turms wurde wegen des unerwartet geringen Spendeneingangs nicht mehr verwirklicht.
Quelle: Joneleit, Siegfried, „Hundert Jahre Odenwaldklub: 1882-1982", Mosbach/Baden, 1982, S. 86; Morr, Hans-Günther, „Zur Geschichte der OWK-Aussichtstürme im Überwald, auf den Höhenrücken Hardberg, Schimmelberg, Tromm und Lärmfeuer", in: Geschichtsblätter Kreis Bergstraße, Jg. 2005, S. 130-136; Sattler, Peter W. und Lehmann, Dieter, „Der Überwald: unsere Heimat", Wald-Michelbach 1984, S. 364.

- Auf dem Hardberg (593 m) zwischen Siedelsbrunn und Ober-Abtsteinach, dem dritthöchsten Berg des Odenwalds: Im Jahre 1883 wurde auf Betreiben des Steinbruchbesitzers und Gastwirts Röth (Gastwirtschaft zum Morgenstern) ein hölzernes Aussichtsgerüst errichtet, das bereits im Jahr darauf einem Sturm zum Opfer fiel. Ein zweiter Hardberg-Turm bestand von 1889 bis etwa 1930 und wurde wegen Baufälligkeit abgerissen. Der dritte Holzturm wurde 1934 als Arbeitsbeschaffungsmaßnahme gebaut. Mit seinen 15 m Höhe diente er ab etwa 1942 der militärischen Luftüberwachung und wurde deshalb 1945 durch US-Pioniere abgerissen.
Quelle: Morr, Hans-Günther, „Zur Geschichte der OWK-Aussichtstürme im Überwald, auf den Höhenrücken Hardberg, Schimmelberg, Tromm und Lärmfeuer“, in: Geschichtsblätter Kreis Bergstraße, Jg. 2005, S. 106-109.

- Auf dem Schadeck (415 m) bei Neckarsteinach, auch Ochsenkopf genannt, stand von 1897 bis 1910 der Großherzog-Friedrich-Turm in Holzbauweise.
Quelle: Sattler, Peter W. und Lehmann, Dieter, „Der Überwald: unsere Heimat“, Wald-Michelbach 1984, S. 367.

- Auf der Adalberthöhe bei Michelstadt wurde 1897 ein Fachwerkturm aufgestellt, der 1920/21 wegen Baufälligkeit wieder verschwand.
Quelle: Sattler, Peter W. und Lehmann, Dieter, „Der Überwald: unsere Heimat“, Wald-Michelbach 1984, S. 367.

- Als Letztes soll noch der Drei-Märker-Turm in Vielbrunn, einem Stadtteil von Michelstadt, erwähnt werden. Der Holzturm wurde 1955 abgerissen.
Quelle: Sattler, Peter W. und Lehmann, Dieter, „Der Überwald: unsere Heimat“, Wald-Michelbach 1984, S. 368.

Bildnachweis

Soweit nicht anders angegeben stammen alle Fotos vom Autor.

Umschlagvorderseite: Kaiserturm bei Gadernheim und Neunkirchen
Umschlagrückseite: Blick von der Ruine Eberbach ins Neckartal mit tiefhängenden Wolken (Fotograf: Luis Vela López)
Seite 9: Kompass und Wanderkarte
Seite 10: Bergfried des Alsbacher Schlosses
Seite 11: Blick vom Bergfried des Alsbacher Schlosses zum Melibokus
Seite 13: Melibokusturm
Seite 14: Blick vom Melibokusturm in die Rheinebene
Seite 18: Gotthardsruine
Seite 19: Blick von der Gotthardsruine nach Amorbach
Seite 22: Auerbacher Schloss, Blick auf den Nordwestturm
Seite 24: Auerbacher Schloss, Blick auf den Südturm
Seite 25 oben: Auerbacher Schloss, Kiefer auf der Schildmauer
Seite 25 unten: Auerbacher Schloss, Blick vom Südturm auf die Burganlage
Seite 27: Luginsland (Blick aus östlicher Richtung)
Seite 28: Luginsland (Blick aus südwestlicher Richtung)
Seite 31: Bismarckturm/Hemsbergturm bei Bensheim
Seite 32: Blick vom Hemsbergturm in den Vorderen Odenwald
Seite 35: Burganlage Breuberg
Seite 36: Bergfried der Burg Breuberg
Seite 37: Blick vom Bergfried in die Burganlage
Seite 40: Wartturm in Buchen
Seite 41: Blick vom Wartturm nach Buchen
Seite 43: Bismarckturm bei Darmstadt
Seite 47: Ludwigsturm bei Darmstadt
Seite 49: Blick vom Ludwigsturm über Darmstadt hinweg nach Frankfurt
Seite 51: Weißer-Stein-Turm
Seite 55: Ohrsbergturm
Seite 56: Blick vom Ohrsbergturm nach Eberbach
Seite 58: Bollwerk Lichtenberg (Blick vom Schloss Lichtenberg)
Seite 59: Schloss Lichtenberg (Blick vom Bollwerk)
Seite 62: Bergfried der Schlossruine Freudenberg
Seite 63: Blick über die Vorburg des Freudenberger Schlosses in die Mainebene
Seite 65: Bergfried der Burg Guttenberg
Seite 67: Blick vom Bergfried in nördlicher Richtung über Haßmersheim zur Burg Hornberg
Seite 69: Bismarcksäule bei Heidelberg
Seite 70: Relief des Reichsadlers mit der Schlange der Zwietracht an der Bismarcksäule
Seite 71: Blick von der Bismarcksäule auf Heidelberg und den Königstuhl
Seite 74: Fernsehturm auf dem Königstuhl
Seite 76: Gaisbergturm
Seite 77: Blick vom Gaisbergturm in die Rheinebene
Seite 78: Informationstafel des Naturparks Neckartal-Odenwald zum Gaisbergturm
Seite 80: Posseltslust-Turm
Seite 81: Blick vom Posseltslust-Turm auf die Streuobstwiesen des Kohlhofs

Seite 83: Heiligenbergturm
Seite 84: Blick vom Heiligenbergturm auf Heidelberg und den Königstuhl
Seite 86: Ruine der Michaelsbasilika mit dem Nordturm (rechts) und dem Südturm (links)
Seite 87: Blick vom Nordturm der Michaelsbasilika in die Rheinebene
Seite 90: Dicker Turm des Heidelberger Schlosses vom Stückgarten gesehen (alle Fotos vom Heidelberger Schloss mit freundlicher Genehmigung der Schlossverwaltung Heidelberg)
Seite 91: Blick vom Dicken Turm auf die Heidelberger Altstadt
Seite 92: Krautturm des Heidelberger Schlosses mit abgesprengter Mauerschale
Seite 93: Blick vom Apothekerturm auf die Scheffelterrasse und den Neckar
Seite 96: Waldnerturm/Vierritterturm
Seite 97 oben: Ritter-Relief mit abgeschlagenem Kopf am Waldnerturm
Seite 97 unten: Blick vom Waldnerturm in östlicher Richtung in den Odenwald
Seite 99: Hexenturm des Schlosses Hirschhorn vor der Sanierung
Seite 100: Sanierungsarbeiten am Schloss Hirschhorn
Seite 101: Blick vom Hexenturm auf die Schlossanlage und die Stadt Hirschhorn
Seite 103: Ruine Starkenburg mit Bergfried und dem kleineren Südwestturm
Seite 105: Blick vom Südwestturm über Heppenheim in die Rheinebene
Seite 108: Aussichtsturm Alte Schanze
Seite 109: Blick vom Aussichtsturm Alte Schanze auf Trennfurt am anderen Mainufer
Seite 112: Kaiserturm
Seite 113: Blick vom Kaiserturm südwestlich in Richtung Krehberg und Seidenbuch
Seite 114: Blick vom Kaiserturm östlich in Richtung Reichenberg
Seite 117: Ohlyturm auf dem Felsberg
Seite 118: Blick vom Ohlyturm auf den nordöstlichen Odenwald mit Forsthaus im Vordergrund (Fotograf: Helmut Lechner)
Seite 121: Bismarckwarte in Lindenfels-Litzelröder
Seite 122: Blick von der Bismarckwarte nach Lindenfels mit der Burganlage
Seite 124: Blick auf die Burg Lindenfels auf dem Weg von der Bismarckwarte nach Lindenfels
Seite 125: Schildmauer der Burgruine Lindenfels
Seite 126: Blick von der Schildmauer in südlicher Richtung auf die Tromm
Seite 127: Blick von der Schildmauer auf die Evangelische Kirche und den da hinter liegenden Bürgerturm
Seite 129: Bergfried der Burgruine Wildenberg
Seite 130: Blick vom Bergfried ins Mud-Tal nach Buch und Amorbach
Seite 131: Luftbildaufnahme der Burg Wildenberg (Fotograf: Clemens Speth)
Seite 134: Römischer Wachturm
Seite 135: Blick vom Wachturm in Richtung östlicher Odenwald
Seite 137: Informationstafel zur Ausfachung und Fassadengestaltung des Wachturms
Seite 138: Bergfried der Burg Miltenberg
Seite 139: Modell der Burg Miltenberg im Burgmuseum
Seite 141: Blick vom Bergfried mainaufwärts auf die Stadt Miltenberg
Seite 142: Bismarckturm bei Mosbach

Ebenfalls zuverlässig und informativ:

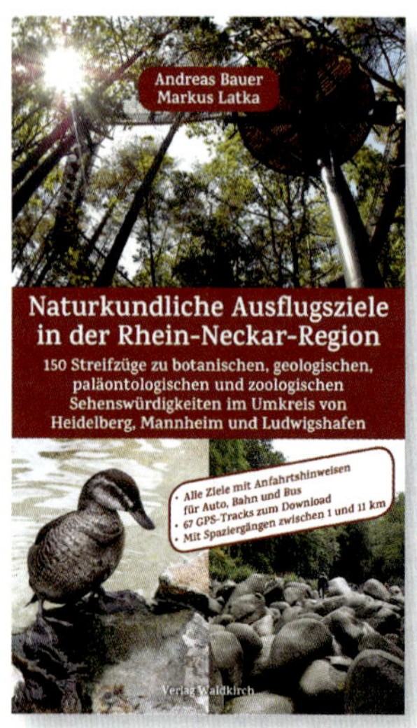

Andreas Bauer & Markus Latka

unter Mitarbeit von
Carmen Braner

Naturkundliche Ausflugsziele in der Rhein-Neckar-Region

150 Streifzüge zu botanischen, geologischen, paläontologischen und zoologischen Sehenswürdigkeiten im Umkreis von Heidelberg, Mannheim und Ludwigshafen

Alle Ziele mit Anfahrtshinweisen
für Auto, Bahn und Bus
70 GPS-Tracks zum Download
Mit Spaziergängen zwischen 1 und 11 km

ISBN 978-3-86476-106-5

Wussten Sie eigentlich, ...?

... dass am Neckar Biber leben? Und der älteste Beleg für den Menschen in Europa aus der Nähe von Heidelberg stammt? Dass im Odenwald fleischfressende Pflanzen im Moor gedeihen?

Diese und weitere witzige Anmerkungen finden Sie in diesem Buch. Es stellt zudem eine ganze Menge von Ausflugszielen vor. Entdecken Sie naturkundliche Besonderheiten in der Rhein-Neckar-Region und erkunden Sie ein Stück Erdgeschichte im Steinbruch oder oft verborgene Eigenheiten der Natur durch die Hinweise auf Naturlehrpfaden. Vielleicht wagen Sie sich auch hoch hinaus auf einen Baumwipfelpfad oder tief hinein in die Erde in eine Tropfsteinhöhle. Dieses Buch führt Sie auf verschlungenen Pfaden durch Naturschutzgebiete, zu exotischen Pflanzen in Botanische Gärten und zu faszinierenden Tieren in Zoos. Einige Ausflugsziele bieten sich herrlich für eine kurze Wanderung an. Und mit den detaillierten Wegbeschreibungen und der aufgezeichneten Route zum Download per QR-Code werden Sie sich auch als Wandereinsteiger gut zurechtfinden. Wenn Sie also das schöne Wetter wieder nach draußen lockt, Sie Ihrem Auto aber auch etwas Urlaub gönnen möchten, können Sie alle Ausflugsziele in der Regel bequem mit öffentlichen Verkehrsmitteln erreichen.